リスクの立憲主義

権力を縛るだけでなく、生かす憲法へ

The Constitution of Risk

エイドリアン・ヴァーミュール［著］
吉良貴之［訳］

勁草書房

日本語版への序文

本書を日本語に訳してくださった吉良貴之先生に心より感謝する。本書の翻訳を契機として、立憲政体や政治の理論について日本とアメリカの法学者がそれぞれ関心を持っているトピックの意見交換がさらに活発になることを願っている。

私たちは日本の現在の憲法秩序のよく知られた安定性から多くを学ぶことができるはずだ。外から見る限りではあるが、日本の憲法秩序は私が本書で明らかにしようと試みた様々な憲法上の誤りや落とし穴を避けるための優れた工夫をしているように思われる。

日本の読者の反応を楽しみにしている。

エイドリアン・ヴァーミュール

リスクの立憲主義

――権力を縛るだけでなく、生かす憲法へ

目次

第一部　理論

第二部　応用

凡例

●参照されている文献や法令・判決について、既存訳があるものは参照した。ただし、本文の訳と合わせる必要から、大部分を訳し直した。
●訳者（吉良）による補足、訳注は［　］で示している。
●著者（ヴァーミュール）による引用文中の補足は『　』で示している。（強調追加）（注の省略）といったものはすべて著者による。
●各章の節番号は、便宜のため訳者が付した。
●参照されているウェブサイトはすべて、訳者が二〇一九年八月三一日に最終確認した。
●アメリカ合衆国憲法の条項については「編（article）、節（section）、項（clause）」の順に、修正条項については「第一修正」のように訳した。
●「憲法」に関わる語には微妙な意味の違いが込められている場合がある。the Constitution は「合衆国憲法」、constitutional law は「憲法内容」、constitution(s) は「憲法体制」など。constitutional rule maker や constitutional designer は、合衆国憲法制定時のことが明らかな場合は単に「憲法制定者」、それ以外の場合は「憲法ルールの作成者」「憲法デザインを行う者」などと訳している。憲法ルールの作成者には裁判官や大統領・行政官などの憲法解釈者も含まれる。それ以外に単に「憲法」としている場合は、ごく一般的な意味での憲法を指している。

哲学の進歩と普及から得られた利点の一つは、不要な恐怖と誤った警告からの解放である。……政治的知識の進歩もやがて、同様の効果をもたらすことだろう。無根拠な不満や煽動的な暴力は少なく、また扱いやすくなる。人間の理論の丹念な研究によって、よりよい統治の科学が獲得されるということである。

サミュエル・ジョンソン「誤った警告」
(Samuel Johnson, "The False Alarm," 1770)

イントロダクション

私の主張は二つある。まず、憲法によるルール形成は、政治的リスクを規制・管理する手段として理解するのが最もよい。次に「最適化立憲主義（optimizing constitutionalism）」と私が呼ぶことになるものが、憲法によるリスク規制への最もよいアプローチである。この二つの主張を具体的にするには本書一冊が必要だが、ここでひとまず概観しておこう。

第一節　リスク管理の装置としての憲法

憲法は何をするものか。法・政治理論ではいくつかの答えが出されている。①憲法は様々な要求を調整し、立法の制度を作ることによって政府を生み出し、それに権限を与えるもの(1)。②憲法は、多数派にありがちな暴走や逸脱を防ぐために多数派の手を縛るもの(2)。③憲法は、ばらばらに孤立した少数派の権利を保障するもの(3)。④憲法は、平等や自由、人間の尊厳といった道徳的原理を推進するもの(4)。そして最も一般的には、⑤憲法は「民主主義をデザインするもの」(5)。

こうした答えはどれもまったく間違っていない。問題は、どれを・どのように調和させるかということだ。とだ。それぞれの答えは、立憲主義によって促進される価値や利益を明らかにしている。しかし、この利益は互いに相反するかもしれないし、状況によってはトレードオフ関係になるかもしれない。よく調整された立法機構を通じて人民による統制に力を与えることは、多数派による抑圧のリスクを生み出す。逆に、少数派の権利を守るために裁判所のように独立した機関を作れば、今度は民主主義と政治的平等を掘り崩すリスクが生じる、などといったことだ。こういった場合、立憲主義の様々な価値の間に、あるいはその中にある緊張は、矛盾としてではなく、競合リスクおよびトレードオフ関係として理解するのが最もよい。我々が抱えている問題は、立憲主義のよい理論がないことではなく、多すぎることである。そして、憲法によるルール形成を混乱させるような不確実性の状況のもと、立憲主義の多元的な目的や価値をどのようにして互いに関連付けるかについて共通の理解が少なすぎることである。手持ちの立憲主義の理論からは、憲法上の諸利益の中にある、リスクに満ち溢れたトレードオフ関係についての横断的な分析枠組みは得られない。

以下では、そうした枠組みを作り出すことを試みる。私の主張は、**憲法、そして公法は一般に、政治的リスクを規制・管理する装置として最もよく理解される**ということだ。我々は誰であろうとどこにいようと必ず「リスクの憲法［＝構成］」を持っている。政治の営みの中で、そしてそこから生じるリスクを憲法が構成し、規制するということだ。憲法理論や公共的討論は、政治的リスクについての議論や論争、憂慮に満ち溢れている。そのリスクは大規模で一時的なもの、たとえば戒厳令や軍事クーデタから、小規模で継続的なもの、たとえばイデオロギー的・民族的な少数派による政治の妨害、身近な下級公務員の汚職、役所の機能不全といったことにまで及ぶ。

この主張は、意思決定理論、ゲーム理論、厚生経済学、政治科学、心理学といった学問領域で発展してきた広大で多様な一群の知見から引き出されている。その結果である枠組みは「リスク分析」と「リスク管理」という項目に分類される。(6) 以下において私は、憲法とその理論に対するリスク分析の洞察の鞘取り《アービトラージ》を行いたいと思う。このアプローチの鍵は憲法と公法を**政治的**リスク——環境や市場、テクノロジーによって生じるリスクではなく——を規制する装置として捉えることにある。憲法は設計されるものであれ生成するものであれ、政治の中で、そしてそこから生じる様々なリスクを管理するための多かれ少なかれ実効的な装置として正当化されたり、批判されたりする。そのリスクは圧政や独裁、公職者の自己取引、多数派の意思決定の弱さ、マイノリティへの搾取的な抑圧、そして裁判や規制行政、政治的意思決定における多様な形のバイアスや腐敗などである。

このリスク規制の見方はどちらかといえば、通常の規制で典型的に対象とされる公衆衛生や安全、環境に関するリスクの種類よりも公法と政治的リスクのほうに適合的でさえある。憲法上の制度設計がもたらす大規模で長期的な効果についての因果関係の理論を我々はほとんど持っていない以上、憲法ルールの作成者は根本的な不確実性の条件のもとで行動せざるをえない。そこで明らかにされ、処理されなければならない心配事(「リスク」)は、実現するかもしれないし、しないかもしれない。しかしひとたび実現するときわめて有害な可能性がある。しかも別のリスクと競合関係に立つことも十分にありうる。というのも、あるリスクを防ぐために用いられる処置はまた別のリスクを深刻にするかもしれないし、対象リスクそのものを深刻にさえするかもしれないからである。これはまさに、現代のリスク管理理論が問題の把握と取り組みのための手段を提供している種類の意思決定の状況である。

私はこの主張を具体化するにあたって主としてアメリカ合衆国の憲法史・憲法理論史から例を出すけれども、リベラルで民主的な立憲主義と政治理論の、広範で国境を超えた議論を引き出し、論争を誘発し、描写に深みを与えたい。そして全体を通じ、他のしかるべき政体の憲法ルールとの比較も多少行う。

第二節　一階のリスクとしての政治的リスク

なぜ、公衆衛生や安全、環境やその他の利益についてのリスクではなく、政治的リスクに焦点を当てるのか。そもそも何をもって「政治的」リスクとみなすのか。行政によるリスク規制が対象とする通常のリスクは、政府の具体的な政策によって処理される**一階のリスク**と呼びうる。こうしたリスクには、たとえば金融機関の非協調的な行動が経済全体へのリスクをもたらすように、人間の行為の意図せざる結果として生じるものもある。テロリズム活動のリスクのように人間の行為の意図した結果として生じるものもあれば、洪水のリスクのように人間の行為と自然の力の間の相互作用から生じるものもある。洪水は、外因性の自然の条件と、どこに人々が住み、建物を建てるかという人為的決定とが合わさった結果である。

それとは対照的に、憲法が対象とするのは**二階のリスク**である。それは制度設計から生じ、一階の意思決定をなすための機関横断的な権限配分から生じ、機関スタッフへの公職者の選抜から生じる。憲法は政府の権限を構成し、その権限を諸機関のセット――それ自体が同じ憲法によって構成されている

――に複雑なやり方で配分する。その構成がどのようなものであれ、多様なよい／悪い政治的結果への可能性を生じさせるのである。ちょうど原子力規制のためのいかなる政策も、環境や経済にとって多様なよい／悪い結果をもたらす可能性を生じさせるのと同様である。憲法ルールの作成者は、多様な制度設計と部門間の権限配分から生じる可能性のある、よいことと悪いことを査定し、どうにかして比較し、バランスを取らなければならない。それはまさにリスク分析が取り組む種類の意思決定である。

政治的リスクを二階のリスクと定義したからといって、憲法ルールの作成者が、公職者が予防しうる「私的な」行為の害悪ではなく、公職者の権限濫用によって生じうる害悪だけに焦点を当てている、あるいはそうすべきである、ということには決してならない。それどころか私が主張したいのは、反連邦主義者やその他の建国期の人々がとったアプローチとは対照的に、公職者の権限濫用を最小化すべきでないということだ。それは最適化されるべきなのである。言い換えれば、公職者の権限濫用には最適な正の値（positive rate）がある。政府アクターと強力な非政府アクターの両方について、活動することとしないこと、権限を濫用することと懈怠すること、その正味の全体的リスクを最適化するような体制の不可避の副産物として、最適な正の値がある。これから見ていくように、起草者たちには片方の側の害悪、特に連邦レベルでの公職者たちの権限濫用の害悪だけにしか注意していない者もいた。そこでは精力的な国家活動、とりわけ連邦レベルのそれがもたらす便益に十分な関心が払われなかった。もっとも、起草者や初期の論者でも、問題となりうるリスクをすべて含めるべくレンズを広げた場合もあったのだが。

私はまた、現代のリスク規制理論が典型的に対象とする、公衆衛生、安全、環境といった種類のリスクについて、憲法体制（constitutions）や公法ルールは焦点を合わせることが決してできないとか、そうしていないというつもりもない。近年では、各国の基本法で衛生や安全の規制に関わる原則を明記した憲法体制もある。その一例がフランス共和国憲法である。この憲法は本書の第一章と第二章で議論されるような、ある種の環境上の「予防原則（precautionary principle）」を守る規制を義務づけている。(7) しかし一般的に、憲法体制の特徴となるものは二階のルールの提示である。それは各機関を設立し、その各機関に、あるいは各機関を横断し、公的な権限を配分することである。そうすると当然ながら、立憲主義が主に取り組むテーマは政治的リスクということになる。

第三節　誰が規制するのか？

私は「憲法上のリスク」とその「規制」について述べてきた。では憲法上のリスクを規制するのは誰なのか。その新しい憲法秩序を設立した憲法起草者や設計者だけなのか。それとも既に設立され、機能している憲法システムの中で活動する公職者たちなど、他のアクターも含まれるのか。

私は、憲法設計の段階であれ、憲法「解釈」や実装の段階であれ、憲法ルールを作り上げるあらゆるアクターを含めて対象とするつもりである。[「解釈」に付けられている」注意すべき引用符が示しているのは、成文立憲主義の成熟した体制ではほとんど、憲法の文言には数通りの解釈の余地が実質的にあり、解釈は事実上しばしば憲法ルールの作成に等しいからである（似たようなことは不文の慣習憲法にも少なくとも同じぐらい当てはまる）。その年季、曖昧さ、漠然性、そしてまったくの不透明性——多くの憲法条項の神託的な性質――を踏まえれば確かに、アメリカ憲法がそうであることは悪名高い。しかし多かれ少なかれ他の多くの憲法秩序にも当てはまる。

このことは成文憲法が完全に可塑的であるとか、憲法テクストを書くことと解釈することに違いがないということではない。かつてのテクスト作成者の選択がその後のテクスト解釈者の裁量を制約することもあるだろう。ホームズ（Oliver Wendel Holmes）判事が述べたことは有名である。「判事は立法しているし、そうしなければならない。しかしそれは隙間を埋めるようになされるにすぎない。モル単位と分子単位の運動の間（from molar to molecular motions）に制約されている」[8]。しかしこの制約された裁量の範囲内で、解釈者は憲法ルールを文字通り作っているのである。

言い方を変えれば、憲法の条項は、システム内の公職者が特定の憲法上のリスクに対して取るべき種類の態度を明確に述べることもあればそうでないこともある。関連する条項が明確である場合、憲法上のリスク規制について重要な選択をなしたのは憲法設計者であり、我々はその選択がよいものだったかどうかを問うことができる。関連する規定が曖昧か、何も述べていない場合には、システム内の解釈者は憲法上のリスク規制について重要な選択をしなければならないし、我々は代わりに解釈者のその選択を評価することもできる。私が提示する議論と考慮要素は、いずれの段階にも適用できる。

憲法の設計を通じてであれ、解釈を通じてであれ、何らかのアクターが憲法ルールを作り上げる。各アクターはそうするときいつでも、好むと好まざるとにかかわらず憲法上のリスクの規制に取り組まざるをえない。それは軽率だったり思慮深かったりするかもしれないが、ルールに関するその選択が憲法秩序のリスク環境を作り上げるという事実から逃れられはしない。たとえその選択が小さな措置であっても、憲法上のリスクが実現するかどうか、いつ実現するかに影響を与えるのである。あらゆる憲法ルール作成者は、ルールを作成する裁量を現実にどれぐらい持っているかにかかわらず、私が検討する主張の対象であり、主題である。

第四節　リスクと不確実性

「リスク」を明確にする言葉が必要だ。「リスク」という用語には日常用語的な意味があって、その大きな傘の下に、リスク、不確実性、無知といった、明確に定義された意思決定理論の概念が含まれる。私は通常、特定の問題の文脈や他に必要な場合を除いて日常用語の意味で用いている。

厳密にいえば、リスク（risk）、不確実性（uncertainty）、無知（ignorance）にはすべて、明確な専門的意味がある。リスク下で行われる意思決定において意思決定者は可能性のある結果の離散集合を特定し、各結果に対してその発生確率と、発生した場合の帰結としての効用の両方を割り当てる。不確実性の下での意思決定では、可能性のある結果を指定し、それに効用を帰属させることはできるが、確率を結果に割り当てることはできない。あるいは少なくとも、確率の割り当てに認知的な信頼性がない。それは根拠のない勘であり、現実世界に実在する何かとつながっているとは限らない。無知の下では、起こりうる結果の範囲や性質さえも、それ自体として不明確である。

リスク、不確実性、無知は一種の知的な領域を形成し、そこでは意思決定理論、ゲーム理論、統計学などの様々な陣営が壮大な戦いを繰り広げている。合理的選択理論の規範的な分野の論点には、不確実性の下でいかなる意思決定が行われるべきかという問題だけでなく、そもそも真正な不確実性が存在するかどうかという問題も含まれる。一部のベイズ統計学者や、経済学や政治科学の専攻でそれを支持する人々は真正な不確実性などないと否定するが、それは一回限りの単一の出来事であっても意思決定者によっていくらかの確率割り当てが常に導出されうるからである。それに対し、ベイズ流の見方に批判的な人々は、確率の割り当てはそれを導出する手続きによって変わるのであって、それは少なくとも、そうした割り当てに認知的な信頼性が欠ける場合のあることを示しているという。

　私はできるだけ、こうした論争の激しい領域には近づかないつもりである。以下では折に触れ、問題となる憲法上の議論について、リスクに基づく解釈と不確実性に基づく解釈の両方を紹介することにしよう。たとえば「最悪のシナリオ」を回避するための憲法を設計せよというゆるい予防の要請は、いずれかに帰することができないほど曖昧である。不確実性モデルにおいてそれは、制度設計の**マキシミン戦略**として解釈しうる。つまり、多様な危害の確率が知られていないところでは、最小限の場合の利益を最大化するように行動するか、最悪の場合での結果が最もよくなるようにせよということである。他方、リスク・モデルでのその要請は、高度のリスク回避を具体化する選択として解釈することができる。その場合には確率が用いられるが、そこでの悪い結果は高度の期待コストをもたらすものとして扱われる。それはよい結果がもたらすと期待される便益をしのぐのである。私は全体として、リスクと不確実性の両方を、様々な場合や状況における適切な視点として考慮に入れるように試みる。むろん、それはある程度まで、それ自体、どちらかの側を選ぶことを意味している。その場合、真正な不確実性がときに存在し、したがって厳格なベイジアン・アプローチは誤りだという信念には背くことになる。その点はご容赦いただきたい。

第五節　戦略的／非戦略的なリスク

一階のリスクと二階のリスクには、次のような魅力的な対比がある。ときどき、あるいは大部分の場合、一階のリスクは単に所与のものである（「外因的（exogenous）」）。それは大文字で強調される自然（Nature）から生じるか、世界がそれ自体として実際にあるような科学的構造から生じる。規制する側の立場からすれば、一階のリスクの（いくらか、あるいは大部分の）確定的な性質は、それに対する規制を意思決定理論、すなわち非相互作用的で非戦略的な意思決定の問題にしている。他方、この対比はまだ続くのだが、二階のリスクは本来、戦略的で相互作用的なものである。公職者や諸機関の間での権限配分から生じるリスクは、その機関内の人々の戦略的行動によって生じるリスクである。そこでの人々は他者が行うであろうと予期したことに照らして自身の行動を選択する。この見方によれば、二階の政治的リスクは意思決定理論ではなくゲーム理論の道具立てによって対処されなければならない。

戦略的リスクは政治的リスク規制の重要な一部であり、憲法の分析にあたって、とりわけ憲法ルールの作成者にとって、ゲーム理論の道具立ては手持ちの重要な武器の一つである。これから述べる憲法上の議論での様々な点において、数十年、数世紀にわたる言語化以前の暗黙のゲーム理論的構造を指摘したいと思う。とはいえ、一階のリスクと二階のリスクの対比は誇張されている。ほとんどすべての一階のリスクは戦略的かつ相互作用的なものとして記述しうるのであり、たとえばテロのリスクのように、単に社会の敵による意図的な行動から生じるリスクではない。一階のリスクをほぼ一貫して相互作用的な用語で特徴づけることができるのは、規制される当事者と規制当局による決定が一緒になって、ほとんどすべての一階のリスクの性質と大きさを決定するからである。たとえば、経済的生産から生じる公衆衛生・安全のリスクは、生産者、労働者、労働組合、消費者、そして雑多な行政機関の間の複雑な多人数戦略的相互作用の結果である。ハリケーン被害のように大文字の自然（Nature）そのものに起因するように思われるリスクでさえ、多数当事者の事前の決定によって広範に形成されている。多数当事者とは、ハリケーンの場合でいえば氾濫原に住む人々、それを援助する立法府や行政機関である。

逆に、一階のリスクの一部には、戦略的特徴が浸透しているにもかかわらず、リスク分析の目的にあたって差し当たり確定的かつ外因的であるかのように扱うことができ、したがって意思決定理論の道具立てによって取り組むことのできるものもある。人々が氾濫原に住宅を購入したならば、ハリケーン被害のリスクは短期的にはほぼ確定する。したがって、強度や経路が不確実なハリケーンが差し迫っているとき、危機管理を担う行政機関が住民を強制的に避難させるかどうかの決定は意思決定理論の問題とみなすことができる。後述するように憲法上の枠組みでは、政治的リスクの規制に関する議論の多くには暗黙の意思決定理論的な構造がある。制度や行動パターンを短期的に変えるのにコストがかかる場合には、たとえ長期的な意味で戦略的な問題であったとしても、これはまったく正当な対処になりうる。

第六節　政治的リスク、財産権、契約

政治的リスクを広く捉える私の定義はあまり標準的でないが、有益なやり方であると思っている。国際開発経済学や国際法学、経営戦略などの文献では、「政府が十分な補償を提供せずに財産を収用したり、契約を破ったりするリスク」を指すものとして「政治的リスク」が狭く定義される。(9) そうした文献では、政治的または法的に不安定な発展途上国で投機や合同事業を行う企業によって、政治的リスクの管理が担われる。そのような企業は、収用のリスクを評価し、それを最小限にするための契約上の、あるいは政治的、経済的な措置を採用しようとする。受入国の憲法がこの状況に関係する限り、その「憲法の」主要な、あるいは事実上唯一の役割は、投資家の権利保障の提供である。ここで権利［保障］は、受入国政府が経済発展にコミットしており、短期的利益のために短絡的に投資家の資産を没収することはないだろうという信頼のシグナルになる。(10) 資産保護への信頼できるコミットメントとしての憲法の役割もまた、資本主義発展の政治経済についての古典的な説明の根底にある。この説明によれば、一六八八年から一六八九年にかけてのイギリス名誉革命は、財産を没収する恣意的な権力を君主から剝奪し、経済事業に投資するインセンティヴを生み出し、一八世紀と一九世紀の経済発展を可能にした体制変革であった。(11)

こうした文献はそれぞれの範囲では有用だが、それ以上のものではない。それらは制度設計と、制度機関の間の権限配分から生じる二階のリスクのごく一部にしか目を向けていない。財産の没収や契約上

の権利への恣意的な干渉はそうしたリスクの一つである。しかし財産や契約には関係しないものの、その代わりに自由、平等、民主主義へのリスクに関わるものも多い。一般的にいって、国際開発における政治的リスクに関する文献は、多国籍企業や、憲法を分析する者が関心を持つ一部の問題には有用だが、私の目的にとっては政治的リスクの定義が狭すぎる。

したがって以下では、財産権や契約上の権利以外のものへのリスクへと一般的に焦点を当てていくことにしよう。これは私にとってほとんど未知の領域への探索である。しかし、だからといって私が財産権をまったく無視するわけではない。私は全体を通して、賛否両論の激しい二〇〇五年の Kelo v. City of New London 判決[12]を用いて、「収用（takings）」の最適な憲法上の規制についての問題を構成している。収用とは、優越的所有権（eminent domain）によって政府が私有財産を徴収することである。

Kelo 判決は私有財産の「収用」を認めたが、それは経済的に低迷している都市部の経済的再開発を目的として他の民間当事者に移転させるためのものであった。この決定は、憲法上の財産権を擁護するリバタリアンからの非難の嵐を引き起こした。収用は一般的に所有者への「正当な補償」が要件とされるが、そもそも政府がどのようなときに私有財産の収用に取りかかってよいかについても制約がある。最も重要なのは、収用は「公共の用（public use）」のためでなければならないということだ[13]。リバタリアニズムからの批判者は、経済再開発という利害関係において私有財産を私的当事者に譲渡することは公共の用とは認められないと強く否定した。しかし Kelo 判決で連邦最高裁は公共の用という要件の定義を拡張し、政府による広範な収用を認めた。これから見ていくように、このアプローチは私が展開する議論にちょうど適合的である。Kelo 判決へのリバタリアンの批判は、ある種の政治的リスクの過剰について焦点を当てている。それは他の対抗リスクを考慮しないままに、収用権が利益集団や民間の問題にとって資するように公職者たちによって濫用されるリスクである。

しかし、いまやまったく異なった二つ目の主張へと至った。それを見ていこう。

第七節　予防的立憲主義と最適化立憲主義

本書全体の理論的主張は、憲法と公法は二階の政治的リスクを規制する装置として最もよく理解されるというものだ。しかし実際のところ、そうしたリスクはどのように管理されるべきなのか。この別個の問題について、私はまた別の、より狭い主張を提示する。**最適化立憲主義**が、政治的リスクの憲法上の規制の最善のアプローチである。最適化立憲主義は、問題になりうるすべての政治的リスクをトレードオフ関係に置き、いかなる特定の種類の政治的リスクにも系統的な歪みやバイアスをかけることなく、当該状況に応じた適切な重みを与える。この第二の主張は、論理的な問題としては第一の主張からある程度、独立している。したがって最適化立憲主義が最善のアプローチであるという狭い主張を受け入れなくとも、憲法は政治的リスクを管理するものであるというマクロな考えに同意することはできる。

第二の主張を理解するためには、いくらかの背景知識が必要である。憲法の歴史と理論において、二つの（種類の）競合する見解の間で論争が繰り広げられてきた。最初は、私が**予防的立憲主義**と呼ぶものである。予防的立憲主義とは、その支持者たちが自発的に採用してきた名称ではなく、私が構成したものである。しかし私は、この構成が、異なる文脈で異なる支持者たちの間で共有されたものを捉えるのに有用であると思っている。その主張をおおまかにいえば、憲法ルールは何よりもまず、公的な活動から結果的に害悪が生じるリスクに対し、予防策を強化すべきだというものである。その害悪はたとえば、独裁や圧政、汚職や公職者の自己取引、少数派への権利侵害、およびそれらと同様に重大な政治的害悪である。この見解では、憲法ルールの作成者と市民たちは、最悪の事態を避けるために政治制度を設計し、管理している。不確実性の負担が公権力に課されるのは、公権力においては残虐行為や虐待その他の危害を加える能力と傾向が、人々の福祉や自由、正義を促進する能力と傾向よりも大きいという疑念に由来している。

通常のリスク管理では、予防的アプローチが多かれ少なかれ連続的に存在している。だから予防的立憲主義が取る形も連続的に、強かったり弱かったりするだろう。最も弱い形は反駁されうる想定、あるいは単に票が同数の場合の票決ルールでさえある。たとえば政治的リスクへの予防策は、そこから離れるべき明らかな理由がない限り、よく注意して見るべきだというものである。最も強い形での予防的立憲主義は不信感の強い思い込みの言い換えであり、公職者に自身の権限を濫用する余地がある限り、憲法制定者は公職者が確実にそうするだろうと想定して行動しなければならないと主張する。これは最悪のシナリオがもたらす害悪に対し厳格に取り組むものであり、起こる確率は考慮されていない。この極端な形の予防的アプローチを、意思決定理論のマキシミン戦略にならって**マキシミン立憲主義**と呼ぶことにする。おおまかにいえば、起こりうる害悪の確率がわからない場合、最小の利益のほうを最大化するような行動の経路を選ぶものであり、それは最悪のケースのシナリオの中での最善の行動である。(14) 最悪のことが確実に起こるとみなすのと同じことである。(15) さらなる前提を付け加えるならば、それは政治的リスクのキリのない回避となる。後に論じるように、マキシミン立憲主義者が焦点を当てる傾向にあるのは、**政治におけるファットテール・リスク**である。政治的帰結としてありうるが、ほとんど起こりそうにない、しかし正規分布したリスク［の両端］よりは確率が高く、ひとたび起こったならば立憲主義によって保障されている価値に甚大な影響をもたらすような場合である。(16)

不確実性の下で一貫したアプローチは、マキシミンだけではない。他の意思決定ルールも可能である。その一つはマキシマックス（maximax）で、最悪のケースではなく最善のケースでの利益を最大化するものだ。(17) 政治的リスクに対するマキシマックス・アプローチは、立憲主義からの上昇利益という希望のほうを強調する。公権力が約束することを、その危険よりも強調するような、最大限に楽観的な一連の憲法上の主張を組み立てることさえできるだろう。**ユートピア的立憲主義**である。しかしこの案は脇に置いて、よくある懸念を示すだけにとどめよう。それは単に、立憲民主主義の主要な国々で憲法理論に取り組む人々の間には、不信によるマキシミン観点や弱めの予防的な種類のものと比べてユートピア的な主張はまったく浸透しておらず、まったく中心的でないという観察可能な事実である。

この不信の支配は確かに、リベラリズム（政治理論的な意味におけるもの）と関係がある。アメリカでもそれ以外でも、憲法論議の歴史的な核心にあったのはリベラルな立憲主義的主張であった。リベラリズムには様々な形態や規模があるが、リベラリズムの立憲主義的主張の伝統にある主要な系、つまりその特徴の一つとなるものは、権力についての悲観主義、そして権力濫用への恐怖、とりわけ国家の強制装置の独占的支配権を有する公職者のそれであった。ここでの目的にとって、この伝統における重要な標識にはカール・ポパーの次の議論が含まれる。すなわち「誰が支配すべきか」という問いは、「どうすれば悪質な、あるいは無能な支配者がもたらす甚大な害悪を予防できるような政治制度を組織できるか」という問いに置き換えられなければならない。[18] そしてジュディス・シュクラーの「恐怖のリベラリズム」が想定するのは、政治的リベラルは「自由の恩恵を祝福するよりも、圧政や戦争がそれを脅かす危険を憂慮す」[19]べきということだ。ポパーとシュクラーがまったく異なった理論家であることにより、この論点は強調される。少なくとも公権力への不信は、おそらく間違いなく、法と立憲主義のリベラルな理論に共通する要素である。予防的立憲主義者たちは時代や立場の違いを超え、バージョンの強弱に沿って、公権力の濫用に対する恐れをその深い構造として有する一つの言語を共有している。この点で予防的立憲主義は、リベラルな政治理論における強い不信と最悪ケース思考という強力な傾向の、法における類似物である。

第二に、憲法上のリスク規制について競合する見解は、最適化立憲主義、または同じものとして「成熟した立場（matured position）」と私が呼ぶものである。これはアルバート・ハーシュマンが改革の政治理論において、異なってはいるものの関連した文脈において作り出した、明確な目的のある語である。[20] 次章以降では、予防的立憲主義とマキシミン立憲主義に対する批判と、最適化立憲主義と成熟した立場を支持する議論とを、それぞれ十分な紙幅をとって行う。最適化立憲主義の主張は、問題になりうる政治的リスクはすべて重要であること、そして憲法上の権限配分に対する一貫した、予防的で不信に基づいたアプローチは誤りであるということだ。というのも一つには、予防策はインセンティヴ適合的でなければならないからである。もし、公職者たちの動機について偏見のある診断に依拠し、その動機と適合しない公的活動や公的制約を単に独断的に命じるのであれば、その予防策は無益で効果のないものになるだろう。さらにいえば、予防策は公職者の活動による便益を考慮に入れないことがある。それは権限濫用のリスクや害悪と釣り合うように重み付けされなければならない。重要な便益の例としては、非政府アクターによる政治的、経済的、社会的な力の濫用に対し、公権力はその予防や救済のために行使されうるということがある。最後に、そしてこれが決定的なのだが、公的な権限濫用に対する予防策は、現実にはそれが予防しようとする当のリスクを生み出したり、悪化させたりすることがある。その場合、予防策は逆に自己破壊的なものになるだろう。

政治的リスクは権限濫用のリスクを含むが、それは憲法制定にあたって重要な問題のあらゆる側面に存在する。その意味で最適化立憲主義は体系志向的アプローチの全体を覆うものであるという主張をより正当に行うことができる。[21] 予防的立憲主義は競合リスクを考慮に入れず、特定の対象リスクまたはそのセットのみに短絡的に焦点を当てている、あるいは私はそう述べる。憲法制定によって適切に保障しようとしている、競合財（competing goods）の間の予見可能なトレードオフ関係を考慮するならば、関連するすべてのリスクを考慮に入れる以外に選択肢はなく、ここには公権力に反対する（支持する場合も同様である）系統的な歪みやバイアスはない。したがって最適化立憲主義はリスクと害悪について、成熟した（全体的にバランスの取れた、という意味での）ケース・バイ・ケースの判断を採用する。そのリスクと害悪は、憲法上の予防策によって回避されると同時に生み出されるものである。

第八節　最適化立憲主義の限界：消極的側面

このように最適化立憲主義は、厳格に予防的な想定やルールを退ける。ただし、これは重要な限定であるのだが、そうしたルールがそれ自体、ある特定の領域において関連するすべてのリスクを考慮した上での最善の対応である場合を除く限りにおいてである。領域によっては、現場の意思決定者の限られた合理性や歪んだインセンティヴのせいで、特定の領域やプロセスで公権力を制約することが最善の行動となりうる。しかし方法論的に重要な点は、そうしたアプローチを無条件に採用してはならないということだ。憲法上の予防策が正当であるのは、関連するすべての政治的リスクについての成熟した分析の副産物として、たまたま自然にそうなるとき、その範囲に限ってのことである。

したがって、私が行う唯一の一般的な積極的提案は、憲法制定者は関連する問題のすべての側面について、関連するすべてのリスクを考慮に入れなければならないということだけだ。これは積極的な提案としては明らかに薄く、平凡でさえある。しかし、その価値は消極的な面にある。(22) これは憲法制定者たちが誤って進みうる非常に多くの方向に対する代替物であり、手っ取り早い警告なのである。私はこの後の章で、そうした誤りを詳細な説明とともに分類する。共通するテーマは、憲法制定者がある特定のリスク（いわゆる対象リスク）に執着し、そのリスクの予防策に関わるインセンティヴ適合性の問題を無視してしまうことだ。つまり、その執着によってルール作成者が恐れるまさにそのリスクが逆にもたらされるのを見過ごすこと、それは様々な競合リスク、あるいは最悪の可能性を無視することなのである。要するに最適化立憲主義は特定のリスクだけへの執着を避けるという一般原則を示し、そうした執着がどのように生じるかというリストと説明を載せた聖務日課書をルール作成者に提供するのである。

ここからの二つの帰結には触れておく価値がある。第一に、予防的立憲主義と最適化立憲主義は一つの連続体の上にあるので、この議論には調整的な性質がある。予防的立憲主義のバージョンが強ければ強いほど、それに対する成熟した批判も強くなる。逆に、反駁されうる想定や賛否同数の場合の票決ルールのような、予防的立憲主義のより弱い形態であればそうした批判に晒されることは少なくなる。しかし、そのように知的危険を少なくすることの代償は、予防的スタンスの力そのものを弱めなければならないということだ。限界までいくと予防的スタンスはあまりにも薄まり、成熟した分析と区別できなくなるだろう。そうなるとそれ以上に問うべき対立はない。

第二に、成熟した立場である最適化立憲主義を支持する主張は、政治的リスク規制が立憲主義の多様な目的に取り組み、それを調和させる最善の枠組みであるという包括的な主張と両立し、またそこから派生している。しかし、この二つの主張が論理的に独立していることも繰り返しておかなければならない。包括的な主張に同意するからといって、成熟した立場を支持する必要はない。論理的な問題としては、立憲主義の中心的関心は実のところ政治的リスク規制だと主張しながら、同時に、一貫した予防的視点を支持し、最適化立憲主義を支持するあらゆる主張を退けることも可能なのである。私はそうした見解の組み合わせに反対するが、論理的な論拠のみによって退けることはできない。そうでなく、それが失敗するのは実質的な論拠による。なぜなら、予防策は無益であるとわかるかもしれないし、便益よりも害悪のほうが大きいかもしれないし、逆転の結果になるかもしれないからである。これから見ていくように、予防的戦略が予防しようとしている憲法上・制度上のリスクは、関連する問題のあらゆる側面に現れうる。そして実のところこうしたリスクは、それを予防しようとする予防策そのものによって悪化するかもしれないのである。

第九節　他のリスク管理原則の役割

予防的アプローチと最適化アプローチは、通常の一階のリスクに関する文献で議論されている一連の意思決定の原則に尽くされるものではない。コンセンサスのとれたリストはないが、標準的な議論でよく触れられるものに"BAT"（Best Available Technology：利用可能な最善の技術）がある。そこではリスク管理者が企業やその他の主体に、ある特定の対象リスクを減らすために利用可能な最善の技術を採用するように義務付ける。[23] 実行可能性分析（feasibility analysis）では、リスク規制は対象リスクを「実行可能な」限り最小化すべきであるとされるが、そこで意味されるのは技術的な実行可能性や経済的な実行可能性だったりする。[24] そして「許容可能な（tolerable）」リスク水準では、[25] リスク管理者はそのリスク水準を最適化するのではなく、実質的に最低限度にする。[26] そして他の原則にも同様に触れることができる。

私はこうした他の原則について直接に、あるいは詳細には議論しないが、私の分析はそうした原則およびその適用結果について明らかな含意をもつだろう。一つにはこれから見ていくように、憲法とその理論の主要な論争は予防的アプローチと最適化アプローチに中心を置いている。もう一つには、こうした原則は予防的アプローチと比べ、明確に定義さえされていないか、ふわふわしたものでさえある。そのため、そうした原則には、ちょっと分析しただけですぐに予防的アプローチか最適化アプローチのいずれかに還元されるものもある。

最も重要なのは、最適化立憲主義とどれだけ異なっていても私の議論の本筋が完全に当てはまる以上、こうした補助的な原則の分析を詳細に述べたところで無益だということだ。予防的立憲主義が全体的な事態を悪化させる限りで誤っているのとまったく同じように、ある対象リスクに過度に焦点を当てながら様々な競合リスクを無視したり悪化させたりするのは、最適化にとってのこの弱い競争相手たちも同様なのである。たとえば実行可能性分析で憲法上のある対象リスクに短絡的に焦点が当てられるとき、そのリスクは「実行可能な」限り減るかもしれないが、その一方で他の競合リスクを生み出したり悪化させたりする。だとするとそれは成熟した立場のテストを通過しない。この論法は他の原則にも同様に一般化できる。

第一〇節　主張と選択：注意

ここまで主要な主張を述べてきたが、いくつかの定義と仮定を明らかにしなければならない。本書は憲法上の議論の理論的な研究書である。予防的立憲主義と成熟した立場という憲法上の議論の二つの主要な戦略を、これまでなされてこなかったような形で明らかにし、検討し、評価することを目的としている。望ましい憲法がどういうものであるか、実質的なやり方で示すことはまったく試みていない。憲法ルールがどうあるべきかを成熟して考える限り、どのようなルールの組み合わせの結果になろうとも原則として全面的な反対はありえない（もちろん、特定の問題について、特定の領域での憲法上のルール作成についての実質的な見解に基づいた、具体的なレベルでの反論はありうるが）。

逆にいえば、私は予防的立憲主義を様々な形で強く批判するが、予防的立憲主義者が支持するルールは成熟した根拠に基づいて擁護できたり、そうでないこともある。ここでの目的にとって重要なのは当該ルールそのものではなく、その根拠なのである。実際、第二章で詳細に説明しているように特定の領域の特定の問題については、政治的リスクの成熟した分析によって最終的に、その領域における特定の憲法上の担当者や機関に対する予防的な意思決定プロセスが支持されることさえもありうる。上位レベルの分析がそれ自体として成熟したものである限り、そうした結果に反対すべきものはない。反対されるべきなのは、公平なリスク査定を基礎にすることなく、問題となるルールを一方的な予防的論拠によってのみ一貫して取り上げるような憲法デザインなのである。

第一一節　憲法と公法

話を簡潔にするために憲法についてのみ言及することがあるが、私は一貫して、立憲主義を最も広い意味で、つまり公法ルールの全体を含むように使うつもりである。公法とは、法的権限を行使する公職者の間の、そして公職者と市民の間の関係を構成する法的ルールの全体である（他方、「私」法は伝統的な定義では、私人間の法的関係を扱うものである）。憲法は政治的リスクを管理する。他方、当該国家の公法の枠組みに組み込まれ、それを廃止することが、たとえ厳密な意味では合法であろうとも憲法秩序の書かれざる規範を侵害することになるような準‐憲法的な法律も同様［政治的リスクを管理するもの］である。

アメリカの公法でのそうした法律の代表的な例が行政手続法（APA; Administrative Procedure Act）であり、行政機関が活動する手続きを規制する超‐実体的（trans-substantive）な法律である。憲法ルールや他の構造的な法律（たとえば連邦諮問委員会法（FACA; Federal Advisory Committee Act））とともに、APA は行政機関やそれに助言する専門家がもたらす政治的リスクを規制する。第六章で見ていくように、専門家諮問委員会と行政機関の関係を構築することは、一階の政策を形成する権限の異なった配分から生じる、多様で不確実な害悪と便益のトレードオフの企てである。言い換えれば、政治的リスク規制の実行である。

第一二節　機能主義、進化、ルール作成者の意図

最後に、本質的に方法論的な注意点であるが、「憲法」は何もしない。政治的リスクを作り出したり規制したりできるのは人々だけである。したがって憲法が政治的リスクを規制するという主張は、人々が何かを行っているという主張の省略形でなければならない。次の三つの可能性がある。

一、憲法のリスク規制機能はその効果の観察にすぎないだろう。誰が規制するのかについての、いかな

る主張とも無関係である。

二、政治的リスクをうまく管理できない憲法は誰の意図もなしに、何らかの淘汰プロセスによって排除されるだろう。この意味で憲法は、多かれ少なかれうまくいったリスク管理の装置へと「進化」している。それは人間の行動の結果であるが、人間の設計によるものではない。

三、憲法制定者たちは、しばしば意図的に政治的リスクを規制するための憲法ルールを作成する。

私は最初の二つではなく、三つ目の主張だけを示す。第一のものは悪い種類の機能主義であり、憲法がなぜ・どのようにしてそれに帰せられる効果を持つのかを説明するメカニズムを持たない。リスク規制機能の起源は謎のままにされる。(27) 二つ目は可能ではあるが、単に乱暴で不適切である。別のところで既に論じたが、これだけ壮大な主張を支持するような制度的淘汰の説明は今のところない。そうした説明で想定されるメカニズムはあまりにも脆弱である。そして憲法が機能する状況は一般的にあまりにも急速に変化するため、憲法ルールの本体に進化するまでの時間がある、まして効果的だったり成功した状態になったりするまでの時間があるとは考えられない。(28)

第三のアプローチには、証拠によって支持されるという長所がある。以下の章で詳しく述べるように、建国期から最近までの憲法ルールの作成者は、現代のリスク規制理論の観点から最もよく解釈され、理解されるような議論を明確に述べてきた。こうした議論は現代の用語ではなされていないが、憲法ルールの作成者の多くは、ジュルダン氏［訳注：モリエールの戯曲『町人貴族』の主人公］のように生涯を通して意識することなく、リスク分析を専門用語によらずに述べてきたのである。第三の立場は、憲法ルールの作成者が常に政治的リスクを規制するためにルール設計していることを意味するものではない。あるいは、それが試みられたときに常にそうした知的なリスク規制に成功してきたということでもない。とはいえ私は、現実の憲法作成者は常に、明示的に述べられなくとも実質的に政治的リスク規制の問題と格闘していると主張している。

第一三節　本書の計画

主な主張、想定、限界、留保については以上の通りである。本書の構成は次のようになる。第一編は、本書の理論的核心である第一章と第二章である。第一章が主たる対象とするのは予防的立憲主義と、その肥大化した形であるマキシミン立憲主義である。こうした対象が藁人形ではないかという懸念を払拭するため、私はアメリカの法形成とその注釈における予防的立憲主義、さらにマキシミン立憲主義の広範な歴史の叙述から始める。アメリカの政治文化には公権力への不信が広範に浸透しており、その不信は憲法の議論において最高潮に達している。建国期には反連邦主義者も、そして連邦主義者も驚くほど、公職者の「権限濫用」に対する広範な懸念と強い恐怖を表明しており、そして憲法設計において具体化されるべき予防的な救済策を提示している。後の時代には、予防的立憲主義は新しく異なった形をとった。これから見ていくように、アメリカの言論の自由法理の巨大でリバタリアンな理論的根拠の主導的なものの一つは、明示的に予防的な考えである。ヴィンセント・ブラシの「病理学的視点」という考えによれば、現職の公職者による政治的権限濫用の最悪のケースのシナリオを予防するようにして言論の自由のルールはデザインされなければならない。ブルース・アッカマンのような現代の予防的立憲主義者たちは、大統領や軍による権限濫用、さらには独裁のリスクを最小化することを目的とした憲法上／準・憲法上のルールと構造を支持する主張を行ってきた。

第二章では、予防的立憲主義に対する主な批判と、それに代わる見解を詳述する。予防的立憲主義に対する痛烈な批判を示してきた一連の法的アクターや論者を明確にしよう。そうした先駆者の範囲には、アレクサンダー・ハミルトン、ジョセフ・ストーリーほかの初期の人々から、フェリックス・フランクファーター、ロバート・ジャクソンのようなニュー・ディーラーが含まれる。その基本的な見方は、彼らが用いた用語ではないが、ハーシュマンの成熟した立場によって捉えられる。第二章では、予防的立憲主義を弱体化させる方法の分析的な分類についても述べる。ハーシュマンの考えを現代のリスク規制理論と融合させることで、予防的主張に反対するためのいくつかの戦略を明らかにする。**無益テーゼ**(futility thesis)は、憲法上の予防的ルールはインセンティヴ適合性のテストに失敗し、したがって効果がないとする。**危険性テーゼ**(jeopardy thesis)は、権限濫用のリスクは旺盛な公的活動の便益によってそれ以上に埋め合わされるとする。**逆転テーゼ**(perversity thesis)が主張するのは、憲法上の予防策はそれが予防しようとする当のリスクを悪化させるということである。そして、**事後的救済論法**(argument for ex post remedies)は危険性テーゼから区別される重大な場合だが、関連する害悪への取り組みは事前の予防策によってではなく、それが実現した後になされるのが最善でありうると主張するものである。

第二編では、理論から応用へと移る。第三章から第六章では、大規模なものから小規模なものまで、一般性のレベルの順に事例研究を示している。それらはすべて、予防的立憲主義と最適化立憲主義に関する私の理論的主張の実証、説明、複雑化、そして敷衍を意図したものである。こうした応用は総合的に、チェック・アンド・バランス、連邦主義、司法審査といった立憲主義の基本的な特徴の全範囲を網羅している。すなわち、立法、執行、行政、司法それぞれの意思決定の構造である。また、それらの機関における熟慮のプロセスである。そしてより現代的な流れとして、憲法上の諸機関の意思決定に技術的な専門知を取り入れるプロセスがある。

第三章はマクロレベルから始め、アメリカの憲法秩序を他から区別する最大の特徴であるチェック・アンド・バランス、巨大な連邦制共和国、政治的言論の自由の強固な規範を取り上げる。私はジェイムズ・ブライスによる優れた、しかし注目されてこなかった分析に焦点を当てる。それは起草者たち、特にマディソンの規制に関する誤りを強調している。ブライスの見解では、起草者たちは無制約の大衆の多数支配に対する予防策を講じることに執着し、複雑な統治構造を通じて多数意見の力を抑制しようと試みた。しかし、こうした予防的構造は逆に自己破壊的なものとなった。大衆世論の力を制限するどころか、その力を増大させたのである。この見解によれば、アメリカの立憲主義における大衆世論の優位は実のところ、憲法制定者たちが主張した予防的戦略が逆転したという失敗から生じているのである。

その結果、アメリカは大衆世論が支配する。ブライスの見解によれば、このことはアメリカ憲法秩序のすぐれた働きに上限と下限の両方を設けているという。彼の印象的な叙述によれば、「アメリカの民主主義はよいからといって、さらによいわけではない」[29]。この結果は許容可能であり、かなり安定しているが、起草者たちはこの結果が生じる因果関係の経路を予見できなかった。その意味で、彼らが樹立した体制が最終的に安定したことは幸運であった。他と同様にここでも、不確実性と予期しない結果に対する防護策として意図された立憲主義の予防的戦略は、それ自体が予期しない結果を生み出したのである。成熟した立場の支持者が指摘するように、憲法上の選択のあらゆる側面に不確実性がある。

第四章は一般性の階段を一段降りて、立憲主義の基本的な格言の一つを取り上げる。その格律は「何人も自身の事件で裁定者たることはできない（nemo iudex un sua causa）」である。この格律は予防的立憲主義の頼みの綱であり、利己的な意思決定のリスクに対し警告を鳴らすものである。そのリスクはほとんどの憲法上の議論において、どれだけのコストを払ってでも予防・回避されるべきものと想定されている。

私はこの格律が誇張されたものであることを示し、私の主張を広げて説明することを試みる。この格言は公職者や諸機関の自己取引に対する厳格な予防策を体現しているが、しかし自己取引は単に多くの悪いことの一つにすぎない。同様に、この格律の根底にある不偏性（impartiality）の価値も単に、多くのよいものの一つにすぎない。たとえば意思決定を行う人々や機関の自律性、公職者の活力や活動レベル、バイアスのかかった裁定者が系統的によく持っている情報や専門知の価値などの多数の考慮要素に対し、悪いこともよいこともトレードオフ関係にあるのだ。さらに場合によっては、自己取引に対する予防策が、他の公職者や機関が自己取引を行うという競合リスクを逆に生み出すこともある。

言い換えれば、不偏性は自らリスクを生み出す。それは他の価値に対するリスク、そして実のところ不偏性そのものに対するリスクである。したがって実際には、憲法起草者と後の憲法ルール作成者は、自己裁定禁止の格律を根本的に妥協させてきた。それは議員に自身の報酬設定と自身の選挙区割作成を認めることによって、裁判官に自身の報酬を上げるように提起された事件の審理を認めることによって、そして行政機関に立法・執行・司法の権限を混合させること、すなわち自身の作成したルールのもとで自身の提起した事件を裁定することを認めることによって、である。こうした構造が不偏性へのリスクを許容しているのは、そうすることで他の価値が得られるとか、不偏性に対する予防策が無益だったり自己破壊的だったりするという強力な議論があるからだ。

第五章では立憲主義のもう一つの柱である、性急で無思慮な意思決定に対する手続上の予防策に目を向ける。多くの枠組みにおいて、憲法ルールの作成者はセカンド・オピニオンの仕組みを作っている。それは意思決定者が性急に、また十分に熟慮することなく行動するリスクに対する防護策を試み、また、悪い法律や政策（その定義はどうあれ）を排除するフィルターを付け加えるものである。この考えもまた予防的立憲主義の頼みの綱であり、したがってそうした措置を正当化する。特にリベラルな伝統の下にある憲法学者には、認知された問題に対する政府の「パニック」や「過剰反応」に警戒する圧倒的な傾向があり、そうした病理現象に対する強い予防策の提案へと進む。

しかし私は、セカンド・オピニオンのメカニズムが競合リスクを生み出しうることを述べようと思う。それは一方で立法の直接コストと機会コストを増大させるからであり、他方でその決定の質を自ら低めることさえあるからである。後者のリスクが生じるのは、セカンド・オピニオンのメカニズムが認知的ただ乗りのリスクをもたらすからである。それは最前線の意思決定者が、情報の獲得や、自身の選択についての熟慮にほとんど投資しないことによって起こる。したがって思慮の足りない意思決定のリスクに対する予防策は他のリスクとトレードオフ関係にあり、状況によっては逆転になる。

第六章では、憲法として専門的に呼ばれているものを超え、より一般的に公法を含むように見方を拡張する。そこで私は行政法と、専門家の意思決定によってもたらされる問題や機会に焦点を当てる。技術官僚的な専門家への不正な政治的影響に対する予防策は、行政国家における書かれざる、あるいは事実上の憲法の頼みの綱である。専門家の過度の自律性に対する予防策もまた同様である。しかし、いずれか一方の予防策を支持する人々が、自分たちにとって最も懸念される対象リスクのみに短絡的に焦点を当て、他の競合リスクを無視することがあまりにも多い。

行政国家では、取り分が絶えず増大する巨大な政治力を専門家委員会が握っており、行政法の中心的課題の一つは、専門家による意思決定と政治的な意思決定がもたらす競合リスクを管理することである。その一方、行政機関に専門家と協議することを義務づける法的ルールは、「専門家による」「乗っ取り(capture)」と行政の政治化という両方のリスクに対する広範な予防策である。行政の政治化が起こるとき、行政機関は、議員たちや利益団体、そして執行部門によって政治任用された公職者たちの圧力の下、最適でない政策を選んでしまうのである。しかし、常にそうであるように、競合リスクが存在する。専門家による意思決定は認知的ただ乗りや評判の影響などを含む、よく知られた多くの病理現象によって左右される。専門家が集団で意思決定を行う場合、こうしたリスクは特に深刻である。

多様な条件下でこうしたリスクをトレードオフするために、行政法は一般に、一つの単純な意思決定ルールを用いるべきであると主張したい。専門家委員会が認知的に疑わしい根拠に基づいて決定に至ったと信じるに足るような、何らかの正当で明確な二階の理由を行政官が有していない限り、専門家の多数決が優越することである。こうしたアプローチは理論的に異論の余地のないものではないが、実施コストとその他のアプローチの欠点を考慮に入れればプラグマティックな利点がある。

結論では、それまでの章で紡がれてきた糸を織り合わせ、最適化立憲主義の長所、とりわけ消極的な長所を把握することを試みる。このアプローチは成熟した立場の法的同等物であるが、憲法上のルール作成者は偏見や執着なしに自身の任務に取り組まなければならない。啓発されたルール作成者は、国家権力の制約と拡大のいずれか一方だけを一貫して懸念することはないだろう。個人の権利の保護か剝奪かの一方だけでもない。政治的リスクに対する予防策を講じるかそうしないかの一方だけでもない。すべては特定の領域の特定の問題での、リスクのバランスがどのようなものになるかにかかっている。

繰り返すが、ある種の問題や、憲法システム内のある種の意思決定者について、限られた合理性や一階の意思決定者の有害なインセンティヴを考慮したとき、予防的アプローチがそれ自体まさに、二階の意味における最適化戦略になることもある。その限りで、最適化アプローチは予防的アプローチを含み、それを採用するのである。しかし、私はこのことが最適化アプローチの重要性をなしにするとはまったく考えない。実際のところ、この徹底的な柔軟性こそ重要なのである。最適化アプローチの要点はまったく皮肉なことながら、警告的であることなのだ。それは特定の対象リスクへの執着が自身の企てを損なったり挫折させたりする多くのあり方についての、ルール作成者への警告なのである。

根本的な問題は、憲法上のルール作成が、不信と警戒という一貫した精神で行われるのか、それとも、これは私が支持するものだが、福祉の最大化（welfare-maximization）という精神で行われるのかである。福祉の最大化という精神は、ときに注意を促すことはあるが、必ずそうするわけではない。その注意自体が有害であると予期される場合にはそうしない。最適化アプローチの消極的な長所は、「後悔するより安全を」とか「憲法デザインの問題では、最悪の事態を想定せよ」といった、いかなる予防的な格律も無条件には支持しないことである。最高［法規］レベルの分析において、そして通常の人間にとって可能である限り、憲法ルールの作成者はいかなる一貫した先入観や傾向も、お気に入りの手段やその人特有の懸念も持っていてはならない――そしていかなる執着もそうである。私の考えるところ、憲法ルールの作成者はスタイルを持っていてはならないのである。

このように最適化立憲主義は、アメリカ憲法の歴史と議論の際立った特徴として浸透しており、そして往々にして非合理でもある公権力への不信の態度に対する矯正策を提示する。そうした不信の態度が今日ほど強力であったことはほとんどないだろう。しかし私は、憲法ルールの作成に対する、最適化された、そして徹底して合理的なアプローチが実際に、アメリカ憲法史の決定的な場面で勝利してきたことを示したい。それには建国期の多少の成功や、ニュー・ディール期および一九四〇年代前半の偉大な成功が含まれている。勇気が出るかもしれない。我々には機運が再び訪れることを望む理由がある。

第一部　理論

第一章　予防的立憲主義

金融、環境、公衆衛生、安全といったリスクの規制において、最も厳格な形の「予防原則」が述べるのは、新しい手段や技術、政策は、安全であることが示されない限り、そしてそれまでの間、退けなければならないということだ。[1] たとえば、新薬が販売許可を得るには厳しい安全性テストに合格することが求められる。原子力発電所は運転開始前に厳格な安全設計テストに合格しなければならない。また［ジョージ・W・］ブッシュ政権の「一パーセント」ドクトリンでは、テロのリスクがごくわずかであっても予防的な対策が求められた。[2] このような原則は形や大きさ、強さが様々に現れるが、その共通の主題は、潜在的に安全でない技術や政策の支持者に不確実性の負担を負わせるということだ。予防原則に批判的な人々の主張では、現状維持そのものにリスクがある。そのリスクはそうした原則を主張する人々の懸念とまさに同じ利害の側にあるか、あるいはまた異なった側にある。より一般的にいえば、そうした原則のコストが便益を上回るかもしれないということだ。

この議論は規制理論の中では比較的新しいものであるが、二階の政治的リスクについての憲法上の議論では由緒あるものである。あるいは私はそう主張しよう。全体的なレベルで多くの理論家が擁護する基本原則は、憲法は、制度設計や担当者間の権限配分から生じる政治的リスクを予防するようにデザインされなければならないということだ。具体的なレベルでは、多くの憲法上のルールや構造が、現職の行政官たちやその他の憲法上のアクターによる権限濫用のリスク、多数派の専制のリスク、およびその他の政治的病理現象に対する予防策として正当化されてきた。私は後の章で憲法ルールの予防原則的な正当化を批判するが、その狙いの一つは、そうした議論を理解可能な言葉で再構築し、最善の光を当てることである。

第一節　予防原則と政治的リスク

リスク規制の領域では、予防原則は多くの異なった形で現れる。「予防原則」(3)には少なくとも一九通りのバージョン、あるいは漠然とした家族的類似性によって関連する一九の異なった予防原則がある、と数えられることもある。これから見ていくように、憲法上の予防原則も同様に異質である。主な領域のバリエーションには次のようなものがある。

射程：この原則はどのような政治的リスクに適用されるのか。私が論じる代表的なものとしては、「権力の濫用」(4)、担当者の自己取引、立法府や行政府による支配という意味での「暴政」(5)、多数派による抑圧(6)、少数派による抑圧(7)、連邦主義の死あるいは州の廃止、そして様々な形態でバイアスのかかった行政機関の政策形成や司法判断などがある。こうしたものはすべて、政治的リスクの特徴である二階の性質をもっている。それは担当者や機関の間での意思決定権限の特定の配分のあり方によって生じるということだ。

重み：この原則はその射程が及ぶところでどれだけ強力なのか。それを覆すにはどのような証拠や理由があればよいのか。

タイミング：不確実な脅威を避けるために憲法ルールが介入するのはいつなのか。脅威が発生するのは、どれぐらいの将来でなければならないのか、あるいはどれぐらいの将来であればよいのか。

正当化理由：そもそもなぜ事後的（ex post）な救済ではなく、事前（ex ante）の予防策でなければならないのか。

全体的に見れば、規制上の領域でも憲法上の領域でも、厳格さや適用のタイミングが変わってくるような連続体として予防原則を想定することが最善である。[8]「このように変動する領域での規制は、事前の介入であったり、不確実な将来の望ましくない帰結の厳格な予防であったりするとき、より『予防的』になる」[9]。最も弱い形態での予防原則は単なる懸念、最後の考慮事項、あるいは容易に反駁されうる想定などの役割を与えられる。しかし後に見るように、憲法上のアクターは政治的リスクに対する、ずっと強力なバージョンの予防的手段を支持する主張を行うことが多い。

この本題に付き物の混乱は、何を含めるべきかについてのジレンマをもたらす。合衆国憲法の起草者たちや、その他の憲法上のアクターによる憲法上の議論は、広い意味では予防的に見えるかもしれない。しかしそうした人々は意思決定理論やゲーム理論の専門家ではないし、その主張を支持するような予防原則を特定することもほとんどなければ、争点となっている憲法ルールが予防原則以外の根拠によって正当化されうるかどうかを示すこともほとんどない。私は細かく分ける前に大きな塊を作ることにした。最初から焦点を絞るのではなく、まず一見したところ予防的な、あるいはそれに準じるような幅広い議論を概観することから始めよう。

説明を簡単にするために、二つの軸にそって例を並べていく。第一に、予防的な主張は憲法設計を行う者に向けられることもあれば、確立した憲法内容を解釈する者に向けられることもある。第二に、このような議論は全体的には基本原則として、あるいは具体的なレベルでは特定の憲法ルールや構造の正当化理由として用いられる。この二つの区別を合わせると四つの例が生まれるが、順番に取り上げることにしよう。これによって私は、いくつかの似たようなものから憲法上の予防原則を区別したい。

第二節　全体的原則と憲法デザイン

ジョン・マーシャル（John Marshall）は、その著書『ジョージ・ワシントンの生涯（*Life of George Washington*）』で、建国期の反連邦主義者たちの間で広まっていた予防的な考え方について述べている。「権力が濫用されるかもしれないということは、こうした意見の人たちにとって、それが与えられることに反対する決定的な主張だった。そして彼らは、合衆国憲法という揺りかごは共和主義的自由の墓場になると確信しているようだった」[10]。ロバート・イェイツ（Robert Yates）は、反連邦主義者のパンフレットの作成者ブルータスとして、「人民はその支配者に何をする権限も認めてはならない。もしそうしたならば、人民自身を傷つけることになるだろう」[11]という趣旨の「政治の公理」まで述べている。この原則は、最大化の基準と同様に、危害が発生するという帰結だけを考えており、それが発生する確率を考慮に入れていないように見える。実際のところブルータスは、憲法上の権力が濫用される可能性そのものを排除しようとする、憲法デザインの予防的な基本原則を示している。

このアプローチの最も明らかな先行者であり、おそらく先駆者であるデイヴィッド・ヒューム(David Hume)の格言によれば、「統治システムを設計したり、憲法上のチェックやコントロールについて定めるにあたっては、すべての人が行動において私的利害以外の目的を持たない悪人とみなされるべきである」[12]。ヒュームの「悪人原則」は、すべての人がそのように動機づけられているという事実の主張としてではなく、すべての人がそのように動機づけられていると想定された憲法デザインこそ最もうまくいく、という主張として最もよく理解できる。後の理論家たちは、こうした想定を正当化する一群の理論を推し進めた。我々の目的にとって最も重要な考えは、悪人原則がある種の「予防的措置」を示しており、それは事実に反する特徴にもかかわらず、憲法デザインを行う者に有益であるというものだ。

悪いタイプの公職者がもたらす損害が、よいタイプの公職者がもたらす便益を上回ると想定しよう。あるリスクモデルでは、制度設計者はリスク回避的な方法で行動することを決定し、悪いタイプが与える不釣り合いな害悪によってよいタイプが権力を持つ可能性の見積もりを割り引くことができる[14]。あるいは、公職者候補たちのプールに占める悪人の割合について制度設計者が真正な不確実性に直面すると想定しよう。ここでの問題は、制度設計者は確率について認知的に正当な見積もりをまったく持たないということである。そうすると制度設計者はすべての公職者が悪いタイプであると想定し、最悪の場合のシナリオの害悪を排除するようにデザインされたルールを採用することによって、憲法上の仕組みから得られる最小限の利益のほうを最大化すべく最善を尽くすだろう。これはマキシミン立憲主義の一種である。

第三節　憲法デザインの具体的原則

具体的なレベルについては、一七八七年の合衆国憲法の多くのルールや構造が明確に予防的な根拠によってデザインされ、採択された。フィラデルフィア憲法制定会議や、その後の批准をめぐる議論では、連邦主義者も反連邦主義者も予防的な種類の主張を展開することが多かった。

ヴァージニア邦の議論でヘンリー・リー（Henry Lee）が正しく見て取ったように、「反対派は、起こる確率を考えることなく可能性に反対し続けた」。マディソンも「合衆国議会は可能な限りのすべて有害なことを行うだろう」という想定には反対した。同時期にペンシルヴァニア邦での議論において、ジェイムズ・ウィルソンは「我々は起こりそうな（probable）ことだけでなく、起こりうる（possible）ことにも警戒しなければならない」と主張して憲法草案を擁護した。[15]

最悪のケースの政治的可能性をあたかも確実に起こるかのように扱うこの傾向は、立憲主義へのマキシミン・アプローチである。

一元的執行権：　憲法制定会議での一元的執行をめぐる議論の主な点は、専制のリスクへの予防には一元的な執行権か多元的な執行権のどちらがよいのかという点であった。エドマンド・ランドルフ(Edmund Randolph)は「執行権の一元化に強く反対した。君主制の胎児とみなしたからである」[16]。他方、ウィルソン(James Wilson)は「執行権の一元性は君主制の胎児ではなく、それこそが暴政に対する最善の防御となるだろう」[17]と主張した。両者は制度的問題の長所について相反する見解を持っていたが、君主制的専制に対する正しい予防策を選択しようという目的は共有していたのである。

権力分立、チェック・アンド・バランス：　同様に、連邦主義者と反連邦主義者は、権力の乱用に対する予防策として、権力の分立と様々なチェック・アンド・バランスの構造が最もよく正当化されるという見解で一致した。ニューヨーク邦では、メランクトン・スミス(Melancton Smith)が「連邦議会は結果的に腐敗するだろうから、『現状で要求されている以上にチェックを増やすのが賢明だ』[18]」と主張し、この議論をはっきりと予防的な形で表現した。たとえ現在の問題がないとしても、言い換えれば、賢明に憲法デザインを行う者であれば、いつか将来の未知の時点で実現するかもしれないリスクに対する予防策をとるだろう。マディソンの『ザ・フェデラリスト』第五一篇での、権力分立とチェック・アンド・バランスの主たる正当化理由は、そうしたメカニズムが「補助的予防策」として機能するというものであった。立法部門の手に全権力が集中することに対する予防策は(直接であれ間接であれ)選挙によって補完されているが、それでは保障が不十分なのである[19]。

常備軍と軍事予算：　憲法草案のうち最も論争の的となったものの一つであり、支持者による擁護が最も難しかったのは、軍事支出が二年以上は続かないという制限のみを条件にして連邦議会に「軍隊を召集・支援する」権限を明示的に与えることであった。[20] 反連邦主義者たちは英国立憲主義におけるリバタリアン論法という長年の主題を引き合いに出し、君主制であろうと寡頭制であろうと常備軍は専制の手段になるというリスクを懸念した。そこでのよくある主張は、「人民の自由は大規模な常備軍によって危険にさらされる」、「支配者は、行使が適切であると考えるとき、権力簒奪のために自身を支持させる目的で［軍隊を］用いる」、「いかなる軍隊にも、自身を設立し、育てた権威のもとで、指導者の意向に沿うように政府の形態を転覆させるという大きな恐れがある」といったものであった。[21] 反連邦主義者はこうした危険に照らし、憲法草案が十分な予防策をとっていないと批判した。反連邦主義者が好んだ選択肢は平時に常備軍を禁止する規定であったが、そこにはおそらく武器庫と国境での最小限の駐屯部隊と、外国からの侵略の差し迫った脅威が出現したときに軍隊を召集するという例外があった。[22]

権利章典：　さらに一般的に、そしてさらに成功裡に、反連邦主義者は予防策としての憲法上の権利の理論を明確にし、多くの邦憲法が規定しているような権利章典を含んでいないとして憲法草案を批判した。そうしてブルータスは、「驚くべきことに人民の権利への偉大なる保障が、この合衆国憲法には見あたらないのである」[23]と判定した。彼の主張では、「生命の安全」、「自由の保障」、「市民の財産の保護」のための権利章典が必要であるとされた。[24] 権利章典の対象となる政治的リスクは主に、反連邦主義の理論によれば、行政機関の怠慢（agency slack）であった。「支配者」の権力濫用は、選挙や、憲法に列挙された政府の権限によっては十分に制約されない。[25] なぜなら「支配者は他の人々と同じ性向を持っている……それはすなわち、人々を最初に結合させ、政府を設立させた人類が最初に政府と結びつき、それを組織しようとしたのと同じ理由」であり、同胞による略奪衝動への恐れこそが「この予防措置を人々に遵守させるように影響を与えるものとして機能する」[26]。

大統領権力、軍事力、緊急事態：　憲法や制度のデザインに関する具体的なレベルの予防的な議論は、遠い過去に限られた話ではまったくない。大統領権力の過剰と軍事力の過剰のそれぞれ、あるいは両方に対する制度的予防措置を支持する議論を参照して説明することにしよう。そのような議論の代表的な支持者がブルース・アッカマンである。彼は現代の制度的・政治的傾向において、将来のアメリカでの大統領や軍によるクーデタの相当の可能性を認識している。それはアッカマンが（彼の著書のタイトルで）『アメリカ共和国衰亡史（*The Decline and Fall of the American Republic*）』[27]［訳注：ギボン『ローマ帝国衰亡史』をもじったもの］と恐れるほどに重大な可能性なのである。これは政治におけるファットテール（fat-tail）問題の一種である。大統領や軍によるクーデタの見込みはきわめて少ないが、そこにはリスクの正規分布が示すよりも高い不確実な可能性があり、それは結果的に立憲主義を危うくする害悪になる。

解決策の段階では、アッカマンは司法をほとんど信頼していない。それは主に、司法は予防的ではなく事後反応的だからである。司法は介入するとしても時間がかかり過ぎるのである。「連邦最高裁が今後、［大統領の］権力濫用をチェックするのに十分なほど早く介入することはないだろうから、残された唯一の選択肢は、大統領の力が勢いづく前にブレーキをかける新たな制度的メカニズムを作ることだ」[28]。アッカマンが提案している予防的メカニズムには、執行部内の法律問題について拘束力のある裁定を下す権限を与えられた「最高執行部審判所（Supreme Executive Tribunal）」[29]や、緊急事態に対処するための枠組法がある。後者の中心的な特徴は「特別多数決のエスカレーター」であり、大統領の緊急事態権限に連邦議会の特別多数による継続的な承認を必要とする条項である。[30] こうしたメカニズムは、大統領や軍の力による病理的な政治的リスクに対する保障として明確に提示されている。これらは日常用語的な意味でのリスクである。アッカマンは、自身が識別した「脅威」をリスクの枠組みで分析すべきか、それとも不確実性の枠組みで分析すべきかを明確に規定していない。しかしその予防という意図は明白である。

第四節　憲法解釈の全体的原則

ある憲法がひとたび制定されたならば、人々は競って憲法解釈の基本原則を提案するだろう。ありうる原則の中には、憲法は政治的リスクを防止するために「狭く」または「厳格に」解釈されなければならないと主張する予防的な形のものもある。アメリカの立憲主義の歴史において、予防的な基本原則は二つの主要な形をとってきた。連邦主義に基づくものと、個人の権利に基づくものである。この二つの形式は相互に排他的なものでは決してない。全国的な規制措置が争点になる場合には、リバタリアンと州権主義者の連合がしばしば形成され、連邦政府のやり過ぎへの予防措置が個人の自由を守ると主張される。[31]

リバタリアンと州権主義者が連合して連邦議会の合衆国憲法上の権限に異議を唱えた最近の例には、個人に健康保険を購入するように義務付けたものがある。連邦最高裁は、連邦議会の課税権の合法的な行使として個人への義務付けを支持した。しかし傍論（当該事件の解決にとって必要ではない司法判断）で、その義務付けが州際通商を規制する連邦議会権限を超えている可能性があると警告した。この連邦裁判所の商業分析は部分的に、商取引を規制する連邦議会の権限拡大には個人の自由に対するリスクが含意されると指摘したのである。個人への義務付けが商取引への規制として支持される場合として、連邦最高裁長官は意見の最初で「連邦議会は誰もに野菜を買うように命令することで、ダイエット問題に取り組むことができる」[32]と述べている。私は州権の問題系とリバタリアンの問題系を別々に検討するが、実際のところ、その支持者たちはレトリックの効果を高めるために両者の相互作用を利用している。

州権の予防原則：州権の予防原則の支持者は、連邦権力の厳格な解釈を主張する。一九世紀初頭の論者、セント・ジョージ・タッカーが主張するところ、合衆国憲法は「州が元々持っていた権利が問題になりうる全ての場合において厳しく解釈されるべきである」[33]。この「タッカー・ルール」[34]の基礎は、同意理論と予防の組み合わせであった。

　すべての国家は自己を保存、言い換えれば『その』独立を守る義務がある。だから、『その』破壊が危ぶまれるような解釈は、州の場合も同じであるが、**はっきり言って**いかなる場合でも、そのような解釈への『国家の』同意がない限り認められない。[35]

ここでの政治的「危険」とは、アメリカという連合の中で主権をもって独立した国民国家であるとタッカーがみなしたものの独立を、連邦権力が「破壊」することである。州は自らの生存のために適切な予防措置をとると強く推定されなければならず、したがって、そのようなリスクを引き受けることへの同意が明確でない限り、自身の破壊を覚悟してはいないと推定されなければならない。タッカーをはじめとする初期の州権論者にとって、連邦権力を厳格に、または狭く解釈するという基本原則は合衆国憲法第十修正に具現化されたものであった。第十修正は「この憲法により、合衆国に委任されず、または州が行使することが禁じられていない権限は、各州または人民に留保される」[36]と規定している。

リバタリアンの予防原則：　しかし、タッカーをはじめとする初期の州権論者は、自身の弓にもう一本の弦を持っていた。それは合衆国憲法第十修正ではなく、第九修正である。第九修正は「この憲法において一定の権利を列挙したことをもって、人民の保有する他の権利を否定し、または軽視したものと解釈してはならない」[37]と規定しており、これは憲法解釈の基本原則として描き出されてきた。すなわち「個人の自由」[38]を支持するような解釈の前提である。この見方では、個人は自然権的自由を有すると考えられており、憲法判断を行う裁判所は、成文憲法によって具体化されたものとして捉えられた個人の自由という前提のもと、政府の行為を審査しなければならないのである。

初期の定式化でも最近の定式化でも、この自由の推定は明示的に予防的な用語でなされることが多い。タッカーにとって第九修正の要点は「解釈による簒奪や侵害から人々の権利を守ること」であり、二つの修正条項の組み合わせが求めていることは「連邦政府に委任された権限は、州や人民の権利が集合的であれ個人的であれ問題になりうるときにはいかなる場合でも、その文章が耐えうる最も厳格な解釈を受けること」[39]である。さらに最近のタッカーの伝統における著名な憲法上のリバタリアンの文章では、政府の措置の憲法適合性の司法審査の根拠として自然的自由から「立法や行政による侵害」を防ぐことがあげられている。[40]

司法審査：　最後の議論が示しているように、制定法の憲法適合性をめぐる司法審査はそれ自体、一つの予防原則として正当化されてきた。それは立法や行政のアクターによる権利侵害という信頼ならない傾向に対する有益な保障をもたらす、という意味においてである。この正当化理由によれば、たとえ憲法上の権利の正確な射程を見極めるにあたって立法府や他のアクターよりも裁判所が組織的に優れていると（何らかの理論によって、あるいはそれ以外でも）いえないとしても、法形成のシステムに新たな拒否点（veto-point）を加えることは有益である。そうすることには、ある種の過誤、つまり権利が過小にしか保護されないことを減らすという限界的な予防効果がある。[41] もちろん、司法審査自体は権利の過剰保護といった別種の過誤をもたらしうるが、この見解の支持者は、過小は過剰よりも有害であると判定しており、「権利保護が過小であるよりも過剰である側で誤るほうがずっとよい」。[42] これは本質的に予防的な主張である。

第五節　具体的原則と憲法解釈

憲法解釈のための予防原則は一般的な用語で述べられることもあるが、限定的な領域を持つように述べられることもある。それが適用されるのは論点や論争の特定の種類、成文憲法の特定の条項、あるいは特定の政府権限である。

州の課税権：　McCulloch v. Maryland 判決[43]での構造的立憲主義についてのマーシャル長官の偉大な

意見は、タッカーが主唱した州権予防原則に真っ向から反し、連邦政府の列挙権限を拡大して解釈したものとして有名である。実際のところマーシャル自身が示したのは、連邦機関に対して課税する州の権限を狭く解釈するような別の予防原則である。連邦権限の拡大は独立した主権を持った州を「破壊」する「危険」があるというタッカーの懸念を退け、マーシャルは、州の課税権を拡大する解釈は連邦機関にとって同様の結末のリスクをもたらすと主張した。なぜなら「課税権は破壊的な力をともなう」[44]からである。連邦政府が自身の設置機関について州の課税権から免除する権限を持たない限り、その帰結は悲惨なものになりかねない。

メリーランド州が主張するような原則を合衆国憲法に一般的に適用したならば、この文書の性格が根本的に変えられるとわかるだろう。連邦政府のあらゆるものが差し押さえられ、諸州の足下へと屈服させられうるのである。アメリカ人民は自身の憲法とその法内容が最高法規のものとなるように宣言した。しかし、この原則は実際のところ、その最高法規を諸州に移すだろう。[45]

ブルータスと同様、マーシャルも政治的位置が正反対であるだけで、政治的リスクが発生「可能」という前提から、それに対する保障がなされなければならないという結論まで、電光石火の速さで滑り落ちる。[46]マーシャルが反連邦主義者をからかって用いた言葉によれば、「こうした意見を持った人々にとって、権力が乱用されうるということは、それが与えられるべきでないということの決定的な論拠であった」。[47]

連邦の歳出権：憲法上の連邦主義についての歴史研究が示しているように、一八三〇年代以降、タッカー・ルールは復活した。(48) 予防的な州権を主張する伝統は、その運命は様々であったにせよ、二十世紀にもしっかりと続いた。一九三〇年代における旧体制の最後の危機は、連邦権限を狭く解釈する予防的な主張が盛大になされたことであった。その最も明確な例はおそらく一九三六年の United States v. Butler 判決(49)であり、連邦最高裁は、生産縮小に同意する農家に補助金を与える農業調整法（Agricultural Adjustment Act）のニュー・ディール政策を無効にする決定を下した。争点となったのは、現行法では直接の立法によって達成するための合衆国憲法上の権限を欠いているような目的を間接的に達成するために、連邦議会が支出してもよいかどうかであった。連邦最高裁はそうした連邦の歳出権の行使を禁じるような予防原則を宣言したのである。それは政治的濫用に対する保護として明示的に正当化されたものであった。

> 州に留保されている法管轄内の事柄への強制的な規制は禁じられているが、その代わりに、もし連邦議会が課税権と歳出権を同じ目的を達成するための手段として用いることができるのであればならば、合衆国憲法第一編第八節第一項は、個々の州に留保されている統治権限を完全に覆す手段となるだろう。……この法律［農業調整法］が連邦の課税権の適正な行使であるとすれば明らかに、合衆国全土のすべての産業の規制が同じ権限の同様の行使によって達成される。……合衆国の一般の福祉が……この連邦の構成メンバーを抹殺することによって達成されるかもしれないのである。しかし、主張されている原理が、この致命的な結論を導くのは避けられないだろう。(50)

大統領権力とテロ対策：　ブルース・アッカマンによる一連の制度設計案を既に見たが、それは大統領や軍によるクーデタ、あるいはもっと一般的に、執行権の濫用のリスクや不確実な可能性に対する予防を意図したものであった。アッカマンは執行権を制約するために裁判所が何かをする能力には悲観的である。しかし他の理論家には、テロとの戦いにおいて市民的自由が執行部によって侵害されるリスクを防ぐための一連の司法的原則を裁判所が受け入れる（あるいは既に実践してきたことを明確にする）ように主張する者もいる。

キャス・サンスティーン（Cass Sunstein）、サミュエル・イサカロフ（Samuel Issacharoff）、リチャード・ピルデス（Richard Pildes）はいずれも、緊急事態における大統領権限の行使には明文法規に基づく議会承認を裁判所が要求すべきだと述べている。[51] この見解によれば、国家の危機において裁判所にしっかりとした実質的な審査を期待するのには無理があるが、裁判所は少なくとも、明文化されたルールを通じて執行の行き過ぎへの民主的チェックを設定できる。こうした要求の動機は明らかに予防的である。広範な人々に恐怖を引き起こす熱狂と、利用可能性ヒューリスティックのような冷静な認知メカニズムとが合わさったとき、低い確率のテロ活動のリスクに対し過剰に規制的な反応がもたらされることがあるが、この考えによれば、明文化されたルールがその可能性に対する防御手段になるとされる。[52] この予防策は、行政部門による病理的な意思決定という明らかな政治的リスクに対するものである。

休会任命：　アメリカで二番目に有名な裁判所であると広くみなされているコロンビア特別区巡回区控訴裁判所は二〇一三年に「休会任命（recess appointment）」を行う大統領権限についての事件で重

大な決定を行った。休会任命は上院が休会中に行われる任命であり、上院による通常の同意プロセスを飛ばすものである。合衆国憲法の関連条項は「大統領は、上院の休会中に生じる一切の欠員を補充する権限を有する。ただし、その任命は次の会期の終りに効力を失う」(53)と規定している。Noel Canning v. NLRB事件(54)(慣習的にCanning事件として知られる)での主要な争点の一つは、この条項が、上院が連邦議会の会期内に休会する場合の「会期内(intrasession)」休会任命を大統領に認めているのか、それとも、上院が連邦議会の二つの会期の間に休会する場合に「会期間(intersession)」休会任命のみを認めているのか、ということであった。裁判所は後者の狭い解釈が正しいと判示した。会期内の休会任命は禁止されているということである。(他にも判示がなされたが、ここでは関係しない)。

この結論を支持する裁判所の最初の議論は、憲法条項のテクストとその原意から引き出されている。裁判所によると「休会」は、合衆国憲法が批准された当時そうであったように、会期間休会のみを意味する。しかし、このようなテクスト主義的・原意主義的な始まりにもかかわらず、裁判所の意見の核心は、憲法構造の機能上の効果と広範な目的についての長文の熱のこもった扱いであった。そして、裁判所の論旨の要点は予防的なものであった。大統領の権力強化、さらには大統領専制のリスクに対する予防のために、会期内休会は休会任命権の射程から除外しなければならない。裁判所によると、

『政府が』主張する「休会任命」の解釈を採用すると、『合衆国憲法の任命条項』に反映されている注意深い権力分立構造に込められた起草者たちの目的を完全に覆すことになるだろう。連邦最高裁が述べたように……「公職者任命権の操作は、かつてのアメリカ革命世代が行政権に対して抱いて

いた最大の不安であった。なぜなら、一八世紀の専制政治において公職任命権は最も狡猾で強力な武器とみなされていたからである。(55)

会期がもともと限られている以上、次の会期の終わりに効力が失われるのだから、休会任命が圧政のもとになることはほとんどない。だから、こうした権力増大や圧政に関する話はすべて、テクスト上の議論のためのレトリカルな誇張に過ぎないと思われるかもしれない。しかし、真実に近いのはその逆である。裁判所はまったく率直に、このテクスト上の議論の要点が、大統領の権力増大に対する予防策としての堅固なルールの確立であると認めているのである。

会期間という明確な解釈を支持するためには、曖昧な他のものは退けなければならない。連邦最高裁が述べたように、合衆国憲法の権力分立の「主要な特徴」を解釈するときには、「高い壁と明確な区別を確立しなければならない。なぜなら低い壁と曖昧な区別は、権力部門間で激化した紛争において司法的に擁護可能なものにはならないだろうからである」。……大統領が自身の任命権の射程を自身で決めることが許されるのであれば、合衆国憲法の権力分立は骨抜きになるだろう。(56)

Canning 判決は休会任命権について、会期内休会任命を排除し、大統領専制に対する予防のために厳格で狭い解釈を採用したものとして最もよく理解できるだろう。裁判官たちが悩まされたのは、滑りやすい坂のリスクである。つまり、明確な線が引かれないことには、大統領は「気が向けばいつでも自由に、望んだ候補者を任命できるだろう。週末であろうと、昼食中であろうと、あるいは会期中の上院の不活発さに不満を持ったときでさえもである」[57]。分析的にいえば、後に述べるように、予防的な論法と滑りやすい坂の論法には必然的なつながりはない。しかし両者は、よく一緒に現れる同様の懸念に根ざしている。

いうまでもなく、Canning〔控訴審〕判決は連邦最高裁による最終的な決定ではない。現在のところ、連邦最高裁は二〇一三年の秋に本件を審理する予定であり、決定を覆す決定を行うか、または少なくとも判示事項や根拠を修正する可能性がある〔訳注：その後、二〇一四年六月に連邦最高裁判決が出され、会期内休会任命権自体は認められるとされたものの、その対象となるのは十日以上の休みであると限定された。134 S.Ct. 2550 (2014)〕。しかし、Canning〔控訴審判決〕を論ずるのは、法的拘束力を引き合いに出すためではない。たとえ結果的に覆されたとしても、本判決は特定の憲法条項の解釈に関する予防的アプローチを的確に示すものである。後に示すように、同様にもっともらしいもののそれほど予防的でない休会任命権の解釈は他にある。Canning 控訴審判決の是非は、大統領の権限拡大のリスクと、そのリスクに対する適切な司法的対応についての、賛否の分かれる選択にかかっている。

言論の自由：　構造・権利という従来の対立のうち、「権利」側ではどちらかといえば予防的な議論が一般的でさえあった。言論の自由についてのヴィンセント・ブラシ（Vincent Blasi）の影響力ある説明が裁判官に求めるのは、言論の自由の法理を「病理学的視点（pathological perspective）」によって編成することである。その視点では、憲法ルールは最悪のシナリオ——政治的少数派、反対派、反体制派の言論を標的とした濫用——を予防するようにギアが変えられる[58]。ブラシの主張は憲法上のある種の

いえる。リスク回避を求めているが、不確実性という観点から考えたければ憲法上のある種のマキシミン原理と

破壊的な政治的言論が扱われた二つの事件の間には明瞭なコントラストがある。一つは期待リスクアプローチ、もう一つは予防的アプローチである。共産主義組織による破壊的な主張が関わった事件であるDennis v. United States判決ではラーニド・ハンド（Learned Hand）［判事］が定式化したテストによって、国家転覆の主張が、たとえ遠い将来であってもきわめて深刻な害悪をもたらすかどうかというリスクを裁判所は評価しなければならないとされた。そのテストは「それぞれの事件において、（裁判所は）「悪」の重大さを、起こりそうもないということによって割り引いた上で、その危険を避けるために必要なものとして言論の自由の侵害を正当化するほどかどうかを問わなければならない」(59)というものである。法廷意見のいくつかの文章は、単独で読むならば、破壊活動のリスクへの予防的アプローチを主張するものとして解釈できるかもしれない。連邦最高裁の言うところ、言論の自由と「明白かつ現在の危険」という法的要件は、「反乱の準備が整い、計画が立てられ、合図を待つ状態になるまで」(60)政府は行動を起こしてはならないということを意味するものではない。しかし法廷意見を全体として読むならば、その中心はハンドの分析であり、関連するすべてのリスクを考慮に入れている。したがってそれは最大限の予防ではなく、最適な予防を意味する。

この直接的な期待害悪計算とは対照的に、Brandenburg v. Ohio判決は「言論の自由と報道の自由の憲法上の保障は、実力行使や違法行為の主張を国家が禁止したり差し止めたりすることを許さない。ただしそれは、その主張が差し迫った違法行為を扇動し、実現させることを目的としており、かつ、そう

した行為が誘発され実現する可能性が高い場合はその限りではない」[61]としている。こちらの判示は、政治的動機に基づく言論の制限やその他の政治的病理現象の最悪のシナリオに対する法原理上の障壁を作ろうとしており、ブラシの予防的アプローチの例となっている。他の言論の自由の法原則・法原理についても同様の正当化がなされてきた。たとえば、実際になされる前の言論の規制である「事前制約」に反対する強い推定、つまり保護された表現を政府による規制が「萎縮させる」おそれに対する予防原則などである。[62]

「収用」と財産権：　合衆国憲法第五修正の公用収用（takings）条項は、第一四修正を通じて適用される。「何人も正当な補償なしに、私有財産を公共の用のために収用されることはない」[63]という規定である。この条項に関連する多くの論争のうち、近年、最も激しくなっているものは、収用（政府による「優越的所有権（eminent domain）」の行使）は「公共の用」のためでなければならないという要件に関わっている。この要件は、許容される収用に対する「正当な補償」という要件とは独立した加算的なものである。

狭く解釈された公用要件では、収用とは、土地所有権を私有から公有に移す場合のみを意味するだろう。たとえば私有地を公園へと転用したり、鉄道など一般公衆の使用に開かれた公共交通機関に譲渡されるような場合である。[64]しかし連邦最高裁は、この狭い解釈を断固として拒否した。連邦最高裁は二〇〇五年のKelo判決で、[65]土地所有権を民間の営利組織に移転させるような、市の経済再開発計画の一部として民間居住地の収用を認めている。連邦最高裁によれば「公共の用のために」は「公共の目的のために」を意味し、何を公共の目的とみなすかについては立法府の判断を司法は最大限に尊重しなければ

ならない。(66)

反対意見および多くの批判者は、経済開発を公共の用とみなすことは決してできないという明確なルールを主張した。そのルールを支持する主な論拠は予防であった。オコナー判事は、連邦最高裁判決の結果、「収用（condemnation）の危険があらゆる財産に迫っている」とし、公共の用の範囲から経済開発が除外されなければならないと主張した。「政府の収用権の過剰な、予見不能な、そして不公正な行使に対する予防策を提供し、安定的な土地所有権を保障する」ために必要だからである。またそれは「とりわけ、いかなる理由であれ政治的プロセスにおいて多数派の意志から自身を守ることのできない所有者」にとってのものである。(67) ここで問題となるリスクは、民間の商業的利益に影響された議会が、それを利するように収用権を行使するという公共選択上の懸念である。それは一方であらゆる土地所有権をいくらか不安定にすることで全体の福祉を損ない、他方で経済開発についてテクスト上の根拠のない正当化を行うものである。オコナーが述べるように「『連邦最高裁の判示における』受益者は、大企業や開発金融機関を含む、政治的プロセスにおいて不相応な影響力を持つ人々である可能性が高い」。(68) オコナーの主張は連邦最高裁では採用されなかったが、Kelo 事件の後、多くの州議会が経済開発のための収用を禁止する法律を制定した。(69) ここで重要なのは、Kelo 判決の批判者ははっきりと予防的立憲主義の伝統に立っているということである。

デュー・プロセスと不偏的な審理：　デュー・プロセス［適正手続］に関わる憲法内容は、保護利益が危機にさらされるとき中立的な裁定者を必要であるとする。中立性に対する様々な脅威――汚職、バイアス、あるいはイデオロギー、朝令暮改――のうち、どれがデュー・プロセスによって規制されるべきだろうか。問題の構造は、様々な意思決定の歪みが作用し、結果に影響を与えたかどうかを具体的な場合において示すのが難しいということだ。結果として、初期設定のルールや証明責任負担の設定の仕方が決定的になることがよくある。したがって連邦最高裁や下級裁判所は、直接に観察することが困難な意思決定の歪みのリスクを防止することを明確に目的とした一連のルールを発展させてきた。一連の事件の中には、当該事件に個人的な金銭的利害関係を持つ担当者の裁定に対する予防原則を発展させたものもある。(70) そうした利害が直接的である必要はないし、また具体的な場合でのバイアス効果を示す必要もない。かつて連邦最高裁が述べたように、「個人的利害の可能性」(71) があればよい。後に第四章で、不偏的な意思決定の基礎となる理念について長い紙幅をとって扱うこととする。［ここでは］法のデュー・プロセスの一つの系統は予防的であると言えば十分である。

合理的な疑いの基準：　刑事公判で問題となるリスクの一つは無実の者への有罪決定である。事実審理そのものと別に有罪か無罪の独立した基準があることはほとんどないため、そのリスクを測定することは本質的に困難である。したがって合理的な疑いの基準は、無実の者を有罪と決定する可能性を防ぐための予防策を打ち立てようとする予防原則の一つとして理解することができる。(72) ブラックストーンの公式では、この基準の想定は一人の無実の者を有罪にするよりも十人の罪人を逃すほうがマシだというものである。(73) より一般的にいえば、合理的疑いの予防原則は、刑事公判において偽陰性（有罪の者を無罪にすること）と偽陽性（無実の者を有罪にすること）の比率はN対一であるべきだとするのであり、このNは、様々な裁判所や論者によって十までの範囲だけでなく、百以上とされることもある。(74) このアプローチは期待効用計算と整合したりしなかったりするが、通常、そのような観点からは正当化されない。たとえば、合理的な疑いの基準を支持する古典的な議論は通常、逃された有罪の者がふたたび無実の第三者に対し罪を犯すといった競合リスクは考慮に入れられない[75]——この点は後に取り上げよう。むしろ、合理的な疑いの基準の背後にある基本的な直観は、漠然とした予防、つまりリスクや不確実性の負担は無実の者を守るように解決されるべきであるというものである。

予防のための法理：　最後に、予防的主張は憲法上の多くの、いわゆる予防のための法理（prophylactic rule）の基礎にもなっている。標準的な例は Miranda v. Arizona 判決[76]であり、要するに、警察が被疑者の自発的な供述を証拠として使用するための前提条件として憲法上の権利を被疑者に知らせることを要求している。その標準的な正当化では[77]、合衆国憲法自体はミランダ警告を要求してはいないとされる。権利放棄の憲法上の要件は単に、すべて考慮に入れて「知った上で、自発的に」ということだけである。ミランダ警告はその代わりに司法によって作られた補助的な法原理であり、憲法上の利益を余分に保護するものである。それは部分的には、被疑者の権利放棄が本当に自発的なものであったかどうかを事件ごとに判断するのが難しいことを理由としている。言い換えれば、警察が権力の地位を濫用したかどうかの個別的判断も含め事後的な救済を通じて被疑者を保護することができるかもしれないのだが、しかし裁判官たちは、そのアプローチでは保護が不十分だと考え、したがってミランダ警告という形の事前の補助的な予防措置を作り出したのである。最近では、連邦最高裁はミランダを覆そうとした連邦法を覆して事態を混乱させ、ミランダは一定の憲法上の地位を持っていることを述べた。しかしいまだ、ミランダ警告が合衆国憲法によって直接に要求されているとは述べられていない[78]。その細部はどうあれ、概念的な要点は十分に明確である。

第六節　憲法上の予防原則とその近縁

憲法上の予防原則が様々な次元で多様であることを踏まえると、この原則をいくつかの近い関係にあるものと比較対照してみるのが重要である。それは憲法ルールの中に何らかの形のバイアスや歪みを構築することによって政治のリスクを規制しようと試みるような憲法上の主張の、概念的な構造や様相である。明確な区別はできないが、憲法上の予防のカテゴリーをめぐる曖昧な境界に大まかな線を引くように試みたい。

明示的に述べられた憲法原則：　憲法内容や憲法原理の領域では、合衆国憲法を解釈するための明示的な原則が主張されることもある。マディソンは第一回連邦議会で、権力分立の設定について述べている。立法権と行政権は「両者が混合しないあらゆる場合において分立の維持が意図されていると……想定されなければならない」[79]。タフト（William Taft）連邦最高裁長官は Myers v. United States 判決[80]で同様の原則を支持した。そしてこれまで見てきたように、連邦権力を厳格に解釈するタッカー・ルールは、連邦権力が明示的に認められていない限りその制限を想定するという、明示的に述べられたルールである。このように述べられた憲法解釈の原則は、憲法の精神をもとにして明示的に述べられた法解釈の原則とは異なる。後者の例としては、先に触れたように、大統領による緊急措置について議会による明示的な承認を要求する案がある[81]。

明示的に述べられた合衆国憲法の解釈原則が予防原則とみなされるかどうかは、それがどのように正当化されているかによる。そうした原則は政治的リスクに対する予防策として正当化されることもあれば、他の根拠に基づいて正当化されることもありうる。したがってタッカー・ルールは、各州に推定されている独立主権を「破壊する」ように連邦権力が用いられるという「危険」を最終的な根拠としているため、明らかに予防的である。それとは対照的に、マディソン＝タフトの原則は一見したところ予防的ではない。マディソンは、権力の融合が「自由と公共善の保障を目的とした行政部門の一体性と責任という偉大な原則をすぐさま壊滅させる」[82]だろうと述べているものの、その議論の主眼は単に、権力分立という明示的に述べられたルールが、新しい合衆国憲法の構造から最もよく推定される解釈であるということだった。

滑りやすい坂論法：　明示的に述べられる憲法上の原則は予防的だったりそうでなかったりする。その次に、憲法上の予防原則は滑りやすい坂の論法に左右されたりされなかったりする。連邦政府の規制権限に対する制約を回避する目的による連邦の支出を認めるならば、州の独立性を壊滅させるに至る一連の事柄を認めることになるという United States v. Butler 判決[83]は滑りやすい坂の形をとっている。それとは対照的に、常備軍に対する反連邦主義者の懸念に滑りやすい坂の要素は必ずしもなかった。常備軍は最終的に圧政へのクーデタをもたらしうる、常にあるリスクとみなされていた。そのリスクは滑りやすい坂を滑った後に予測される最終的な状態ではなく、常に持続する危険として理解されたのである。

その違いは、Butler 判決の議論には時間をまたいだ動的な要素という滑り坂論法の特徴があることだ。[84]この動きにおいて、時点1における先例はそれ自体としては反対されうるものでなくとも、一つあるいはそれ以上の因果的メカニズムを引き起こし、[85]それによって滑りやすい坂の終わりの時点2においいて先例となるものを大幅に増やしうる。一連の動きの段階それぞれで次の段階が発生する可能性が高くなるが、それが滑りやすい坂の特徴である。それとは対照的に潜在的リスク（underlying risk）モデルには、本質的に動的な特徴はまったくない。そこでのアクターが恐れるのは、リスク分布がファットテールであること、つまりきわめて望ましくない結果がいかなる時点でも驚くほどに可能であることだ。このとき、アクターはこの分布のばらつきの大きさ（high variance）を考慮した予防策をとることに賛成するだろう。しかし、この種の分布から引き出されるものは互いに完全に独立しているだろうから、時点1でそのリスクが実現するかどうかは時点2でリスクが実現するかどうかには影響を与えない。したがってこの状況に滑りやすい坂はない。私の結論では、予防的な主張は滑りやすい坂のリスクに基づいているかもしれないし、そうであることも多いが、必然的にそうであるわけではない。滑りやすい坂は予防的主張の必然的な特徴ではなく、予防策をとるためのいくつかのありうる正当化理由の一つにすぎない。

第七節　予防的立憲主義：そのテーマと懸念

予防的な原則、構造、原理の集まりは異質なものである。その主張は、異なった歴史的期間や状況における様々な人々に由来する。これまで強調してきたように、予防的スタンスにはさらに、マキシミン立憲主義の極端なものから、より弱い反証可能な仮定、賛否同数の場合の票決ルールに至るまでの連続体や多様体がある。しかしそれでもなお、予防的立憲主義を支持するいくつかの共通の主題や懸念を明らかにすることは可能である。それは可能な限り最善の形で予防的立憲主義を再構築する役に立つだろう。批判に移るのはその後、次章である。

権力は濫用されうる限り濫用される：　ジョン・マーシャルが指摘したように、公職者たちの動機に対する不信は予防的立憲主義の大きなテーマである。これまで見てきた多くの議論の根底にあるのは、公職者が最大化するもの、つまり権限とその果実の享受についての暗示的な説明である。この説明では、公職者に裁量が与えられるならば必ず濫用される。というのも、公職者はその裁量権を利己的な目的の追求や、国民全体ではなく利益集団や小規模の政治的結託の福利の促進のために用いるからである。[ジュディス・]シュクラーの恐怖のリベラリズムは「いかなる体制における公権力の濫用も同様に恐るべきものとみなす」。そして「政府活動におけるすべてのレベルの行政主体による行き過ぎを憂慮する」(86)。予防的立憲主義はこの中心にある懸念を共有し、それを法の言語と制度構造へと翻訳するのである。

組織は権限を拡大しうる限り拡大する：　この動機の説明を個人レベルから集団レベルに移すことによって予防的立憲主義者は、組織化された公職者たちの集団、つまり政治的制度機関を、権限を最大化する主体として暗示するように描き出す。ここでのさらなる想定は、組織は帝国構築を通じて権限を最大化するということだ(87)。それが他の組織を犠牲にするとき、この想定はある種の権限拡大である。

リスク実現時は何をするにも遅いかもしれない：　予防的立憲主義の特徴としてあるのは、事前の安全策が講じられない限り、濫用は取り返しのつかないものになるだろうという懸念である。大統領や軍のクーデタなどによる独裁への移行のような極端な場合、法的・政治的制度は一掃されるか、形だけのものとして放置されるかもしれない。もっと小さな場合であっても、公職者による権限濫用や、組織の際限なき権限拡大は、後に法と政治によって変えるにはコストがかかりすぎることになる新しい現状をもたらしかねない。プルタルコスは、ローマ王タルクィニウスの追放後に執政官プブリコラが取った措置を説明する中で、予防的立憲主義のこの側面を捉えている。

プブリコラは、圧制者になろうと企む者は誰であれ裁判なしに殺害されてよいし、その殺害者は当該犯罪［圧政への企て］の証明ができれば殺人罪から赦免されるべきであるとする法律を制定した。そのような大それた仕事を企てる者が衆人環視から逃れることは不可能であるが、裁判にかけられないほど強い権力を長きにわたって有することはありうるのである。それはつまり、犯罪そのものが裁判を不可能にするということだ。したがってプブリコラは、それができる者であれば誰であれ、罪人の裁きを予測する特権を与えたのである。[88]

政治におけるファットテール・リスクの考慮：　金融、気候変動、その他の政策分野において、最近の重要な研究は「ファットテール・リスク（fat-tail risk）」に焦点を当てている。それは実現する可能性はきわめて低いものの、正規分布よりは実現する可能性が高く［訳注：実現確率が正規分布しているとすれば、その両端のリスクの実現確率はきわめて低いが、ファットテール（＝肥大化した両端）リスクはそれよりも実現確率が高いということ］、ひとたび実現すれば非常に大きな損害をもたらすリスクである。[89]ある種の確率分布（「ファットテール分布」）では、そうしたリスクは意思決定の計算において重要な役割を果たすだろう。ここでの致命的な過誤は、問題となるリスクが正規分布する、すなわち非常に大きな損害という帰結が実質的にありえないと想定していることである。

政治と法律においてはアナロジー的に、予防的立憲主義者やマキシミン立憲主義者は、可能性がファットテール分布するような政治的帰結を警戒していると理解できるかもしれない。たとえば立憲民主主義が突然に独裁体制に陥るリスクはきわめて小さいが、しかしひとたび起きてしまえば憲法的価値に非常に大きな害悪をもたらすだろう。さらに、これがファットテールの意味することであるが、極端に破滅的な害悪が生じるリスクがルール作成者の予想よりも有意に高くなりうるのは、ルール作成者が誤ってそのリスクを正規分布するものと想定する場合である。この見方によれば、独裁やその他の些細な可能性を警戒する恐怖を嘲笑うことは簡単である。しかし、潜在的に莫大な害悪のファットテール・リスクの可能性を無視し、起こる確率が低いことだけをもってそうした可能性の考慮を近視眼的に排除するならば実際に重大な過誤になるという。分別のあるルール作成者は、政治的リスクが正規分布していない可能性を考慮に入れるだろう。

保障は冗長かつ頑強であるべき：　予防的立憲主義者にとって、権限濫用に対する保障は冗長性と頑強性という二つの性質を示すべきである。こうした用語は機械設計に関する文献ではいくつかの異なる定義が与えられているが、ここでの目的にとって簡単な定義で十分である。冗長性とは、すべての重荷を単一の保障に担わせるべきでないということである。公職者の権限濫用の試みが実現する前にそれを把捉するような、システムとして理解できる一連のフィルターがなければならない。頑強性とは、連続したフィルターのシステムが、当該システムによって制約される担当者や機関自身によって簡単に弱体化させられたり破壊されたりしないことを意味する。法的ルールについていえば、頑強性は明確さによって確保される部分がある。権限が明確かつ具体的に定義づけられていれば、ある機関がその権限の境界を超えた場合に、市民や他の機関が気付きやすくなる。

下限の限界づけ：　予防的立憲主義の背後にある最も単純な直観はもしかしたら、政治的利益の可能な上限を最大化しようという野心的な試みを避け、政治的リスクの下限を限界づけることがルール作成者にとって最善であるというものだろう。[90] こうした憲法上のリスク回避への一貫した向き合い方は、多くの政治理論家に魅力的に思われてきた。イントロダクションで触れたように、たとえばカール・ポパーの政治理論は、自由な社会は「抽象的な善の実現よりも具体的な悪を除去するために機能する」[91] べきだと強調している。ポパーはここで国家を個人の自由に対する持続的な危険とみなすリベラリズム理論の重要な筋を捉え、「こうした権力が悪用される危険を最小化する」[92] ために国家権力を制限しようとしている。具体的にポパーが提案するのは、基本的な「民主主義政体の原則」は「圧政を避けるための政治制度を作り、発展させ、保護する」[93] ことであるべきだということだ。

後に続く章では、立憲主義に対する体系的な予防的アプローチが誤っていることを詳細に論じたい。しかし、予防的立憲主義が単純な誤りや明白な誤謬に基づいているわけでないことを認めることは重要である。公職者や行政機関の動機をまったく信用ならないものとする説明は広範に、そして古くから受け入れられている。憲法違反の是正ではなく予防に重点を置いていることは、法システムにおける憲法ルールの最高の位置づけと共鳴している。そして、憲法上の保障の制度設計における頑強性と冗長性の利点については適切な説明を提供している。予防的立憲主義に反対する議論は困難に直面しているのである。そうした議論が成功するかどうか見てみよう。

第二章　最適化立憲主義：成熟した立場

　前章では、予防的立憲主義をその最善の光のもとで照らすように定義し、説明した。本章では憲法上の予防策に対する批判に目を向ける。そうした批判は、ハミルトン（Alexander Hamilton）、マーシャル（John Marshall）、ストーリー（Joseph Story）のような初期の連邦権力拡大論者や、フランクファーター（Felix Frankfurter）やジャクソン（Robert Jackson）のようなニュー・ディーラーによって提示されてきた。こうした論者による予防的立憲主義への批判は次のようなものである。それはインセンティヴ適合性がないために無益になるだろう。全体としてのリスクを増加させて他の価値を損なうだろう。その予防策が予防しようと意図した当のリスクをもたらしたり悪化させたりするならば自己破壊的だろう。そして、実現したリスクに対する事後的な救済策が利用可能であるならば不要になるだろう。後に見るように、予防的立憲主義に対するこうした批判は、規制理論における予防原則批判と並行するものである。予防的規制の批判者は、予防的立憲主義の批判者が既に通ってきた道をたどっている。

　現代のリスク規制理論は、ハーシュマン（Albert Hirschman）の成熟した立場と構造的に同等の結論に達している、と私は主張する。(1) この観点からは、規制者の目標は単純に、行動すること・しないことに関連するすべてのリスクを重み付ける計算にしたがって最適化された予防策をとることでなければならない。しかしパブリアスやストーリーのような憲法理論家は、自分なりの言葉によって立憲主義への最適化アプローチを断固として支持する主張を行っていたのである。新しいことは、少なくともこの場合、きわめて古いことなのだ。

歴史と解釈を見た後に、私は成熟した立場が憲法作成にとって最善のアプローチであるという議論を行う。私は成熟した立場の徹底して消極的で、にもかかわらず価値のある役割を明らかにする。それは一方的な議論を取り除き、関連するすべてのリスクを意思決定者の前に示すことで、憲法デザインと解釈のプロセスを改善する。よくあることなのだが、成熟した立場は、二階の、あるいは間接的な帰結主義の論拠によって批判される。その主張は、たとえ成熟した立場が理想的な意思決定手続きであったとしても、意思決定の規制において予見可能なバイアスや歪みを補うためには予防原則が必要であるというものだ。私は憲法上の議論を通じて同様の議論をたどっていくとともに、通常のリスク規制と特定的な政治的リスク規制の両方に適用できるような反論を描き出す。ある問題に関連するバイアスと歪みはそのすべての面に現れるのだから、意思決定者の能力に基づいて予防策を支持する二階の主張はトレードオフ関係を考慮に入れておらず、予防策を支持する一階の主張とまったく同じように自己破壊的なものになる。場合によっては、局地的な予防策が、関連するすべての政治的リスクについての成熟した公平な査定から生じることもあるが、しかし憲法ルールのセットが一般的に、あるいは系統的に予防的になることはない。たとえ特定のルールが最終的に予防的になるとしても、成熟した査定は分析の最高レベルにおいてなされなければならない。

繰り返し注意しておきたいが、本書は憲法上の議論の理論研究であって、憲法デザインや憲法解釈に関するものではない。私の目的は憲法ルールについての予防的主張を批判することであって、そうしたルールの最終的な長所を評価することではない。ある予防的な議論が失敗したからといって、そこで正当化のために示されたルールは、成熟した立場のもとで独立して正当化されるかもしれないし、されないかもしれない。正しい分析さえ得られるのであれば、結果としての一連の憲法ルールがどうであるかは私のここでの関心ではない。

第一節　予防的主張への反論

憲法の歴史と理論が法的ルールについて多岐にわたる予防的な正当化理由を示している以上、それに対する反論のレパートリーも示されている。それぞれの時期において、憲法起草者、裁判官、そしてその他のアクターたちが予防を支持する議論を掘り崩そうと試みてきた。憲法デザインの段階では、そうした人々は予防的制約の成文化を阻止するための主張を行った。憲法解釈の段階では、既に付与された権限が狭く解釈されるのを防ぐことが議論の要点となった。

反予防的な議論は様々な時代や文脈において現れるが、私の考えるところ、それには繰り返される構造的なパターンがある。アルバート・ハーシュマンによる政治的レトリック分析の分類をあてはめ、リスク規制の現代的理論によって補いながら、そうした議論を四つのグループに分類しよう。(2)

（一）**無益論法**（futility arguments）：その予防策は目的の達成に失敗するだろうと反論するもの。

（二）**危険性論法**（jeopardy arguments）：その予防策は他の利害の幅における競合リスクを考慮すれば正味のコストをもたらすだろうと反論するもの。

（三）**逆転論法**（perversity arguments）：特定の予防策は同じ利害の幅の競合リスクのせいで、言い換えれば、その予防策が予防しようとした当のリスクを実際には悪化させるために自己破壊的になるだろうと反論するもの。

（四）**事後救済論法**（arguments for ex post remedies）：そのリスクは認めるものの、それに対処するために適切なメカニズムは一般的な事前の予防策ではないと反論するもの。代わりとなる適切なメカニズムは、関連するリスクが実際に実現した後に、事案ごとに適用される事後的救済である。厳密にいえば、これは［（二）の］危険性の特殊事例として記述できるが、しかし異なった取り扱いの十分な理由となるほどに重要な特殊事例である。

第二節　無益：「紙の上の」予防とコミットメント問題

憲法上の予防案に対する反論の一つは、その案がインセンティヴ適合性の基準を満たさないかもしれないということである。(3) 予防策が必要になるような状況そのものによって確実に、その予防策が対象としている人々がそれを破ったり無視したりするインセンティヴを持つことになったり、侵害者に対して予防策を強制するインセンティヴを誰も持たなくなったりするのである。(4) その場合、予防の便益はゼロであり、提案は無益に終わる。

チェック・アンド・バランス、常備軍： 憲法理論における無益論法でよく引用される標準句は、『ザ・フェデラリスト』第四八篇でのマディソンの「紙の上の防御」への言及である。その主張の本線は『ザ・フェデラリスト』第四七篇、第四八篇、第五一篇で展開されている。選挙による責任と権限分立を憲法に形式的に規定するだけでは、議会の専制を阻止するのに不十分である。そのためにはチェック・アンド・バランスのメカニズムが「補助的な予防策」として付け加えられなければならないし、そうしたメカニズムを「人間の利害心」を「その立場『すなわち機関』にともなう憲法上の権利」と結合させることでインセンティヴ適合的にしなければならない。それによって「熱望には熱望をもって対抗させる」のである。(5)

しかし、紙の上の防御が無益であるという主張が『ザ・フェデラリスト』で初めてなされたのはチェック・アンド・バランスをめぐってではなく、常備軍をめぐる議論であり、マディソンではなくハミルトンによってなされた。ハミルトンの見たところ、ペンシルヴァニア邦とマサチューセッツ邦は、邦内で起こった反乱のために常備兵力の募集と維持を余儀なくされており、そこからの一般的な教訓は「紙の上の規定など、公共の必要にはとてもかなわない」ということである。(6) 平時における常備軍を予防的に禁止することが無益だというハミルトンの批判は、このようにして代案の形をとった。戦争や反乱に関する例外が、「常備軍の」禁止を実質的に無効にするように解釈されうるのは次の理由による。「連邦政府は懸念される危険に対処するために、まず軍隊を召集し、その後、社会の平和と安全がいかなる程度であれ、ともかく脅かされていると考えられる限り、軍隊をそのまま維持して差し支えないことになるだろう。このような幅広い裁量の余地があるとなると、常備軍禁止の規定を設けても、結局はその拘束力を回避するのに十分な余地を残すことになる」[7]。平時における軍隊の召集さえも禁止されていると真剣に考えられているとしても、侵略や反乱の明らかなリスクによる必要があるときには単に無視されたり侵害されたりするだけである。解釈によって回避されるにしても、明白に侵害されるにしても、禁止は無益になるだろう。

だからといって、ハミルトンの議論が実のところ正しいわけではない。既に述べたように、合衆国憲法は結局、反連邦主義者が望んだ常備軍に対する厳格な予防策を定めなかった。そうした予防策がなくとも、常備軍は南北戦争後まで連邦機構が常に用いるものとはならず、このことは少なくとも反連邦主義者が望んだ予防策が不要であったことを示唆している。連邦の立法システムのチェック・アンド・バランスをめぐる広範な論点については第三章で詳しく取り上げる。そこで見るように、ジェイムズ・ブライス（James Bryce）は、チェック・アンド・バランスと共和国の拡大を、憲法上の自己破壊的な予防策と同様のものとみなしたのであった。

言論の自由： ハミルトンとマディソンが提示した「紙の上の防御」という議論は、現代風にいえば、コミットメントの難しさを指摘するものである。憲法条項のコミットメントを強制できる主体は社会の外には存在しないため[8]、そうしたコミットメントを維持するためには何らかの間接的なインセンティヴ適合的メカニズムが用いられなければならない。しかし、そうしたメカニズムは当然に存在するものと考えることはできない[9]。コミットメント問題は、憲法上の予防策の論点と部分的に重なっているにすぎない。あらゆる予防策がコミットメント問題に直面するわけではないが、逆に、そうした問題が予防の観点から正当化できないような憲法上のルールや構造によって困難になることもある。

両者が重なる領域の例としては、言論の自由法理についての予防的な「病理学的視点」があり、それは「いかなるときも最優先される目的は、異端の信念に対する不寛容が最も広がった時代に最大限に働くように第一修正を用意することでなければならない」[10]というものである。病理学的視点は、時間を超えたコミットメントをもたらす原理を支持する。そこでの裁判官たちは、自分たちやその後継者が、多数派による抑圧や他の政治的病理現象に対する防波堤となる言論保護ルールを明確にするようにコミットするのである。既に見たように、その標準的な例は Brandenburg v. Ohio 判決[11]でのルールである。そのルール下での政府は、差し迫った違法行為を引き起こすように意図され、実際そうなる可能性が高いような主張がなされていない限り、公の秩序の保護を目的とした言論の禁止は許されないのである。

しかし、差し迫った緊急事態が生じた場合、病理学的視点それ自体には、「言論の自由」法理へのこの種の制限を押し止める仕組みはない。予想される結果としては、公の秩序に対する深刻な脅威を司法が印象に基づいて判断した場合、Brandenburg テストによれば政府はそれに対応できないのだが、そこで放棄されるのはそのテストのほう、ということである[12]。言論の自由に関する法への予防的アプローチを支持する「病理学的視点」への主たる反論は、明白に危険な脅威に対して政府が行動を起こすことを予防しようとしたところで、そうした予防策は一貫して無益になりがちという単純なものである。

明白な声明要件と緊急事態権限：　同様の問題は、緊急事態における大統領の行動が、制定法による明白な権限付与を要件とする法理によって制約されうるという考えにもつきまとっている。当該要件の実効化の任にあたる裁判官は危機の感覚に押し流されるかもしれないし、そういう場合、そこで何かあてはまりそうな関連法規がある限り、要件が満たされたと判断する傾向にある。政治科学者のテリー・モウ（Terry Moe）とウィリアム・ハウエル（William Howell）によれば：

連邦最高裁は大統領に有利な判決を下すこともあるが、しかしその決定の正当化は、立法府に対する正当な敬譲（deference）を行っているようにみせかけることでなされる。……議会の集団行動の問題は、既に明文化されている無数の法令と合わさって議会の「意思」をまったく不明確にしてしまう。そのため、大統領の行動がほとんどどんなものであれ「連邦議会の意思」と整合するように支持する、大きな余地が連邦最高裁に与えられている。(13)

要点は、戦争や危機、緊急事態と認識される状況での裁判官の判断履歴は極端に許容的であったということだ。裁判官たちは、条項がほとんど明瞭でない法規の下で、「明白な」権限付与を数多く行ってきた。(14)裁判官がそうする理由の一つは、その時点でそうすることへの強いインセンティヴである。危機と思われる事態が発生したとき、自分の知識の限界を認識している裁判官としては、大統領の措置に法的権限が欠けていると判断することの安全保障上の帰結を恐れるのが合理的であり、したがって明白な声明の要件（clear-statement requirement）を求めるよりも、使えそうな法令を何でも読み込むことへの強い誘惑に駆られるのである。先行する法原理においてそうした要件が示されていたとしても、後の裁判官にとってはそれを求めるインセンティヴはほとんどない。そうした要件はインセンティヴ適合的でないことになる。他の予防策と同様に、大統領の緊急時権限や戦時権限を明白な声明［という要件］によって制約することには、深刻なコミットメント問題がある。

第三節　危険性：他のリスクとのトレードオフ

多くの場合、予防策に対する最も強力な反論は単純に、対象リスクの最適レベルがゼロでないこと、また、他の価値を得るためには対象リスクのある程度の期待害悪が不可避であることだ。こうした危険性論法は他のリスクとのトレードオフに訴えかける。対象リスクを予防することを目的とした予防的議論に直面したときに反対者が指摘するのは、その予防策によって期待コストが増大するような明確な競合リスクである。(15) 反対者がその代わりに、その予防策は対象リスクそのものを悪化させると主張したとすれば、それは同じリスクのトレードオフに訴えかけているのであって逆転論法の一つになる。

この違いを示すためにハミルトン（パブリアス名義）は、平時に常備軍の召集を禁止する予防的ルールに反対するために両方の種類の論法を用いている。そうした禁止のもとでは、

国民が遠い危険を予期し、迫りくる戦雲に備えるというたぐいの政策は避けなければならないことになるが、これはおよそ自由な政府の真の原則に反することである。我々は自分の財産と自由を無防備のまま外国の侵略者にゆだね、我々の無力のゆえに、さながら身を守る術もない餌食を求めるかのごとく、敵の襲撃するままにせざるをえなくなる。というのも、支配者は我々自身の選択によって選出され、我々の意思に依存しているにもかかわらず、その支配者が自由を保持するのに必要

な手段を濫用することによって自由そのものを危険に陥れるかもしれないことを我々は危惧するからである。(16)

ここでハミルトンが主張しているのは、自由を保護する予防策として正当化される常備軍を禁止してしまうならば、異なった利害関係の側での競合リスク（外国の侵略者による財産の略奪）を生じさせるということである。また、自国の圧政と同様、外国の侵略者が自由を破壊することは確実であるため、自由そのものにとって逆転になるリスクも同時に生じさせるということである。

連邦政府権力：『ザ・フェデラリスト』の論法に主要な筋があるとすれば、それは危険性（jeopardy）である。パブリアスは無益論法や逆転論法も印象的に用いているが（前者のいくつかは既に見たし、後者のいくつかもすぐ後に見る）、『ザ・フェデラリスト』の全体的な枠組みは大規模な危険性論法である。連合規約（the Articles of Confederation、訳注：独立戦争後の一三邦の同盟を定めた規約）の下での現状では、自由とは異なる多様な次元、たとえば公の秩序、強い国防、財産の保護について耐えがたい競合リスクが生じている。連合の権力から自由を保護するような予防策は、そうしたリスクからの保護に必要な強い連邦政府権力の妨げになるだろう。したがって、［合衆国憲法の］批准者は、自由に対する他の価値のいくらかのトレードオフを厭ってはならないのである。

『ザ・フェデラリスト』第四一篇においてパブリアスは、権力濫用に対する予防策を支持する反連邦主義者の一般的な主張に対し、最も一般的な反論を行っている。

政府の広範な権力に反対するために用いられた主張を虚心坦懐に読んだ人々は見過ごさなかっただろう。その著者たちは、必要な目的を達成するのにその権力がどれぐらい必要な手段であるのかをほとんど考えてこなかったのだ。彼らはあらゆる政治的価値に不可避的に混じらざるをえない不便さをくどくど力説することを選んだ。その不便さとはつまり、有益に用いることのできるように生み出された権力や信用には必ず濫用のおそれがあるということだ。……冷静で率直な人々であればすぐに、次のようなことに思いが至るだろう。人々が授かる恩恵の最も純粋なものの中にさえ多少の混ざりものがあること。より少ない悪からでなく、**より偉大なもの**の中から、**完璧**ではなくともよいものを常に選ばなければならないこと。あらゆる政治制度において、公の幸福を促進するための権力には、誤って用いられたり濫用されたりするかもしれない余地があること。(17)

注目すべきことだが、当時の政治的文脈のもと、この文章はいくらかの権力濫用がコスト面で正当化される政府の裁量の不可避の副産物であることを率直に認めている。したがって政治的な権力濫用の最適化レベルはゼロ以上なのである。

休会任命：　コロンビア特別区巡回区連邦控訴裁判所の Canning 判決は既に見たが、それは会期内休会任命を行う大統領権限に反対する予防的ルールを明確に述べている。この決定が短絡的であるのは、執着的ともいえるほどに特定の対象リスクのみを選んで焦点を当て、他方で予防策そのものによって生じるリスクを含む競合リスクを考慮に入れていないからである。

競合リスクの一つは、休会任命権の狭い解釈が休会任命の主要目的を阻害することである。起草者たちが当初、その権限を挿入した目的は、別の裁判所が述べたように、「重要な公職者を常に揃え、政府機能を維持する」(18)ためであった。その目的はCanning判決がもっぱら焦点を当てた懸念である、任命に対する上院のチェックという憲法条項と同じ憲法上の地位を持っている。仮に、連邦議会が全体として、その疑いもない憲法上の権限を行使して部局を設置し、その人員を満たすように命じたとする。そして大統領がそれを行おうとしたとしよう。しかし、任命をめぐる綱引きが上院内で続き、当該部局がずっと空員になったならば、この結果は単なる政策問題ではなく、憲法レベルの問題である。合衆国憲法のすべての条項が、そして実のところこの文書の存在自体が暗黙のうちに前提としているのは、憲法解釈の重要な目的は政府を機能させることにあるということだ。

さらに、実際のところで休会任命の問題が発生する唯一の理由は、その任命と上院のフィリバスターの慣習が相互に有害な形で作用することである。任命を含む重要事項の承認には六〇票が必要である[訳注：六〇人以上でフィリバスターを無効にできるため、この問題が起こるのは多数派が五九人以下の場合]。上院の過半数（[二〇一三年]現在では民主党が多数派）が、多数決ルールによって通常の任命を承認できたならば何も問題は起こらなかっただろう。したがって、Canning判決の休会任命権の狭い解釈は、上院における少数派の阻止権を間接的に促進するのである。

マディソンは『ザ・フェデラリスト』第一〇篇で、保護された少数派による抑圧のリスクは低いと想定している。なぜなら「共和主義の原則によって……多数派は通常の多数決で『少数派の』邪悪な見解を打ち負かすことができる」(19)からである。しかし、フィリバスターのように多数決ルールの原則が無効になった場合には、大統領の権限拡大のリスクと少数派による抑圧のリスクを比較考量しなければならない。（我々はマディソンの時代以降、政府機能を妨げることは、少数派閥の目的のために政府の積極的機能を乗っ取られることと同様に抑圧的でありうることを学んできた）。休会任命権を狭く明確に解釈することは権限拡大のリスクを最小化するが、同時に上院における少数派閥支配のリスクと害悪を増大させるのである。ある利害の側についての予防策はそれ自体、別の利害の側の新しいリスクを生み出しうる。

合理的な疑いの基準：　伝統的に「権利」の題目で扱われてきた例であるが、合理的な疑いの基準の正当化をある種の政治的リスク、つまり無実の者への誤った有罪宣告に対する予防原則として考えてみよう。こうした正当化では通常、実際に罪を犯した者が誤って逃された場合の偽陰性の競合リスクが見過ごされる。もし、実際に罪を犯した人々がクラスとして平均的な市民よりもはるかに危険なリスクをもたらすことが予期されるのであれば、予防的な観点は正反対の基準を支持するように用いられるかもしれない。つまり、一人の罪人を逃すよりも、十人の無実の者を有罪とするほうがよい。そうして皮肉に論じられてきたのは、「暴力は公のリスクと公衆衛生の問題であり、その文脈で予防原則は、将来かなりの不確実性でもって暴力に走ると予想される人々の「将来の危険」を防止するために、より早期の、そしてより厳しい介入を支持するだろう[20]」ということである。

これが危険性論法の例となるのは、合理的な疑いの基準によって予防策が講じられるリスク（刑法を通じた、自由の不当な剝奪）が、合理的な疑いの基準を批判する者の指摘する競合リスク（ここでは「公のリスクと公衆衛生」）と異なっているからである[21]。ここで批判されているのが、有罪の者を逃すことによって予期される暴力がそれ自体、無実の第三者の適切に明確化された自由を奪うということであるならば、[22] 無実の者の自由が天秤の両側に現れる。そして同じリスクのトレードオフ、あるいは逆転論法が生じるだろう。[23]

こうした競合リスクの観点からすれば、何らかの印象論的な司法判断によって偽陰性のコストが通常よりも高いと思われるときには、合理的な疑いの基準と伝統的な十対一の比率は廃棄するのが賢明である。これは予防的な司法原理にともなうコミットメント問題を示すパターンでもあり、既に無益論法と紙の上の防御の項目で議論した。たとえば Hamdi v. Rumsfeld 判決[24]では、敵性戦闘員の地位を決定する審理において政府の提出した証拠を否定したい場合には、立証責任を敵性戦闘員とされた者に負わせることができるという相対多数意見がなされた。[25] この場合、敵を誤って逃すことのリスクは高い。グアンタナモ［収容所］から解放された被拘禁者のうち、少なからぬ者がイラクやアフガニスタンでふたたびジハードに参加している。[26] そのため、たとえ戦闘員の地位を誤って肯定して判断した場合のコストが無実の者を無期限に予防拘禁することであるとしても——冤罪リスク回避の立場からすれば予想される長さと同じだけの特定の期間よりもさらに悪いのだが——、裁判官は合理的な疑いの基準を緩和するのである。この種の決定は、合理的な疑いの基準に組み込まれた予防原則に反するような、ある種の暗黙で一貫性のないリスク分析に基づいている。[27] この基準はNの値に応じて、関連するすべてのリスクに照らして最適である場合もそうでない場合もあるが、しかし予防的視点は問題を適切に構成していない。

言論の自由： フレデリック・シャウアー（Frederick Schauer）は、言論の自由の問題状況において構造的に似た点を指摘している。[28] シャウアーの説明によれば、言論の自由に対する強固な保護は、テロ攻撃のような破滅的な危害の不確実な可能性やリスクに対して政府が予防策をとることを妨げるかもしれない。他方、そうした保護は、それ自体が別の害悪、つまり「言論の大幅な制限」[29]に対する予防策ともみなしうる。こうした見解の帰結として、言論の自由の分析は、言論の保護の制限のすべての面における競合リスクと害悪を考慮に入れた「意思決定理論的（decision-theoretic）アプローチ」[30]を具体化するものでなければならない。それは言い換えれば、言論に関連する問題の成熟した分析である。

行政国家と役割の組み合わせ：　多様な法律家やリバタリアンが行政国家化の進展に反対して闘った長期的な引き延ばし作戦での主な議論の一つは、同じ行政機関の手にルール作成、告発、裁定を合わせて握らせることは、権力分立の核心的規範への侵害であり、バイアスのかかった行政活動の受け入れがたいリスクを生み出すというものであった。その主張では、ルールを作成し、違反者を告発する機関は、そのルール違反を裁定するにあたって不偏的な視点を持ちえない。そのため連邦最高裁は定期的に、行政国家における役割の組み合わせ自体がデュー・プロセス違反であると宣言するように迫られている。

しかし、連邦最高裁はこの種の主張を一貫して拒否してきた。[31]連邦最高裁はWithrow v. Larkin事件において、もし連邦行政機関の日常的な特徴である役割の組み合わせが予防的な根拠によってそれ自体が違憲であると宣言されたならば、広範で多様な連邦行政機関は停止状態に陥るだろうと認めた。[32]これは暗黙のうちの危険性論法である。すなわち、行政国家は非常に多くの価値ある財を供給しているので、行政バイアスのリスクは憲法上許容しうる副産物なのである。この論点には後で戻る。

収用と公共の用：　連邦最高裁の二〇〇五年のKelo判決に対する批判は既に見てきた。批判者たちは、経済開発は私有財産の収用を正当化する公共の用とみなすことはできないというルールを主張した。これは、利益団体が立法者に、私的な目的のために収用権を濫用させるかもしれないという懸念に基づいた予防的立場である。『ザ・フェデラリスト』第四一篇のパブリアスの主張に沿った連邦最高裁の主な反応の一つは単純に、すべての政府権力は濫用されうるというものであった。

収用権についてアイアデル（James Iredell）判事は次のように述べた。「権力が濫用されるかもしれないと主張するだけでは不十分である。それはあらゆる権力の性質であり、人間が作ったあらゆる組織の傾向である。しばしば言われることだろうが、政治体（the Body）の裁量によってのみ制限されたり、付与されたりするような課税権は認められるべきでない。なぜなら、立法府はその真の目的にも拘らず、空想的な無用の計画のために一ポンド［二〇シリング］に一九シリングの税を課すこともあるからである。我々は権力を制限できるときにはそれで満足し、できないときにはその持続的な行使について有益なる信頼をかけて満足しなければならない」(33)。

経済開発のために財産を徴収する権力は、いわば課税権と同様に、濫用の可能性にも関わらず正当化される。利益がさらに大きいからである。Kelo判決の批判者は特定の対象リスク（利益団体の影響についての公共選択への懸念）に短絡的に焦点を当てるために、全体としてコストが正当化されるような憲法上付与された権力の不可避な副産物という意味で一定水準の濫用が最適でありうる可能性を見落としている。

第四節　逆転：同じリスクのトレードオフ

逆転論法（perversity arguments）が予防への反対者にとって特に有用で魅力的であるのは、その時代の文化における支配的な憲法的価値があるときである。そうした価値は神聖化され、他の価値とトレードオフすべきだという主張は容認できないものとなる。そうした状況では、逆転論法は一種の知的柔術をもたらし、その価値を自身に反するものに変え、高次の根拠を獲得できるのである。

常備軍：常備軍をめぐる議論を見てきたが、パブリアスが示したのは、公の秩序と外国からの侵略に対する国家安全保障という価値に基づいた、正面からの危険性論法であった。しかしパブリアスは、国家の常備軍を禁止すること自体が自由を危険にさらすことになると述べ[34]、反連邦主義者の主張も覆そうとした。この点に関するハミルトンの宝石のように輝かしい一連の論考は『ザ・フェデラリスト』第八篇にまとめられ、「常備軍をもたらす諸邦間の戦争と、自由の敵であるその他の組織[35]」というタイトルがつけられた。そこでは常備軍に反対する反連邦主義の立場が、避けようとしている当のリスクそのものを悪化させるだろうとする標準的な理由が示された。

ハミルトンは、もし反連邦主義者たちが国家常備軍に対する予防策として提案された憲法の批准を阻止すれば、その結果として、諸国が戦争に明け暮れるヨーロッパ的な世界が北アメリカ大陸に生まれるだろうと警告した。そうした世界は必ずそれぞれの常備軍を作り出すだろう。さらに、諸邦の軍事化は執行権の一貫した拡大をもたらし、「そうすると彼らの『つまりその邦の』体制は君主制へと進む方向性を獲得することになるだろう。……したがって我々は、つかの間の内にこの国のあらゆるところに、旧世界を苦しめた専制へと向かう原動機が作られるのを見ることになる。……我々の自由は、互いの野望と嫉妬から自分自身を守る手段の餌食となるだろう」(36)。反連邦主義者の誤りは憲法案のリスクに焦点を当てながら、着実に悪化している現状と、加速して崩壊していく連合規約体制の競合リスクを考慮に入れていないことであった。

大統領権力と独裁：ハミルトンは同様の筋で、建国期を通じて、執行府の権力に予防的な制約を行うならば、執行府は立憲主義の束縛から完全に抜け落ちるという逆転の結果になるだろうと主張した。ハミルトンの『ザ・フェデラリスト』第二〇篇がオランダの歴史を参照しながら診断した一般的な問題は、次の通りである。

弱い憲法体制は必然的に、適切な権力の欠乏による崩壊か、公共の安全のために必要な権力の簒奪に終わるだろう。権力の簒奪が一度始まったならば、それが有益な地点で止まるか、危険な極端まで進むのかは、その時点での偶然的な要素に左右される。圧政はおそらくしばしば、差し迫った緊急事態において、欠陥のある憲法体制によって必要とされる権力の思い込みから生じてきたのである。憲法上の最大の権限を存分に行使することによってではない(37)。

この一節だけでも政府一般を指しているように受け取られるかもしれないが、ハミルトンは別の箇所で、過度の弱さは、特に大統領に適用されるとき過度の強さに転換するという動きを明確に述べている。彼がフィラデルフィア憲法制定会議で警告したように「弱い政府を作ったならば、頻繁に限界を超えなければならなくなる。ローマは独裁官を作り出さざるをえなかった」[38]。

現代のハミルトン主義者も同様の可能性を指摘している。生き返った、あるいは強化された権力分立が、今日のアメリカでの大統領や軍によってなされうるクーデタの可能性を防ぐために必要であるという予防的な見解[39]に対しては、立法権と執行権の分割それ自体が独裁へのリスク要素であるといえるかもしれない。一つには、権力分立は軍部に文民機関内部の紛争を誘発・利用[40]——ある種の分割統治戦略——できるようにし、そのため軍隊に対する文民統制が弱まるかもしれない。軍民関係の比較研究には、文民統制においてはアメリカよりもイギリスのほうがその意味で優れていると示すものもある[41]。

さらにいうと権力分立は、平常時には体制の安定性を高めるが、異常時には体制が根本的に不安定になるようなリスクや不確実な可能性を生み出しうる[42]。独立して選出された大統領がいる体制において、憲法ルールの作成者が入念な拒否の門（vetogates）、議会や司法による監視、その他のチェック・アンド・バランスの仕組みを作り、それぞれすべてが大統領の独裁リスクを最小化すべく目を光らせていると想定しよう。しかし、こうしたチェック・アンド・バランスは行き詰まりを生み、必要な改革案を通すことを困難にする。経済的・政治的危機の時代のように、多くの人々にとって現状がますます受け入れられなくなったとき、国民は、改革にとっての制度的な障害を一掃できるような独裁者を欲するか、少なくとも受け入れる[43]。ここでは、独裁に対するルール作成者の入念な予防策そのものが、独裁へとつながる、捌け口のない世論の要求を生み出すのである。比較政治研究はこうした筋道の（賛否両論のある）証拠を、特にラテンアメリカ諸国から引き出して示している[44]。高度の法形成の「立憲モーメント」

であるニュー・ディールは、ラテンアメリカ諸国のシナリオに我々がかすったものとして理解できる。そこで［フランクリン・］ローズヴェルトが独裁に近い地位を獲得したのはまさに、彼がマディソン的な憲法体制の過剰な現状維持バイアスを圧倒する最大の希望と思われたからである。(45)

こうしたメカニズムが存在することの比較研究的な根拠は不確実である。しかし、この不確実性そのものが、それが実現した場合に生じる害悪の深刻さと相まって意味することは、予防的観点からすれば、権力分立を緩和すること自体が独裁に対する最善の防護策かもしれないということである。少なくとも、この問題のあらゆる面に不確実性がある。ある条件のもとでは、権力分立は自己破壊的な予防策となりうる。

大統領の緊急事態権限：　同様の論点は最近の憲法学説でも提起されている。その第一の例は［ブルース・］アッカマンによる、大統領の緊急事態権限を制約する提案である。アッカマンの「特別多数決エスカレーター（supermajoritarian escalator）」は、緊急事態権限について議会の特別多数による継続的な承認を要求する枠組法を提案するものである。しかし、この枠組みでは当該ルールを知っている議員たちの反応を説明できない。(46) この枠組みでは要件が段々と上がっていくため、緊急事態を承認する票決は、どの時点であっても、その次に行われる票決のほうがさらに厳しい条件の下でなされるのである。このことを知っていれば実際のところ、現時点でその権限を承認することのコストが**より低くなる**。この結果はある種のモラルハザードである。緊急事態権限がひとたび承認され新しい現状になった後の、いつか将来の体制と比べるならば、［現在の］議員たちは緊急事態権限を認めることに**より**肯定的になる。極限において、この結果は逆転に出るだろう。大統領の緊急事態権限を制約しようと意図された仕組みそのものが、議員たちの承認をより緩やかにさせるように働くからである。

休会任命： Canning判決が会期内休会任命を禁じたのは、少なくともある程度は、大統領の権限拡大に対する予防的な措置だったことを思い出そう。この判断は実際には逆転になって、裁判所が懸念していた、まさに同じ利害の側で事態を悪化させるかもしれない。言い換えれば、大統領の権限拡大に対する裁判所の予防策は実際のところ、長期的には権限拡大の全体的なリスクを高めうるのである。

それはどのようにして起こるのか。バックラッシュのリスクがその主なメカニズムに含まれる。上院でのフィリバスターその他の妨害戦術とCanning判決のような決定が合わさることで、結果的に、任命プロセス改革を要求する鬱積した世論がもたらされることを想定しよう。それはたとえば、任命について自身の裁量を実質的に増やすような、大統領による合衆国憲法のラディカルな再解釈によってなされるものである。独創的な論者からは既にそうした再解釈が示されている。(47) もし、［大統領の］その新しい地位が政治的均衡として落ち着いたならば——Canning事件の裁判所自身の、大統領権限に対する防御策への執着を踏まえると——、別方向へのバックラッシュをもたらすことに寄与するような妨害を行ったことを裁判所は後になって激しく後悔するかもしれない。

一般的に言って、賢明な意思決定者は予防策について、系統的で動態的な、そして長期にわたる影響をうまく考慮に入れるだろう。そこには逆転の結果になるようなバックラッシュの長期的なリスクも含まれる。確かに、情報にはコストがかかり、時間も限られているので、合理的で手際のよい意思決定者は長期的な影響をすべて考慮に入れないかもしれない。その動態的な可能性はあまりにも膨大で変化に富んでおり、本質的に計算不能なものだからである。しかしそれはCanning判決で示された短絡とは異なる、ずっとまともで自覚的な種類の短絡であるだろう。

上院：　反連邦主義者は、直接で頻繁に行われる選挙と、議員の多選制限を支持した。それは当選者による寡頭政、汚職、権限濫用を予防するためである。上院の間接選挙、長い任期、無制限の多選は、そうした明白な理由によって反連邦主義者の恐怖を引き起こしたのである。マディソンはパブリアス名義の『ザ・フェデラリスト』第六三篇で、逆転論法によって応答している。

憲法案に対する激烈な反対派は、理性によって示唆され、実例により証明され、我々自身の経験に照らしながら主張されているこれまでのすべての議論に反対するにあたって、人民によって直接任命されておらず、任期が六年ある上院は、政府において次第に危険なまでの優位を勝ち取っていき、ついには、政体を専制的な貴族政に変えるに違いない、と繰り返すことでおそらく満足するのだろう。この大雑把な答えに対しては、次のように大雑把に論駁すれば十分なはずである。**自由は権力の濫用によってだけではなく、自由の濫用によっても脅かされるかもしれない**。前者のみならず、後者の例も数多くある。合衆国では明らかに、前者よりも後者のほうが懸念されるべきである。(48)

マディソンの指摘は、リベラルな立憲主義の大部分を支えている、ある種のプリコミットメント論法に基づいている。上院は「人民自身の一時的な過ちや錯覚から人民を守るために必要な場合もある。……もし、アテナイ人の政体が人民自身の情念の圧政に対する周到な防護策を講じていれば、アテナイの人民がしばしば避けることのできなかった苦悩は、それほど厳しくはなかったのではなかろうか」(49)。最後の文で棘になっている「圧政」という語は、人民の直接参加への無制約の自由によってもたらされる、政治的自由に対する逆転の脅威を強調している。

言論の自由(50)**：**　リベラルなリーガリズム文化における言論の自由の神聖な地位は、政治的動機による政府権力の濫用に対する予防策として理解される。その地位が含意しているのは、そうした原則は特に、その原則自体によってそれに反論しようとする逆転論法の標的になりやすいということだ。政治的抗議と政府転覆の主導に関わる言論の自由法理からの二つの例がある。一つ目はTerminiello v. City of Chicago事件(51)におけるジャクソン判事の反対意見である。この判決で連邦最高裁は、カトリックから聖職追放された右派の煽動家に対する治安紊乱罪の有罪判決を取り消した。この扇動家が演説を行ったところ、自身の支持者と左派活動家の敵対的な集団との間での激しい乱闘が引き起こされたのである。ジャクソンの主張は公の秩序という利益にも訴えかけているが、逆転の筋によってより明確に主張している。自由、とりわけ政治的言論の自由はそれ自体、その存在の前提条件として公の秩序を必要とする。だから言論の自由を短絡的に保護する判決は、それが保護しようと意図した自由そのものをリスクにさらすのである。ジャクソンが述べるように、

暴力につながるような権利侵害から国民を守ることができなければ、長期的に見て言論の自由の維持はより難しくなるだろう。自由の侵害がその享受と不可分であると主張するようでは、いかなる自由の保障も確かにならない。自由と平和の維持を国家に任せるように求めるのが自由で民主的な政体であることを忘れてはならない。この乱闘に参加した分子『ファシストと共産主義者』はいつ

までも、そのどちらにも関心を持たないのである。(52)

ここでジャクソンが暗示的に指摘しているのは、自由主義には不寛容への寛容も求められるかという、古典的な自由主義のジレンマである。この議論が進むと、たとえ自由主義が権力を握ったとしても、政治的言論に寛容であることによって、そして自由主義的な保障を廃止しようとする集団の参加によって長期的には自身の土台を壊すことになるだろうとされる。これは大規模な逆転論法である。自由主義の自由は、少なくともそれがあまりにも広く求められるとき、自分自身をリスクにさらすことになる。

この自由主義のジレンマは、Dennis v. United States 判決の意見でも裏打ちされている。この判決では、合衆国政府を暴力によって転覆することを主張・教導する共産党を組織しようと企んだ共産主義者の被告人への有罪判決が支持された。(53) 既に見たように、ヴィンソン（Frederick Vinson）長官による多数意見はラーニド・ハンド判事による言論の自由の期待害悪テストを採用し、有罪判決を支持した。そのテストは、裁判所は「悪の重大さを、起こりそうもないということによって割り引いた上で、その危険を避けるために必要なものとして言論の自由の侵害を正当化するほどかどうかを問わなければならない」(54) というものである。それに対するブラック判事の反対意見は、言論の自由の保護についての予防的な主張の一種である。「『第一修正の』諸自由の保障は、あらゆる自由の破壊に対する最良の保険をもたらす」(55)。多数意見はそれに対し、政府が共産主義に屈すれば、ブラック判事が挙げた自由は言論の自由も含めて全部、政府とともに崩壊するだろうと答えた。

武力と暴力による政府の転覆は確かに、政府が言論を制限するのに十分な実質的利害である。それどころか、これはいかなる社会にとっても究極の価値である。社会が自身の構造を内部の武装攻撃から防御できないのであれば、その下にあるいかなる価値も保護されえない。(56)

この種の逆転論法は、自由はそれ自身、強く安定した政府に依存しているという主張へと行き着く。ベンジャミン・フランクリンの市民的自由主義のコインの裏表となる主張は、「つかの間の安全を勝ち取るのに不可欠な自由を放棄する人々には、自由も安全もふさわしくない」。(57)

司法審査：　言論の自由のケースへの予防的アプローチが逆転に出るという批判は、司法審査の広範な予防的正当化に対する批判として一般化できる。政府の援助や支援への積極的な要求を認める種類の権利の理論のもとでは、権利の実現や、私人による侵害からの権利保護に必要な立法あるいは執行の措置を司法審査が阻止してしまう、という主張が可能である。この見解によれば、司法審査は全体としての権利侵害の発生数を増加させるかもしれないという逆転の結果になる。「法律を実効的なものにするプロセスに追加的な拒否点が挿入されるならば、基本的権利が誤って十分に保護されない恐れにつながる。それは立法によって基本的権利が十分に保護されないことへの「防護策（hedge）」にはならない」。(58)

司法審査、利益集団、財産権：　同様の筋道で、利益集団を理由にした司法審査の正当化に対する一般的な批判の根本にも逆転がある。(59) そうした正当化理論では、利益集団による「乗っ取り（capture）」のリスクがある場合、裁判所は政府の活動をより厳密に精査すべきであるとされる。このリスクは、限られた範囲でよく組織された集団が、議会や行政機関に対して不釣り合いな影響力を行使するリスクである。これは影響力には適正さがあるとする何らかの規範的理解によっている。既に見たように、経済開発のために政府が私有財産を収用することを認めたKeloの決定に対する多くの批判の根本には、乗っ取りへの懸念がある。批判する人々が考えているのは、利益集団が政府に収用権を濫用させ、私的な集団に利益を与え、社会全体の厚生を損ない、財産権の安全を掘り崩すということだ。

第四章では「乗っ取りの利益」[60]について、いくらかの肯定的な議論を行う。それは意思決定者に専門的な情報を提供したり、意思決定者に決定を促したりもするのである。しかしそうした利益とは別に、利益集団にとっての乗っ取りのコストを上げるために司法審査を強化することは逆転になりうると主張されてきた。利益集団を理由にした司法審査の正当化に対する主導的な批判者の言葉によれば、

出しゃばりな司法審査が乗っ取りの取引コストを増加させるとしても、成功した乗っ取りを元に戻すことを難しくすることによって、利益集団の活動を逆に助長する可能性がある。［さらに］取引コストの増加はまた、広範に分散している集団と向き合うことのコストも増加させるため、小規模にまとまった集団の相対的な優位を促進し、その成功を助けるかもしれない。[61]

言い換えれば、利益集団を理由にした司法審査の正当化は、乗っ取りの恐れに対する一つの種類の反応にのみ短絡的に焦点を当て、そこで支持されている予防策がそれ自体で、まさにその恐れを悪化させるかもしれないことを見過ごしているのである。

マキシミン憲法デザイン[62]**：**　既に見たように『ザ・フェデラリスト』第四一篇は危険性論法(jeopardy argument)の最も一般的な形を示している。他の価値をもたらすための政府の裁量を制約するような予防策は、社会の全体的な厚生を減らしうる。逆転論法(perversity argument)の最も一般的な形は、最悪の場合を想定して憲法をデザインすること(緩く言えばマキシミン憲法デザイン)がそれ自体、最悪の場合をもたらすかもしれないという主張である。そうしたリスクを考慮すれば、憲法上の系統的な警告は自己破壊的なものになるかもしれない。

その一例は、第一章で論じたヒュームの悪人原則への批判である。反ヒューム主義的な批判者は、**悪人の期待は自己達成的**であると反対する。つまり、公職者を悪人であると想定することが、公職者を悪人にしてしまいがちなのである。[63]その一つの可能性は、公職者の動機がある程度、憲法ルール内因的であるというものだ。この見解によれば、「悪人のための憲法は市民的徳性を外に押しやり」[64]、「次の」可能性は、今度はいくつかのメカニズムの一つに左右されるだろう。[65]利己的行動に対する憲法上の制裁は、同じ行動を制約する社会規範を弱めうる。そうすると正味の結果は、公職者の利己的行動の増加になるかもしれない。あるいは利己的行動に対する制裁は(意図することなく)その制裁が排除しようとしている行動に他の多くの公職者が手を染めているというシグナルになりうる。そうすると正味の結果は、公職者による法令不遵守の増加になるかもしれない。というのは、公職者たちは自身の行動を多数派に合わせて調節する順応主義者であるからか、[66]あるいは「互恵的な利他主義者(reciprocal altruists)」であって、公的なものとみなされる規範に他の人々が従っていれば従うが、しかし孤立することを恐れるために単独で従おうとはしないからである。[67]

たとえ公職者の動機が憲法ルール内因的でないとしても、ヒューム的な悪人の想定は選択効果を持つだろう。それは公共心の強い人々を排除する一方、逆に利己的な人々を選んで公職に就かせることになりがちである。公共心の強い人々が悪人の想定に基づいた入念な監視装置の対象となるコスト（不満を感じるとか、大きな疑いのもとで働くことなど）を味わうとしよう。すると、その装置があることによってそうした人々が排除され、他方で同じ利害の幅で、悪人の想定が実際に正しいような人々を中に入れることになりそうである。これは単にそうした装置のありうる結果の一つにすぎないが、全体としての結果は、悪人のために憲法をデザインすると逆に悪人を選んで公共圏に入れてしまいがち、ということになるかもしれないということである。

第五節　事前の予防と事後の救済：「本法廷が審理する限り」

予防策はその性質上、関連するリスクが実現する前に講じられる。したがって、予防策に反対するまた別の議論は、たとえば憲法違反の政策を実行した公職者に対する損害賠償請求訴訟など、事後の救済が使えるのであれば事前の予防は不要というものだ。細かいことをいえば、これは危険性（jeopardy）の特別な場合であり、その項目で扱うこともできた。その懸念の核心は単純に、不必要な事前の予防策はその便益よりも大きなコストがかかるだろうということである。しかし、時間的な次元が特徴となるため、分けて扱うことにも十分な理由がある。

事前の予防と事後の救済の区別についてはお決まりの概念上の論点があり、それはここでも同様に頭をもたげる。事実の後の救済の提供に法が信頼できるコミットメントをなしうるのであれば、事後的な制裁が予想されること自体が事前の抑止効果を生み出すのは明らかである。しかし、事前の予防的規制と事後の制裁の仕組みに違いがないと考えるのは（ここでも他のどこでも）誤りである。ここでの重要な違いは、憲法ルールが不確実な害悪を防ぐように作られているか、それとも、その害悪が既に実現したことを不満のある当事者に示させるように作られているかということである。後者のアプローチは、証拠提出（production）と証明（proof）の負担を原告に負わせ、審理前に事件ごとの証拠の査定を要求する。

連邦機関および取引相手に対する課税：既に見たように、McCulloch判決でのマーシャル長官の意見は、「課税権は破壊的な力をともなう」[68]という予防原則に基づき、州による連邦機関への課税に反対するルールを定式化した。「それ自体として予防的なルール」であるMcCullochルールは現在も有効であり[69]、各州は明白な議会承認なしに連邦機関に規制をかけたり課税したりすることはできない。

その後の事件では、予防的な領域が拡大され、連邦政府と取引を行う民間当事者への州の課税も禁止された[70]。通説では、連邦政府の活動を間接的に規制するような州による規制や課税はすべて無効とされる。この説の要点は、有効な連邦の活動の自由を守るための予防的緩衝装置を作ることであった。それとは対照的に、ホームズ判事は対立する立場を明確にした。連邦の取引相手に対する州の課税の破壊的な効果は事後的に、事件ごとに評価することで連邦の重要な利益を守るには十分であり、各州の合法的な課税権を押しつぶすほどに連邦の利益を過剰に保護しなくてよいということである。

この論点に関するホームズの意見で最も有名なものは、Panhandle Oil Co. v. Mississippi ex rel.

Knox事件(71)における反対意見である。ホームズは、沿岸警備隊の使用のために連邦政府に売られた石油について州が売上税を課すことを支持した。ホームズの意見では、「課税権は、本法廷が審理する限り、破壊する力ではない」(72)。連邦業務への干渉があるかどうかを小売レベルで連邦最高裁が審理できる以上、全体的な予防原則の必要性は低くなった。一九三七年から連邦最高裁は連邦業務周辺の予防的緩衝装置を制限し始めたが、ホームズの反対意見は最終的には退けられた(73)。現行法は、連邦政府との取引相手は一般に、区別されることなく州による課税と規制の対象となりうる(74)。

言論の自由： ホームズの「本法廷が審理する限り」という原則は後に、言論の自由を含む他の憲法領域に移行した。Beauharnais v.Illinois判決(75)で、連邦最高裁は集団に対する侮辱的な主張の公表を禁止する刑事法を支持した。言論の自由の予防原則によって当該法律を無効にすべきだという主張を退け、フランクファーター判事はホームズ的な筋にそって述べている。

イリノイ州議会に対して開かれている選択肢が濫用され、この法律が差別的に用いられるかもしれないという警告がなされている。宗派や民族集団に対する中傷の禁止は、政党への中傷の禁止と一歩しか変わらないと主張されている。あらゆる権力は濫用されうるが、しかしその濫用の可能性は英米法において数世紀に渡って認められてきた名誉毀損に対する措置を講じる権限をイリノイ州から否定するのに十分な理由ではない。名誉毀損を処罰するという口実で発話の自由を侵害する行為は、「本法廷が審理する限り」、それを無効にする権限が維持され、行使されるのである(76)。

つまり、集団的名誉毀損法が権力濫用の口実に利用されるという政治的リスクは、事前の予防策によってではなく、事後的な、事件ごとの評価によって対処できる。しかし、言論の自由に関する他の法律と同様、既に予防的アプローチが広範に浸透している。Beauharnais はもはや良き法ではない、というのが大方の見方である。(77)

収用と公共の用：　しかし「本法廷が審理する限り」原則は、他の領域にさらに成功裡に移行していった。憲法上の財産権に関わる法である。収用権が利益集団によって利己的な目的のために乱用されることを懸念し、経済開発を「公共の用」とみなすことはできないという予防原則の主張に対して、Kelo 法廷は、既に議論した危険性による反応だけでなく、特定の場合には事実に特化した審理によって、厚生を減少させるような利益集団の影響力は区別できるという反応も示している。連邦最高裁が Panhandle Oil 判決からホームズの格言を引用して述べるところ、「私的目的という疑い」がある場合でさえ、「『この収用に反対する当事者』によって提示された仮説的な事件も、それらが発生した場合には異論にさらされうる。それは公共の用という概念に人為的制限を作り出すことの理由にはならない」(78)。この見解では、事件ごとの審査によって濫用と合法的な使用が区別されうるので、収用権に対する予防的な制約は必要でない。

デュー・プロセス：　デュー・プロセスに関わる法においても、論点になっていることについて、間接的であれ個人的な金銭的利害を持っている裁定者によってバイアスのかかった判断がなされるリスクに対する予防原則を既に見てきた(79)。それとは対照的に、捜査、告発、裁定の各役割の組み合わせを同じ行政機関の手に握らせることから生じるバイアスのリスクは、事件ごとの評価と事後的な保護に委ねられる。Withrow v. Larkin 判決[80]で連邦最高裁が支持した枠組みでは医師会に、専門職業上の不適切行為の主張を調査・立件し、そしてその主張を裁定する権限が認められた。当該事件は中絶医に対する手続きに関わっており、イデオロギー的なバイアスが強く影響していた。連邦最高裁はここでの役割の組み合わせについて予防的ルールを適用することを退けた。

裁定者や意思決定者の側の実際のバイアスの確率が憲法上、許容できないほどに高いといえる多様な状況がこれまで知られてきた。その中には、裁定者が結果について金銭的利害関係を有している場合もある。……『しかし』調査に関与する行政機関のメンバーには裁定者となる資格がないという……工夫のない提案には支持がない。我が国の信じがたいほどに多様な行政機構が、単一の組織原則に服することはない。……『この判決は』もちろん、その事件の特定の事実や状況によって、不公正のリスクが許容できないほどに高いことを裁判所が判断することを妨げるものではない。[81]

最後の文で連邦最高裁が「リスク」に言及しているにもかかわらず、［その後の］下級裁判所は、予防原則による役割の組み合わせがひとたび退けられたならば、原告側当事者はバイアスのかかった判断が実際に行われたことを特定して――連邦最高裁が指示するように「本件において（in the case before it）」――示さなければならないと判示してきた。[82] 以前に私が述べたのは、連邦最高裁が行政におけるルール作成、告発、裁定の役割の組み合わせを容認しているのはある程度、危険性論法によっているということである。それはその役割の組み合わせによって多くの価値がもたらされるということだ。ここで付け加えるべきことは、連邦最高裁は、役割の組み合わせによって生じるリスクについてはすべて、事前の予防的アプローチではなく、事件ごとの事後的な評価に委ねてきたということである。

第六節　憲法上のリスク規制：「成熟した立場」

憲法上の政治的リスクに対する予防策の具体化に賛成する主張と、そうした原則に反対する主張を踏まえるとき、何がなされるべきなのか。ストーリーは常備軍によってもたらされる政治的リスクに関連してこの問題を論じている。

用心のし過ぎは自信の持ち過ぎと同じぐらい、数々の難題につながることが多い。……常備軍が州にとって危険でありうることは認められるだろう。しかし同様に真実であるのは、それがないこともまた州にとって危険でありうるということだ。ではどうすればよいのか。本来の道筋は権力が不当に行使されることの監視であって、それを与えないことではない。(83)

ここでストーリーは実際のところ、関連するすべての選択肢について、関連するすべてのリスクを考慮に入れる立場を支持している。そこには行動することとしないことの両方、そしてそのリスクの観点からコスト的に正当化しうる予防策を採用することも含まれる。こうした全部について、ストーリーはパブリアスによって印付けられた道をたどっている。『ザ・フェデラリスト』第四一篇は常備軍のリスクを否定してはいない。ただバランスの取れたリスク評価を主張しているだけである。

したがって常備軍は危険なものであると同時に、必要な備えでもあるだろう。あまりにも小さいと使えないものになってしまう。あまりにも大きいと致命的な結果をもたらすかもしれない。いかなる規模であれ、常備軍は健全な注意と警戒の対象なのである。賢明な国家はそれをすべて考慮に入れるだろう。そして、常備軍の安全にとって必要となりうる資源を軽率に奪うのではなく、その必要性と危険性の両方から自由にとって不幸なものになりうるものを減らすためにこそ知恵を絞るだろう。(84)

ここでのパブリアスとストーリーは、ハーシュマンが制度改革の政治理論を書いたときに述べた「成熟した立場（mature position）」の例になっている。

（一）行動することとしないことの両方に危険やリスクがある。両方のリスクを可能な限り、調査し、評価し、防御すべきである。

（二）行動することとしないことの有害な帰結は、『確実には』知られえない。差し迫った災難や災害の予測については、最悪なこと（が起こるの）は必ずしも確実ではない（Le pire n'est pas toujours sûr）ということわざを想起しよう。(85)

成熟した立場は、政治的リスクの領域での公衆衛生や安全、環境に関わる規制における予防原則に対する批判者によって推進された立場と構造的に類似している。この観点からは、競合リスクの可能性を踏まえれば、規制枠組みの設計者の目標は**極大**（maximal）予防策ではなく、**最適**（optimal）予防策でなければならない。[86]前者は実際のところ一貫性のない目標である。なぜなら、予防策自体がリスクを生み出すため自己破壊的なものになるからである。[87]他方、成熟した計算において「対象リスク（target risk: TR）と競合リスク（countervailing risk: CR）に対する最適な規制は、両方を真剣に受け止め、両者の差分（ΔTR - ΔCR）を最大化しようとすることである。決定的な問題は不確実性ではなく、トレードオフである」。[88]

一例：簡単に説明するために、休会任命とCanning判決の問題に戻ろう（本書の残りの章は、より広範で複雑な説明を示すことに充てられる）。Canning判決は大統領権限の拡大に対する予防策として、すべての会期内休会任命を禁止した。しかし我々が見てきたのは、この判決は競合するリスクと害悪をもたらすということであった。そのリスクは、政府の秩序だった機能に対する巻き込みの害悪（collateral harm）のリスクと、大統領の権限拡大そのものの長期的なリスクの増大可能性という逆転の帰結である。しかし、憲法ルールには少なくとも二つの別の代替策がある。この代替策は裁判所の判決よりもはるかに束縛的でなく、関連する憲法上のリスクをまたいだ最適化を上手に行う。あるいは少なくとも、裁判所が懸念する滑りやすい坂の問題に十分に対応しつつ、裁判所が選択したルールよりも全体として優れている。

一つの可能性は、伝統的な慣行の廃止が確定され、一定の範囲内の長さでの会期内休会任命が認められることだろう。この慣行には多少の違いはあるが、約十日間の安定した吸引流域（basin of attraction［訳注：ここでは任命にかかる時間］）がある。多くの会期内休会任命ではもっと長い休みがあったが（Canning 事件自体、二十日間の休みがある）、他方、十日よりも少し短い休みでの任命も数件あった。しかし、ランチ休憩中はいうまでもなく、五日よりも短い上院の休みの間に大統領が休会任命を行ったことはない。観察されている行動が示唆するところ、この坂は結局それほど滑りやすくはないのである。

これではあまりに曖昧か、柔軟すぎるように思われるならば、別の可能性は、休会任命を［合衆国憲法第一編第五節第四項の］休会条項（Adjournments Clause）に結びつけることだろう。この条項は、連邦議会のいずれかの院が他方の同意なく会期中に三日を超えて休むことを禁じている。[89] 法的には三日を超えるいかなる休みも「休会（recess）」とみなし、したがって休会任命を可能にすることができる。しかし、三日以下ではそうでない。これは完全に確定的で実効可能なラインを示すだろう。

Canning 判決がこれを退けたのは、一方の休会任命権と他方の休会の間に明白なテクスト上の繋がりがないからである。[90] だからといって何なのか。結局、裁判所の企ての実際的な要点は、「部門間の紛争の最中でも司法的に擁護可能」であるような「明確な区別」を見出すことであった。三日間のラインは確かにそれを提供し、しかも当該裁判所の決定と比べて、競合する害悪とリスクを減らすのである。たとえ大統領の権限強化への懸念を認めるとしても、当該裁判所のきわめて予防的な決定は、その決定がもたらす危険性や逆転の問題から見て、関連するリスクの全体的な取り扱いができていないことを示している。そして、成熟した立場からの最適化アプローチを示す、実行可能な代わりのルールがあったのである。

成熟した立場、コスト・ベネフィット分析、民主主義：　ここまで成熟した立場について説明してきたが、混乱を防ぐために、その概念的および政治的な限界も明らかにしておこう。まず、成熟した立場は、この言葉の意味によるのだが、必ずしもコスト・ベネフィット分析を要しない。「コスト・ベネフィット分析」は変幻自在な用語であり、(91)いい加減な帰結主義――チャールズ・ダーウィンの結婚損得勘定(92)――から、支払と受取の意思に基づいた完全に金銭ベースの公式的な補償変分分析まで、(93)あらゆるものを包含するように用いられうる。帰結主義の緩やかな同義語として用いられる場合のコスト・ベネフィット分析は、どのような帰結が関連し、それに対してどのような重みが割り当てるべきかについての一連の理論を含みうる。公式的な金銭ベースのコスト・ベネフィット分析は主観的厚生のみを対象とするが、それは帰結主義の内在的な要求ではまったくない。権利侵害はどう定義されるにせよ、それ自体、悪い帰結として計算されうる。(94)しかし成熟した立場の要点となるのは、関連する論点のあらゆる側面に権利が現れうるということだ。危険性論法も逆転論法も権利間のトレードオフの可能性を強調する。危険性が関連するのは異なった権利が競合しているときであり、逆転が関連するのは同じ権利が問題の両面に現れるときである。

次に、成熟した立場はそれ自体としては、十分に情報を得た上での民主的決定が最適な予防策から離れることを排除しない。リスク規制は、一階のレベルであれ二階のレベルであれ、社会が適切に関心を持つことのごく一部に過ぎないだろう。ひとたび民主的な意思決定者が最適な予防策が何であるかを理解したならば、成熟したリスク評価の観点から何をなすべきかという独立の規範的問題が生じる。しかし成熟した立場が排除するのは、不適切な種類の理由や誤った根拠に基づいて最適な予防策から離れるような決定である。民主的な意思決定者は最適でない予防策を採用するかもしれないが、リスクに対する慎重なアプローチが必要であるという誤った信念によるのではなく、対象リスクと競合リスクの両方を公平に評価した上で、目を開けてそうすべきなのである。

政治的ファットテールとマキシミン立憲主義：　また別の問題群に含まれるのは、リスク、不確実性、そして何らかの意味で現実的だが起こる可能性の低い極端な結果である。私はリスクの用語で論じてきたが、代わりに不確実性の用語で述べても要点は変わらない。政治的ファットテールに対する予防的関心、そしてたとえば突然の独裁への移行のように稀ではあるが極端な政治的結果に対する予防的関心は、少なくとも憲法上の諸価値に対する結果的な害悪が十分に大きいとき、抽象的には切迫したものである。問題は、政治的なファットテールへの懸念には特定の方向への誘発性（valence）がなく、憲法上のルール作成にとって具体的な含意を持たないことである。その基本的な理由は、通常の政策決定でも憲法上のルール作成でも、**予防策自体がファットテールを有しているかもしれない**(95)ということである。起こる確率は低いものの極端な被害をもたらすような可能性に対する防護策をルール作成者が設置している憲法上の枠組みそのものが、きわめて有害な帰結のわずかな可能性そのものを生み出すかもしれないのである。

既に論じたが、執行府の独裁または立法府の圧政に対する部分的な予防策としてなされた執行権と立法権の分立が、それ自体、独裁や圧政のリスク要因になっている可能性を考えてみよう。それはおそらく、権力分立のせいで法を作り上げるシステムが行き詰まり、それによって鬱積した世論が憲法を超えた強力な行動を要求するからである。そのような可能性はわずかだが、もし実現すれば立憲主義にきわめて大きな害を与えることになるだろう。言い換えれば、憲法上の予防策は、それが防ごうとしている政治的害悪と同様にファットテール問題の影響を受けやすい。

マキシミン立憲主義も同様に、予防策そのものが最悪のシナリオを引き起こす可能性があるのと同じぐらい、うまくいかない。たとえば、言論の自由の強い保護がバックラッシュの引き金となって政治的言論への抑圧をもたらすとか、財産権の強い保護がバックラッシュの引き金となってその大幅な制限をもたらすといった、何らかの定量化できない可能性を想定してみよう――既に挙げた例がその可能性を具体的に示しているのだが。こうした場合、立憲主義へのマキシミン視点が何を意味するのかは明らかでない。最悪の場合の結果が、何らかの定量化できない確率で、それを防ごうとする予防策から生じるかもしれないとき、マキシミン・アプローチは自己矛盾に陥る。

二階の予防策？：リスク規制の議論での成熟した立場への批判には、二階の、あるいは間接の帰結主義的な形をとるものがある。その議論では、関連するすべてのリスクのバランスをとることが理想ではあるが、規制者はありがちな認知バイアスと歪んだ動機を示し、それによってバランス・アプローチの下でも最適でない決定を行うことになる。[96] 規制者は、環境価値などの柔軟で定量化できない変数を過小評価しがちである。また不確実なものとは反対に、特定のコストを過大評価しがちである。過度に楽観的だったりして、規制がなされない場合に生じる破壊的な害悪のコストを過小評価するかもしれない。規制に反対する利己的な民間団体から影響を受けたり、政治的な制約を受けたりすることもある。何らかのバージョンの予防原則はこうした歪みを補正することができ、したがって実務的に有用な次善の策である。このような理由から、立法者や裁判官のようなルール作成者は、長期的かつ全体的な意味で、予防原則を制定法や法原則に具体化させるほうがうまくいくだろう。たとえそうした原則が、理想的な規制者が行うような決定を制約するように適用されたならば有害だとしてもである。一般的に、予防原則（の何らかのバージョン）を支持する二階の、あるいは間接的な帰結主義の主張では、関連するすべてのリスクを重み付けようとすることは規制者にとって必ずしも最善ではないとされる。なぜなら、規制者がそこである種のバイアスを示すことが予測されるからである。

リスク規制の議論における成熟した立場の支持者は、ルール功利主義的な予防策の擁護は予防原則の核心的問題を回避するものではないと反論する。意思決定者の側の認知バイアスや歪んだ動機は、単にまた別のリスクである。そうしたバイアスや歪みはそれ自体、関連する問題のあらゆる側面に現れうる。(97) この応答でのルール功利主義的な主張は、予防原則の一面的な特徴を致命的なほどに繰り返している。規制されるべきリスクの性質についての一階の主張ではなく、意思決定者の能力についての二階の主張という形をとって一歩離れているにすぎない。

ある一連の例で、まったく同じバイアスがすべての側に現れる。これは逆転による批判の二階のバージョンである。意思決定者が環境価値のような柔軟で定量化できない変数を過小評価するとき、このことは規制を支持するような予防原則を正当化するわけではない。なぜなら、環境価値は不十分な規制と同様に、過剰な規制や誤った規制によっても害を受けるからである。まさにルール功利主義的な主張の論理そのものによって、意思決定者は柔軟変数への悪く誤った規制の逆転効果を過小評価するだろう。同様に、意思決定者が過度に楽観的である場合、そこでの問題は、規制に失敗するという帰結とともに、規制による様々な帰結について楽観的すぎることであるかもしれない。

別の一連の例では、規制者は行動しなかったり十分に規制しなかったりすることを好む種類のバイアスを示すかもしれないが、同時に、行動することや過剰に規制することを好む別の種類のバイアスも示す（逆もそうである）。規制者が柔軟変数を過小評価するという主張に対しては、たとえば「通常の思考は実際のところ、量的な変数に適切な重みを与えるときに歪んでしまう」[98]という主張がなされてきた。この見解によると、意思決定者は生き生きとした語りを過大評価し、統計的特徴である地味な背景的事実を過小評価する。[99]より一般的には、心理学のヒューリスティクとバイアス（heuristics-and-biases）プログラムの産物である、認知や動機の歪みについての調査結果・推定調査結果の急増を踏まえると、「系統的バイアス」の存在を支持するもっともらしい主張が関連する問題のあらゆる面においてなされうるということも多くなるだろう。

したがって、成熟した立場の二階のバージョンは、現場の意思決定者を悩ませうる系統的バイアスを、規制に賛成する方向であれ反対する方向であれ、関連するものはすべて考慮に入れることになる。ここではっきりさせておくと、適切に成熟した二階の分析によって何らかのバージョンの予防原則が、ある領域の規制者にとって実のところ最善の一階の意思決定手続きであることがわかった、と最終的には結論付けられるかもしれない。こうした予防原則の擁護は、完全に妥当な理論的構造をもっている。したがって無条件の根拠で除外することもできないのである。すべては規制者が実際に示す、予測可能なバイアスや意思決定の歪みにかかっている。しかし、不十分な（または過度な）規制をもたらすようなバイアスの一部分を一面的に指摘することでは、そうした結論は正当化できない。一階の予防的な意思決定手続きは、予防的でなく、それ自体で成熟した二階の意思決定によってのみ正当化されうるのである。別の著書で長く論じたように、理性の限界――情報コスト、認知バイアス、そして一階の意思決定者を悩ませる、決定に関わるその他の病理現象――が制度設計者によって考慮に入れられるべきであるが、(100)それはあくまで、関連するすべての理性の限界を考慮に入れることによってのみなされるべきである。特定のリスク規制に系統的に賛成／反対するように引っ張るような、何らかの歪みやバイアスのある一部の限界のみを単に考慮することであってはならない。

構造的に並行する点は適切な修正の上で、憲法にも当てはまる。予想される政治的病理のためには、言論の自由に関する法において内容中立性と視点中立性というルールの明確かつ厳格な実行が要求される、という主張の一例のみに限定しよう。裁判官たちは、将来の政治的病理の時代に認知バイアスや政治的圧力のために法廷の後継者や将来の自分が言論の自由の保護を覆すようになることを恐れる。したがって、予想される病理を埋め合わせるために、明確で厳格なルールにプリコミットしようとする。この議論は、予防策に賛成するルール功利主義の議論と同じ構造を持っている。

しかし同様に並行する問題は、関連する論点のあらゆる側面に予想される病理が現れる可能性があることである。特にルール作成者、ここでは言論の自由の法理を作り上げている裁判官は、ある種の恐怖症恐怖、つまり病理的な恐怖に屈することへの病理的な恐怖を自ら示しているのかもしれない。もしそうであれば、ルール作成者たちはルールを病理的に曲げたり破ったりするのを嫌がるだろうし、あらゆることを考慮した場合にたとえそうした例外が社会的に望ましいとしても、ルールが覆されることを許すような基準や例外を作ることを拒否するだろう。(101)さらに悪いことには、裁判官の恐怖症恐怖が、言論の自由の保護に対する広範な蔑視をもたらすような公的に容認できない判決をもたらすとすれば、この病理学的視点は自己破壊的であるということになるかもしれない。長期的に言論の自由を保護しようとする裁判官の懸念は、実のところ長期的に言論の自由を損なう恐れがある。

このような点から、次のように述べるのは不十分である。裁判官が破壊的な主張に恐怖をなして反応するリスクがあるため、「二階のバランス取り」は「病理学的視点」を支持し、次に言論の自由を支持する強力なルールのような予防的保護を要求すると。[102] そうではなく、問題は、関連する論点のあらゆる側面に恐怖が現れうるということであり、それは二階のレベルでも一階のレベルに劣らないのである。破壊的な言論を非合理に恐れる裁判官がいれば――この「非合理に」は「証拠によって支持されたり正当化されない限りで」を意味する――、武力や暴力によって脅かす組織を解体しようとする政府の試みを非合理に恐れる裁判官もいる。後者の裁判官たちは前者の鏡像である。そうした裁判官たちは、以前の裁判官たちが組織的な暴力集団によるテロリズムやその他の害悪のきわめて顕著なリスクに強迫されていたのと同じように、過去になされた政府の顕著で悲劇的な権限濫用の刺激（salience）に駆動され、一種の「リバタリアン・パニック」[103] に陥っている。理性の限界はこの等式のあらゆる側面に現れている。成熟した計算は裁判官や他の公職者について、両方のリスクと、両方の種類の決定の歪みの重み付けを行う。十分に成熟した二階の意思決定がどのような結果になるのかは、開かれた問いである。その結果が高度に文脈依存的で、時と状況によって変わることは疑いない。しかし明らかなのは、二階の意思決定の歪みの一面的な分析を抽象的に援用することでは言論の自由への一般的な予防的アプローチを支持できないということだ。

成熟した制度と意思決定能力の配分： 成熟した立場が意味することは、新しい憲法をデザインするために設立された制度システムや、ひとたび制定された憲法を解釈し、執行する制度システムは、一階の意思決定者の側の理性の限界を関連する限りすべて考慮に入れなければならないし、関連する問題のあらゆる側の政治的リスクを考慮に入れなければならないということだ。この含意は、高度の一般性でもって投げかけられる。したがって制度間の意思決定能力の配分の幅の広さと両立する。

最後の例を続けるならば、Dennis 事件で争点になったような種類の危険な政治的言論を保護したり抑止したりすることに関連する、すべてのリスクの考慮を担当するのはどの（複数の）機関であるべきだろうか。ラーニド・ハンドの期待害悪テストは、裁判官が関連するすべてのリスク、つまり禁止のリスクと、禁止しない場合の時間的に割り引かれたリスクの両方を考慮するものと想定していた。しかし、この任務を裁判官に配分することは、たとえ成熟した立場に同意したとしてもまったく必然的なことではない。また別の可能性は、裁判官はそこで問題になっている法律に具体化された、あるリスクのセットは他よりも重いとする立法府の判断に敬譲（defer）すべきだというものだ。このアプローチはDennis 判決への標準的な批判であり、司法以外のアクターにあまりにも敬譲を要求しすぎだとする。[104] これは事態を元に戻すかもしれない。ハンドのテストは裁判官がリスクの独立した評価を行い、最適な予防策を選ぶべきであると想定している以上、立法府の手に委ねたほうがよいかもしれない権限を司法に配分しているのである。

成熟した立場にはもちろん、Dennis 判決の敬譲アプローチが実のところ優れているだろうとする必然的なものは何もない。代替案が優れているかどうかは、異なった機関の公職者たちの動機や認知的能力に関する、主として経験的で予測的な判断にかかっている。さらにいえば、政治的リスクを評価する能力を組織間で配分する方法は数多くありうる。たとえば連邦最高裁に、多くの立憲民主主義体制で見られるような、ある種の「弱い形の司法審査」の権限を与えることもできるだろう。[105] そこで連邦最高裁は憲法判断を行うことができるが、それは立法府によって、おそらくは特別な手続きや特別多数決を通じて覆されうるものである。こうしたことはすべて、司法審査システムをどのようにデザインするかという、よく知られた一連の論争に関わっている。[106] 成熟した立場はそれ自体ではこの論争を解決できない。成熟した立場が付け加える注意は、政治的リスクを評価する能力のいかなる配分のあり方であっても、憲法上の予防策が防ごうとしているリスクとともに、その予防策によって生じるリスクに関心を向けるべきである、ということだ。

成熟した立場の消極的機能：　こうしたことを踏まえると、成熟した立場はかなり薄まった、平凡なコミットメントにさえ見えるかもしれない。関連するすべてのリスクを重み付けすべきだということに、誰が原理的に反対するのだろうか。そして成熟した立場が、憲法システム内の諸制度機関の間でのリスクを評価する能力の配分に具体的な含意を持たないのだとしたら、あるいは制度内の諸制度にまたがってリスクを評価する能力の配分に特別な影響を与える必要がないとしたら、何によってそれを受け入れたり拒否したりするのだろうか。

しかし私の思うところ、成熟した立場は、通常の規制の領域と、憲法のデザインと解釈の領域の両方で重要な消極的機能を持っている。すなわち、成熟した立場は、「見える場所（viewscreen）」[107] にトレードオフ関係を置き、それによって、把握されたリスクに対する「最大限の安全」や「防衛」への無制約の要求を排除するのである。リスク規制における成熟した立場の支持者は、これを認知的正当化

(cognitive justification) と呼ぶ。(108) 特定の種類の悪い主張や、対象リスクへの執着を濾過するためのフィルターとしての消極的な特性を強調するほうを私は好んでいる。こうしたアプローチは、いかなる特定の結果も述べるものではなく、あくまで、意思決定にインプットされるものを洗浄し、強迫観念を回避させ、それによって(政治的)リスクを規制するプロセスを改善するように試みるのである。(109)

通常の規制の領域では、非常に顕著なリスクに基づく「利用可能性カスケード」が、競合リスクを無視しながら対象リスクに過度に焦点を当てるような歪んだ規制をもたらすことがある。(110) 同様の問題が憲法の領域でも発生する。憲法制定という出来事はしばしば、高度に顕著な政治的リスクや、高度に顕著な種類の権力濫用の後に、部分的にはそれを理由として起こる。こうした状況下では、ある種の憲法上の利用可能性カスケードが生じうる。不信の政治、疑念の勘繰り、そして偏執的な政治スタイルの広がりは、(111) 直近のきわめて恐ろしい形の政治的リスクや権力濫用から国民を守るための憲法の条項や構造に対する要求をこれまで以上に厳しくすることになる。たとえそれに対する予防策が、競合リスクや付随的リスクにいくらか敏感な、何らかの意思決定手続きによって退けられると「わかっていたと」してもである。(112)

こうした状況では、成熟した立場は、関連するすべてのリスクを憲法設計者、憲法解釈者、そして最終的にその両者を判断する国民の前に置いて見せることによって、価値のある知的匡正策として役立つかもしれない。パブリアスの議論の中心に成熟した立場があることは、勇気づけられる例である。成熟した立場は少なくともときには、特定の政治的リスクに対する広範で強迫的な恐怖、たとえば州の廃止、圧制と専制、選出された代表者の寡頭政治、常備軍といった、反連邦主義者を苦しめた種類の恐怖に勝利を収めることさえあることを示している。

確かに、憲法政治が疑惑の渦に巻き込まれるような状況では、いかなる議論も、そして実のところいかなる制度も、政治的リスクの憲法上の規制の歪みを防ぐことができないかもしれない。しかし想像しうる政治的状況では、成熟した立場の合理性、つまり技術的な意味ではなく広い意味での「合理性(rationality)」は大きな影響力を持ちうる。たとえば、多様な集団が多様な対象リスクに執着している場合、(新しい憲法を採択するための特定の票決ルールのもとで)競合リスクに取り組む、成熟し、バランスの取れたリスク評価を行う人々の小集団は、結果に対して大きな影響力を持ちうる。それは「最大化」や歪んだ予防策ではなく、最適を取る条項に賛成する決定的な票を投じることによってである——憲法制定時のある種の奇跡の集結である。(113) これはあくまで可能性に過ぎない。しかしより広範な要点は、たとえ少なくともいくらかの成熟した立場からの公的な声があったとしても、憲法作成のプロセスがいかにして全体として悪化してしまうかを理解するのは難しいということだ。

第七節　政治的リスク規制の二つの方法

本章と前章では、二階の政治的リスクに対する憲法上の規制への二つの一般的なアプローチを比較してみた。一方は予防的立憲主義、他方が最適化立憲主義である。二つのアプローチは連続体の上にあるが、説明のためには、両者の間のコントラストを強調するのが有用である。これらの議論は、連続体に沿って移動し、スライドスケール式に適用される。私はここまで、アメリカにおける憲法作成の理論と実践は両陣営間の継続的な論争を示していると主張してきた。憲法上の予防原則は、その誕生以来、同じ次元であれ異なる次元であれ、複数の政治的リスク間でのトレードオフ関係に基づいた、現代的な用語での無益、危険性、逆転に基づく批判に直面してきた。こうした批判を考慮して、ストーリーやジャクソンのような憲法学者や裁判官は、実際のところ、対象リスクと競合リスクの最適化、バランスのとれた評価を要求する成熟した立場を発展させたのである。

私は、成熟した立場が正しいと信じている。それは幅広い制度的な配置へと開かれている。しかし、悪い議論を洗い出し、制度間の権限配分についての二階の熟慮を構造化するという、価値のある消極的な機能も持っている。成熟した立場を明確にすることは、憲法制定のエピソードに出てくる偏執的な政治スタイルへの万能薬ではない。しかし事態を悪化させることにはほとんどなりえず、想像できる状況下では憲法作成のプロセスを改善さえできるかもしれない。

第二部　応用

第三章　起草者の自己破壊的予防策

ここまで、政治的リスクの憲法上の規制について相対立する見解を見てきた。ここから次の四つの章では、成熟した立場の主張を本線として、その応用に向かう。具体的な事例研究があてはめられるのは、マクロレベルの広範な憲法上の構造（本章）と、ミクロレベルの特定の重要な憲法上の原則、ルール、原理（四～六章）の両方である。

本章で説明し、検討するのは、ジェイムズ・ブライス（James Bryce）の憲法的・政治的分析の忘れられた古典である、一八八八年初版の『アメリカ共和国（*The American Commonwealth*）』[1]での、アメリカ憲法秩序についての優れた概括的説明である。ブライスの主張によれば、複雑な憲法構造によって多数派の意見と熱情を整序し、抑制するマディソンの予防的な戦略は正反対の結果になったという。それは世論の力を抑制するのではなく、強めることになった。他の起草者たちにも共有されているマディソン的な戦略は、政治的なリスク、ここではポピュリズムのリスクに対する予防策の自己破壊的なあり方を概括的に示している。アメリカにおける大衆世論の力は、起草者たちがそれを防ごうとして作った安全装置そのものに由来する部分もあるのだ。

結局のところ、アメリカは世論が支配する。規範的な問題としては、この結果には両面がある。ひとたび世論による支配がなされたならば、それがアメリカの民主主義にできることの上限と下限を設定する。我慢できる程度にはうまくいくことと、それよりうまくいくのを妨げることの両方を確かにするのである。マディソン的な予防戦略は結果的に、許容できる程度の政治体制をもたらしたものの、それは偶然であり、マディソンや他の起草者に予見できなかった因果経路によるものだった。予防的立憲主義は憲法起草者の予見能力と知識の限界に対する防御手段として正当化されることが多いが、皮肉にも、それ自体が予見されなかった、場合によっては有害な結果をもたらすのである。予見されなかった帰結は、問題のあらゆる面に関わる。それは、まさにそれを防ごうとしてなされた予防策によって生じうる。

第一節　憲法と世論

ブライスの主張は、憲法秩序の構造がそれだけで世論の支配をもたらすというものではない。後に見るようにブライスの議論は、憲法構造と、背景にある政治的・経済的・地政学的条件との相互作用によっている。ブライスは、マディソン的な憲法構造が世論の支配を必然的にもたらすと（明確には）述べていない。起草者たちの自己破壊的な予防策がなかったとしてもなお、結局のところ世論の支配が起こったかもしれない。しかし、ある因果関係的な要素が結果をもたらすのに必要でも十分でもなかったとしても、それはその結果の可能性を高めたり、その結果が生じるに至る現実の因果経路をもたらしたりするかもしれない。ブライスがはっきり主張したのは、世論を抑制し、手綱を付けようとした起草者たちの試みが、現実には当時のアメリカの世論の支配を手助けしたということである。また、ブライスはその結果をもたらしたいくつかのメカニズムも特定している。私は、憲法の三つの重要なマクロ構造についてのブライスの分析から、その主張を引き出したい。その三つとは、チェック・アンド・バランス、連邦主義（federalism）、そして言論の自由である。言論の自由については、政治的表現の自由という公共文化を含むような広い意味で捉えることとする。

第二節　チェック・アンド・バランス

マディソン的な枠組みでは、世論を抑制し、筋道をつけることを狙うものとして、憲法には二つの主な特色がある。連邦の立法システムのチェック・アンド・バランスと、拡張された共和国の大きな規模である。マディソンにとって、それは分割支配（divide et impera）をもくろんだ戦略であった。チェック・アンド・バランスの仕組みのなかで熱望に別の熱望をぶつけ、そして共和国の規模を大きくすることによって、有害な多数派閥の形成が抑えられうる。(2) ブライスが見るところ、「チェック・アンド・バランスの仕組みを考案した人々は、世論を発展させることによってそれ［有害な多数派閥］に対抗し、防波堤を築くことにはあまり乗り気でなかったようである」。(3) パブリアス名義の『ザ・フェデラリスト』第六三篇での、代表者の（概して間接的な）選択を通じる以外、政府の活動からの「集合的な能力を発揮する人民の、いかなる分け前もない完全な排除」(4) というマディソンの主張は有名である。

しかし、ブライスの主題の一つは、起草者たちの選択、目的、計画が、何度も不発に終わったということである。確かに、起草者たちはその主要な任務、すなわち、よく機能する政治的秩序の形成には成功した。

忘れてならないのは、憲法起草者が自分たちに課した主要な目的は達成されてきたということである。シィエスは、フランスの恐怖政治の時代において何をしたのかと問われたとき、「生き延びた」と答えた。憲法は全体として持ちこたえ、揺らいでいない(5)。

しかし、この最低限の成功でさえ、起草者たちのもくろみによってではなく、それに反して、彼らが予想していなかった因果経路を通じて起こったのだった。後世の憲法学者は、起草者たちのデザインは政党の勃興と奴隷制をめぐる熱情を予見できなかったことを強調してきたが、ブライスはさらに進める。その主張は「当時の最も賢い人々でさえ、アメリカの民主主義のきわだって特徴的な美点と欠点であると、いまや我々に思われている数々のものを予見できなかった(6)」というものである。一般的に、統治における規模の大きい問題での不確実性の霧はあまりにも深いので、「真の賢人であれば、近い未来を超えて、つまり既に権力を持っている一世代の生存期間を超えて考えを進めないだろう(7)」。

こういった調子でブライスは、政府を競合する部門に分割するマディソン的な戦略は逆に世論の力を強めると主張する。「権力のバランスが注意深くとられ、しかも多くの事柄に関わる機関と人々とに政府の通常の機能と仕事が小分けにされているところには、つねに紛争のリスク、そしてデッドロックのリスクさえも存在する(8)」。チェック・アンド・バランスの仕組みは、言い換えれば、現実に起こる、あるいは予期される、一連の憲法上の対立を生み出す。(9) そこで政府の各部門は、もしかしたら政党の命令によって活動し、あるいはまったくの省益によって活動し、(10) 一階の政策について対立に陥るか、一階の政策を決定する権威の割り当てのための二階のルールについて対立に陥るのである。「そのような場合には、国に損失をもたらすかもしれない、政府活動の停止が起こる」。(11)

しかし、こうしたデッドロックや対立は通常、停滞には至らない。いずれかの支持に傾いた世論の圧倒的な力によって解決される。「主人は下僕たちの争いを自在に止められる。問題が重大なものであり、その国の精神がそれについて明確であるならば、世論は自身の重りを天秤のいずれかの側に投げ込むのであり、その重りが決定的なのである」。(12) 重要なことだが、対立を解決する世論の力は、単に所与のものではない。少なくとも部分的にはそれ自体、対立を生み出す仕組みの内発的な産物である。「チェック・アンド・バランスによる統治機構は、バランスの取られた政府機関の天秤をいずれかの側に傾ける決定者を特に必要としているのであり、したがってアメリカでは他の国よりも、世論が頻繁に呼び出され、絶え間なく活発なのである」。(13)

このブライスの説明は、軽蔑的な意味での機能主義に近い。それは、チェック・アンド・バランスのシステムは権威ある調停者を特に必要としているということかもしれない。これは調停者がいなければならないとか、世論が調停者になるということにはならない。このため、この説明の細部の基礎は不明確である。しかし世論が「呼び出される」というブライスの表現は、方法論的にはまともなメカニズムを示唆している。デッドロックに陥る人々――政府のどこかの部門を支配している政党や、自身が属している政府部門の省益、そして個人的利益を追求する公職者たち――はすべて、潜在的多数の有権者を動かし、次の選挙で敗北させるという脅迫でもって相手方を圧倒するという利害を有している。結果として生じる世論は、一部は政治的行為者によって内因的に形成されるが、一部はその行動に対する外因的制約となる。

ブライスは二つ目のメカニズムを提示しているが、それは一つ目と若干の緊張関係にある。

一七八七年に行われた権力の分割は、人民の意志を一つの広い川底に一気に流れさせることなく多くの小さな水路に押し込めようと努力したのであるが、実際のところは、合法的に設置された通常の政府機関をしのぐほどに世論を高揚させがちであった。各機関は、意見を形作るには小さすぎ、それを表現するには狭すぎ、また実行に移すには弱すぎたのである。そうしたことは連邦議会でも州議会でもなく、演壇を作って候補者を選ぶ大会でもなく、人民の中で広く育った。(14)

ここで暗黙のうちに対比されているのは、一方は立法権と執行権が分離された仕組み、他方は議会制である。後者は「一つの広い川底」を作り、それを通して世論の流れが押し寄せ、支配的な議会多数派の形成をもたらす。それとは対照的に権力分立は、こうした水流を多くの水路へと分割しようとしたものの、結果的に世論の洪水を堤防から溢れさせ、狭く作られた政治制度の外で活発に働かせることになった。起草者たちの予防策は統治機構のデザインという一端でのみ行われた、また行われえたものであり、世論が制度上の制約から完全に逃れうることを見過ごしたため自己破壊的であることが示されたのである。

ブライスの論理を極端に解釈すると、第二章で述べたように、合衆国憲法の念入りに作られた拒否の門（vetogates）は、憲法そのものを破壊する圧力をもたらす可能性さえある。経済危機の時代、再分配措置のような新しい政策への国民の要求がチェック・アンド・バランスの仕組みによる特別多数決制によって立法化を阻まれ、不満が堆積したとすれば、その結果として生じるのは現状維持ではなく、改革を阻む制度的障壁を一掃するようなポピュリスト的独裁であるかもしれない。[15]［しかし］ブライスがそう述べているわけではない。逆に「アメリカを脅かす可能性のある危険のうち、独裁は最後のものである」[16]というのがブライスの見解だが、しかしブライスの理論のうちの何がこの最後の可能性を回避させうるのかは明らかでない。[17]このような筋道は、合衆国憲法の起草者たちが世論を抑制し、穏健なものにしようとした措置そのものが、国民に立憲主義の紐帯を完全に捨て去るよう促すかもしれないことを極端な形で示しているにすぎない。これは、過度に弱い統治は過度の強さへと変容する動的な性向がある、というハミルトン的な主張の一例である。

第三節　国家の規模

マディソンにとって新国家の規模の大きさは多数決主義的な抑圧に対する効果的な保証人であったのだろう。パブリアスが述べたように、「［国家の］領域を拡大し、党派や利害関係をさらに多様化させれば、全体中の多数者が、他の市民の権利を侵害しようとする共通の動機をもつ可能性を少なくすることになろう。あるいは、仮にそのような共通の動機が存在するとしても、それを共有する人々すべてが自身の強さを自覚し、たがいに団結して行動することはより困難になるだろう」。[18] 引用した部分は、多元的無知の理論を予感させるものである。[19] 多数派のメンバーのうち他人の選好や信念をよく知らない者は、自分たちが多数派を形成していることに気付いていないかもしれない。パブリアスが示唆しているのは、国家の規模が大きくなればなるほど、おそらく情報コストの高さゆえにそれが起こる可能性が高くなるということである。

ブライスは地理的規模が多数派連合を組織するコストを上げることを認めているが、[20] しかしその一方、拡大共和国の戦略も逆効果になっている部分があると主張している。なぜなら、アメリカ政体の規模そのものが大衆の宿命論を悪化させるからである。少数派には多数派の信念と選好に屈服する者もいるという、いくらかの既存の傾向を前提とすると、政体の規模はそれを増幅させるものとして作用する。

多数派が活動する規模が大きければ大きいほど、この傾向はより強くなる。活動の場が小さな共同体である場合、個々の有権者の多くはたがいに個人的に知っている人々であり、投票を決める理由が理解されたり、割り引いて受け取られたりする。しかし、この劇場が大陸に広がり、有権者の数が何百万人と数えられるようになると、想像力の翼が失われ、有権者の巨大な塊は、自分の隣人よりも賢くもなく優れてもいない、単に多くの個々の人間であるとは考えられなくなってしまう……。そこでは、人間が無生物界の雄大で永遠なる力に思いをはせるときに感じるような、ある種の畏敬の念や個人の無力感が引き起こされるのである。このような感情は、多数派になることをそれまで期待していた、あるいはまだ期待しているかもしれない、団結した少数派よりも、大衆に認められることのない意見を大事にしているような個人や小集団にさらに強く働く。[21]

ここで我々は過度の拡張をすることなく、パブリアスが依拠した多元的無知が諸刃の剣であると示唆しているものとしてブライスを読むことができるだろう。国家が大きければ大きいほど、少数派は他人が自分と同じ選好や信念を持っていることを知る可能性が低くなり、少数派のメンバーの孤立感が強くなる。言い換えれば、国家の規模は一つだけでなく二つの範囲に影響を与える。少数派を抑圧するような多数派の組織化が困難になる（パブリアスの論点）だけでなく、少数派が多数派に抵抗するための組織化も困難になる（ブライスの論点）。このように競合する傾向の全体的な効果は自明でなく、これはマディソンが大きな国家が多数決主義への構造的な制約をもたらすと確信しすぎていたことを意味している。ブライスの功績は、拡大国家の影響に関するパブリアスの主張を完全に覆したことではなく、パブリアスが考えていたよりも論点が複雑であると示したことである。

第四節　言論の自由

最後に、言論の自由に関するブライスの見解も、ここで言及する価値がある。それは専門的な法的意味[22]ではなく、自由な政治的議論の文化という広い意味のものである。一七九一年の第一修正の制定による言論の自由の保障は反連邦主義的な懸念に与える餌の代わりであり、構造的手段を通じて世論を規律する当初のマディソン的なデザインには含まれなかった。しかしブライスの言論の自由の説明は、より大きなテーマに合致している。多数派による抑圧から少数派を守るための措置は、人々の宿命論を悪化させ、それによって多数決主義的装置に対抗する少数派の能力を弱めるという、逆の効果を持つかもしれないということである。

ブライスは「無制約な議論の自由」が人々を宿命論的にする傾向があると明確に述べ、「同胞国民の大多数が間違っていると主張し、わざわざ伝えようとする危険を冒す人はめったにいない」(23)という。無制約な議論の自由は、少数派による反対意見の表明を増やすどころか、減らしてしまうのである。ブライスの診断によると、多数派の抑圧が存在しないことがまさに、ひとたびなされた多数派の決定への抵抗を絶望的なものにする。

抑圧的な政府のもとでは、不満と不正義の感覚が、迫害される少数派の抵抗の炎を煽り立てる。しかし、報道の自由、集会の自由、結社の自由、アジテーションの自由が法的に拡張され、世界中のどの国よりも広く日常的に実践されている国では、そうした感覚を呼び起こすものがない。群衆に非難されたり無視されたりする者の訴え出る上級審がないのである。ローマが語った。彼の言い分が聞かれ、不利な判断がなされた。(24)

ここでの議論は、国家の規模についての議論と構造的にパラレルである。後者の文脈でブライスが示したのは、パブリアスが依拠した変数が一つではなく二つの幅に影響を及ぼすことである。どちらも規模が大きくなると抑圧のための多数派を形成することが難しくなり、同時に、少数派が自発的に服従する可能性も高くなる。ここで大きなひねりがあるにせよ、同様の点があてはまる。議論の自由は、民主的な政治機構が決定に達する前に少数派が自分たちの意見を表明しやすくするが、しかしその自由そのものが、ひとたびなされた決定に対して抵抗したり、それを覆そうとする少数派のモチベーションを損なってしまうのである。多数派の見解は、最初の勝利に向かう過程では多くの批判や反対意見、抵抗に直面するかもしれない。しかし議論の自由がある体制と比べた場合、事後の抵抗や政治的蒸し返しがなされにくくなる。ここでもまた、少数派の反対意見表明に対する全体としての影響は不明である。しかしブライスの主張は、議論の自由の最大化が少数派によって表明される反対意見の最大化につながるという想定は単純すぎるということを意味している。

第五節　世論の支配の診断

世論の支配はどれぐらいうまくいくのだろうか。ブライスの基本的な診断は逆説的である。「アメリカの民主主義はとてもよいがゆえに、それ以上にはよくないといえるだろう」[25]。この見方によると、最善は善の敵であるというヴォルテールの皮肉と同様に[26]、善はさらなる善の敵である[27]。アメリカの民主主義はかなり高い程度に機能しているが、しかしまさにその長所が、さらに高い水準への到達を妨げるのである。民主主義についてのブライスは「民主制的楽観主義と貴族制的悲観主義の間で揺れている」[28]などと評されてきたが、彼は一貫した立場だったと私は言いたい。アメリカの民主主義の質を決定する構造的要因は、水準を適度に高く押し上げると同時に、それ以上の改善を押さえつける上限をも作り出す。

揺れているように見えるのは、その立場の両刃の特徴による錯覚である。

第六節　世論の失敗と成功

対になった章で、ブライスは世論の失敗と成功について論じている。関係する別の二章では、民主主義の欠陥に関する誤った主張を否定し、その真の欠陥を明らかにしている。ブライスの議論は多岐にわたっているが、ここではいくらか単純化しすぎる犠牲を払いつつも、この説明の主要な筋に焦点を当てたいと思う。ブライスによると要するに、世論による支配は、社会的目的の決定にあたってはウェストミンスター型の代議政治よりも優れているが、その手段の決定には劣っているという。(29)

統治活動において生じる問題はすべて、目的か手段のどちらかの問題である。だから統治者は、目的を定めたり、その目的を実現する手段を選ぶときに過ちを犯すことがある。人民にとってよいことは人民自身よりも自分たちのほうがよく知っていると主張する人々は長く抵抗してきたが、何が自分たちに幸福をもたらすかについては上の階級にいる人々よりも大衆自身のほうがよりよく判断できるのであり、その目標を決められるようにするべきであると認められるに至っている。実のところこれが自由な、あるいは人民による統治の本質であり、そして数によって権力を付与することの正当性根拠である。しかし、ある目的が与えられた場合、その実現手段を選ぶのに最もふさわしいのは誰だろうか。それには多くの場合、事実についての知識、それを解釈する技能、手段から生じる結果を予測する力が必要だが、それらは大衆には獲得不可能なものである。そのような知識は高度すぎるのだ。それは訓練された経済学者、法律家、政治家だけが獲得できるものである。それを大衆が試みようとすれば、複雑な事件を弁護士たちに任せずに処理することにこだわる訴訟当事者と同様の深刻な過ちを犯すことになるだろう。しかし、人民による統治においては、この目的と手段の区別が忘れられがちである……。このように、**群衆による直接統治**（すなわち、世論による統治）は、群衆が共通に持っている通常の人間本性の欠点や愚かさだけの理由ではなく、行政に必要な手段を精力的かつ迅速に選び実行する、政府の日々の仕事の遂行という微妙な仕事にとっての知的能力がないという理由によって、危ういものとなりうることがわかる。[30]

ここでのブライスの議論は、トクヴィルによる「民主制」政府と「貴族制」政府の比較に多くを負っている。トクヴィルの議論によれば、民主制政府は専門的には無能で非効率であることが多いが、偉大な徳性があり、それは「市民の多数派は『誤っているかもしれないが、自分たち自身で利害が衝突することはありえない』[31]」というものである。ブライスは貴族制政府と民主制政府を比較するのではなく、代議制と世論支配を（「人民による統治」属の二種として）比較しているが、ブライスによる代議制の描写は大体においてビクトリア期のウェストミンスター体制の描写であり、人民による統治の枠組みの中で貴族とエリートが多く参加していることが特徴とされる。[32]いずれの比較においても主張されているのは、大衆民主主義は統治エリートが公共の福祉を犠牲にして自己利益を追求することを妨げる傾向があるということだ。

しかしながらブライスは、トクヴィルに二つの独特なひねりを加えている。第一に、集計の力（いわゆる「集合知」）や集団討議の力（熟議民主主義）によって、多数の平凡な有権者は高度な能力を持ったエリートよりも優れた手段決定ができるかもしれないという主張に対し、否定的な議論を行っている。「多数の人々は最も賢い一人よりも賢い、という常識がある。**しかし、十分な議論にとって必要な時間が経過した後の最終的な判断にあてはまることは、迅速に下さなければならない決定に同様にあてはまるわけではない**」。政府は専門的能力と迅速さの両方が求められる種類の決定を行わなければならない。世論による支配はどちらか一方の要求には応えられるが、同時に両方は無理である。方法論的にいえば、**民主主義の機会費用**に関するこの点は、集合知の集計的モデルと熟議民主主義のモデルが議論され始めたばかりである。[33] すぐ後で述べるように、実質的には、政体の軍事や経済、政治環境が競争的であればあるほど政策調整の柔軟性と迅速性が求められ、この問題はより重大になる。

ブライスは第二に、さらに重要なことだが、大衆世論の専門的能力が限られているのは単なる所与ではなく、少なくともある程度は、世論の支配そのものによる内因的な産物であることを強調している。

指導者や官吏が大衆に勧めるような、自身の知恵を信じ、自身の力を行使する習慣は、『目的と手段の間の』区別を無視させやすくする。その区別がはっきりしている場合でさえそうである。そして、人々が決めるにはふさわしくなく、熟達した行政担当者や政治家に安全に任せることができることを、人民自身が直接に決定する問題にさせてしまいやすくする。[34]

専門的に見て不十分な決定が支配的な大衆によって政治化や専門家、エリート一般に押し付けられるのは、世論による支配に限ったことではない。それは支配そのものによって生じる大衆的な政治心理によるものである。ここでブライスは、後に述べるような、アメリカの民主主義に対する彼の逆説的な評価「よいからといって、さらによいわけではない」を裏付けるメカニズムを明らかにしている。

第七節　善はさらなる善の敵

アメリカの民主主義はほどほどに高い水準に達したにもかかわらず、なぜそれ以上の改善ができなくなったのか。なぜ長所のうちに短所を有しているのか。ブライスの考えはいくつかの異なる意味で解釈されうる。右肩上がりの進化モデルを参考にした解釈によるならば、(35)一八九〇年頃のアメリカの民主主義システムは、ある種の極大値に達していた。この描写では、ある進化の過程が当該システムを極大値に押し上げるとともに、他の極大値の探索に向けた下降を妨げた。たとえそれによって最終的にさらに高い最大値が得られるかもしれなかったとしてもである。このアプローチはブライスの政治体制の発展に関する疑似進化論的な説明と合致するだろうが、第一部で述べたように、その説明は見たところ未発達で受け入れがたい。したがって私は、進化メカニズムを仮定する必要のない別の解釈を示したいと思う。私の解釈では、背景条件と因果プロセスの何らかの組み合わせによってアメリカの政治的・憲法的秩序のパフォーマンスに上限と下限の両方がもたらされる。その組み合わせがない場合、システムのパフォーマンスは期待通りにならないかもしれないが、その有界の範囲において可能だったよりもさらに高い水準を達成できる可能性もある（そのようなシステムは「よいからといって、さらによいわけではない」）。下限はブライスの「民主制的楽観主義」、上限は「貴族制的悲観主義」を表しており、いずれも一貫した見解の不可欠な部分である。

誤解のないように言うと、こうした限界が存在することは他のいかなる選択肢よりも望ましいだろう。この限界は実際のところ、政治的帰結のばらつきを減らし、また、帰結がよくなるチャンスを減らしてさえも帰結が悪くなるリスクを減らすかもしれない。ブライスの議論にはそうした主張を退けるものは何もない。彼の主張は単純で、この点についてアメリカの民主主義に期待しすぎてもいけないし、期待しすぎないのもいけないということである。アメリカの民主主義は、世論の支配の発展によって、ある種の平凡さを見せるように構造的に制約されているからである。

なお残る問題は、上限と下限が何に由来するかということだ。ブライスは決して、自身の示した逆説を単独の簡潔な議論には押し込めなかった。その代わりに、状況によっていくらか異なる原因を示している。私はその原因を、外因性地政学要因、外因性国内要因、世論による支配の内因性効果という三つのカテゴリーに分類したい。三番目が最も複雑で重要なのであるが、最初の二つについて簡単に説明しておこう。

外因性地政学要因：　トクヴィルと同様に(36)ブライスは、深刻な軍事的・経済的競争相手のいない広大な大陸に位置するアメリカの地政学的に良好な状況について述べている。この状況はアメリカの民主主義に与えたのは、旧世界の競争の激しい環境では致命的になりかねない誤りを犯す贅沢であった。「アメリカはこれまで、その資源を浪費する余裕があった。そして……他のどの国もアメリカを脅かすことがない。その富と位置のおかげで、西欧諸国では致命的になるかもしれない誤りを、罰を受けることなく犯すことができるのである」[37]。この状態は「x非効率（x-inefficiency）」[38]という経済学の概念と類似している。アメリカの民主主義が潜在能力のすべてを出し切っていないのは、競争相手がいないので駆り立てられていないからである。「だからアメリカ人は自国政府の欠陥を、単に我慢してではなく希望をもって甘受するのである。この船は、ヨーロッパの大国の運命を運ぶ船のようには設計されておらず、設備も整えられておらず、帆がしっかり張られてもいないだろう。航海が得意でないのは確かである。しかし少なくとも今のところ、いつもそうであるとは限らないが、夏の穏やかな海を進んでいるのである」[39]。

最後の文で不吉なことがほのめかされているが、ここでブライスが認識していた問題は、過度に寛大な環境は、将来に緊急に必要となるかもしれない改善を行うインセンティヴを奪うかもしれないということである。x非効率な企業は、完全に効率的な経営を行うために必要な投資を行う理由はないが、競争相手が参入してきたときにそれを行うのは遅すぎるかもしれない。

外因性国内要因：ブライスはアメリカの地政学的状況に加え、集合としてのアメリカ人には国民性の本質的特徴が備わっていると信じていた。アメリカ人の民主主義はそれによって、その多くの制度的欠陥にもかかわらず、目一杯ではないにせよ十分によく機能しているのである。

道具の欠陥は職人の誇りだ。完全に自動で動く機械であれば、それを動かす知恵は必要なくなる。

混乱に陥りやすいほど、その世話をする者の技能と配慮が重要になるはずだ。……アメリカ人は政治に対する実践的な適性、ヴィジョンの明確さ、そして自制心の能力において、他のどの国にも引けを取らない。……こういう人々はどんな憲法の下でもうまくやれる。アメリカ人にとって危険なのは、自身の技能や偉人に頼ることによって、政治機構の欠陥に無頓着になり、平時にこそ行うべき改善策の考案を遅らせてしまうかもしれないことである。(40)

この説明では、アメリカ人は欠陥のある制度を機能させ続ける政治的アドリブの才能を持っている。しかし、この才能は制度自体を改善するインセンティヴを時間とともに低下させ、その所有者に現実の害悪を及ぼしうる。**自己破壊的な政治的能力**についてのこの主張は、アメリカの政治環境の寛大な性質についてのブライスの主張と響き合う。政治的アドリブの才能が過剰であることによって生じる害悪が現実化するのは、次のような場合だろう。(1)寛大な環境でのアドリブが成功し、欠陥のある制度を改善するインセンティヴが失われる場合、(2)競争的な環境で生き残るか繁栄するためには制度の改善が必要であり、そして(3)環境が競争的になったときにすぐ、コストをかけることなく改善を導入できないという場合である。その理由は(3A)単にそうする時間がないからであるか、あるいは(3B)制度を改善する実験には長期的な利益があるものの短期的にはコストがかかるため、競争的状況ではリスクが高すぎるからである。ここでもアメリカの民主主義は、もしそれがそれほどよくなかったとすれば、さらによくなるだろう。というのも「平時」のアドリブの能力に乏しい人々であれば、軍事や政治、経済の状況が悪くなる前に欠陥のある制度を作り直さざるをえないからである。

世論による支配の内因的効果： 最後に、世論による支配そのものが、ブライスが指摘した現象を引き起こす一因となっている。世論による支配はアメリカ民主主義の質を向上させる。しかし、このよい効果そのものが、アメリカの民主主義がさらによくなりえないようにするお手伝いになっている。ブライスによる推測の全文は以下の通り。

民主的なシステムは人々に自信を持たせる。その自信は、移譲される権力への嫉妬、スキルや知識の過小評価、そしてどんな政治活動も市民であれば誰でもできるといった信念へと容易に移行するかもしれない。これはおそらく、高い水準の政治的能力を実際に得ている人々のほうがそうなりやすいだろう。したがって**アメリカの民主主義はまさにそれぐらいよいものであるがゆえにそれ以上にはよくない**、といえるかもしれない。教育水準が低く、さほど利口でもなく、公共の事柄に積極的な関心がなく、精神的な自立もしていなければ、ヨーロッパの大衆のように、これまで統治の仕事を担ってきた階級の人々を尊敬する傾向が強くなるかもしれない。(41)

この文章を単独で読めば、市民の「高い水準の政治的能力」が単に外因的要素であると述べているように解釈されるかもしれない。しかしブライスは別の箇所で、世論による支配そのものに、その政治的能力を高める傾向があることを明らかにしている。(42) さらに、この文章の文脈で述べられている「民主主義体制」は、代議制民主主義ではなく、世論の支配によるアメリカの民主主義体制を意味しているにすぎない。

そう読むとき、この高度に圧縮された文章には、多様な方向を指し示す因果関係の矢印とともにある複雑な仮説のセットが含まれている。（1）世論による支配は、政治的能力を高める傾向がある。（2）世論による支配もまた、人々の自信を高める傾向がある。（3）高い水準の政治的能力がある場合、人々の自信は、政治の専門家に対する過剰な、または不合理な不信のような、ポピュリズムの様々な病理へと「移行」しがちである。世論による支配の全体的な効果としては、民衆を十分に高い水準にする**直接的**効果（主張1）と、一方でさらに高い水準への到達を妨げるという、また別の**間接的**効果（主張2と3）の両方をもたらすということがある。この二つの効果は相互に独立しているわけではない。むしろ間接的な効果は、直接的な効果が作用するとき、そしてそれゆえに作用する可能性が高くなる（主張3の前半部）。市民の側についていえば、自分たちの高い政治的能力についての知識は過度の自信へと変質しがちである。アメリカの民主主義の質を高めるメカニズムそのものが、それ以上の進歩を妨げているのである。この複雑な仮説の核心にあるのは**政治的な過信バイアス**[43]についての心理学的な考察であり、原理的には検証可能であるが、私の知る限り、そうした研究はなされていない。つまり、世論による支配についてのブライスの規範的評価を裏付ける仮説の妥当性は、依然として未解決の問題である。

第八節　予防策と予期せぬ帰結

アメリカ憲法秩序に対するブライスの深い考察は、一つではなく、二つの教訓を含んでいる。一つ目は、ポピュリズムと大衆世論の支配に対する起草者たちの大規模な予防策は自己破壊的なものだったということである。二つ目は、予期せぬ帰結に対する予防策は、それ自体が他の予期せぬ帰結をもたらしうるということである。

第一の教訓は、厳密に言えば、第二章で描いたような逆転の批判である。ブライスの見解によると、起草者たちの予防策は、まさに規制しようとした利害の側において逆効果になったのである。つまり、世論の力を弱めるどころか、それを悪化させた。第二の教訓は少し異なっている。長期的に見た場合、複雑な因果関係のメカニズムの作用によって、起草者たちの自己破壊的な予防策は結果的に、許容できる程度によく機能するように制約された憲法秩序を生み出すことになったが、それはあくまで許容できる程度によいだけであり、特に優れているわけでもひどいわけでもない。事態はさらに悪化していたかもしれないし、その結果にしたところで起草者がまったく予測できなかった政治的な道筋を経てもたらされた、という二重の意味で、これは偶然の成り行きであった。ブライスの説明は、憲法ルールの作成者を苦しめる予測の限界について、辛辣だが同情的な論評を行っている。起草者たちが四苦八苦した冒険は、どうにか未知の海岸にたどり着き、自分たちが住まうことのできるまともな場所を見つけたが、それは全くの偶然だったのである。

この説明の要点は、予期せぬ帰結が予防策そのものから生じうるということである。予防的立憲主義の主張の中心は、予測の限界と、政治に関わる因果関係の理論的な不確実性に直面するとき、憲法ルールは起こりうる悪い結果に対して安全な幅をもってデザインされるべきだということである。ブライスの説明が示しているのは、この結論が前提から必ずしも導かれないということではなく、むしろこの結論が不確定であるということだ。予防的な前提では、予防策そのものから生じる予期せぬ帰結について、予防策そのものに対する予防策を要求し、安全な幅を作るべきである。成熟した立場からの議論が示すように、この概念的なもつれから逃れるためには、憲法上のルール作成者はあらゆる事情を考慮し、合理的に利用可能なあらゆる情報のもと、最適なリスク評価に取り組まなければならない。予期せぬ事態を防ぐために憲法のルールをゆがめることが、まさに予期せぬ事態をもたらすだろう。

第四章　不偏性のリスク：自身の事件の判断

本章とその後の二章では、全体的な憲法秩序というマクロレベルから、憲法上の特定のルールや原則というミクロレベルへと話を移す。同じテーマが両方のレベルで働いている。というのも、予防的立憲主義は大小いずれの規模においても特定の政治的リスクに焦点を当て過ぎ、競合リスクや巻き込み損害、意図せざる帰結を無視するからである。立憲主義への成熟したアプローチが大小いずれの規模においても目指すのは、顕著な政治的リスクに対する予防策の最大化ではなく、その最適化である。

本章で考察するのは不偏性の政治的な取り扱い方、そしてそれに反する様々な例である。特に自己取引とバイアスのかかった意思決定を扱う。憲法理論では、不偏性の主張は広範な合意を得ている。公職者による自己取引やバイアスに賛成する人が果たしているだろうか。しかし規範的な問題として、不偏性は最大化するのではなく最適化すべきものであると私は述べたい。そして実証的な問題として、アメリカ憲法は他のよいもののために不偏性という理念を放棄する場合が驚くほど多いことも述べよう。

不偏性を検討するにあたっては、法格言「何人も自己の事件の裁定者たりえない（nemo iudex in sua caus）」[1]というレンズから見ていくことにしよう。この自己裁定禁止原則は、自然的正義と立憲民主主義の基本原則を捉えたものとして広く考えられている。アメリカ連邦最高裁はこれを「我々の統治システムの頼みの綱」(2)と呼び、多様な文脈で定期的に引き合いに出している(3)。自然法の原則として自己裁定禁止原則を用いた最も有名なものに Calder v. Bull 事件(4)、そしてこの原則によって司法審査を暗示的に正当化したものとして Marbury v. Madison 事件(5)がある。

この自己裁定禁止原則は半面の真理しか含まない、ミスリーディングなものであると主張したい。公法におけるルール作成者はしばしばこの原則を念頭に置いて制度デザインを行うし、そうすべき場合もある。しかし、そうしない場合も、またそうすべきでない場合もある。公法は多くの枠組みにおいて行政官や機関を、自身の特権、権限、法的権威についての裁定者としている。意思決定機関は、自分自身のメンバーを決定し、自分で自分の報酬を決め、自分で自分の法管轄の範囲を画定し、そして自身が作成したルールの違反を判断し、処罰することができる。いくつかの例を示そう。

- 多くの州では、議会は議員を選出する地域の境界を決定する。より一般的にいうと、自身が選挙される仕組みを構築する(6)。
- 多くの州では、議会は自身のメンバーの資格を決定し、また除名するための広範な権限を持っている(7)。
- 多くの州では、議会は自身の給与と報酬額を決めている(8)。
- 大統領にはおそらく、自身を免責する権限があり、また明らかに、友人、家族、助言者を免責する権限がある(9)。

●副大統領はおそらく、自分自身の弾劾裁判を指揮する権限を持っている。(10)
●行政機関がルール作成、訴追、裁定の機能をあわせ持っていることは、行政国家のどこにでもある特徴である。(11)
●アメリカでは、連邦裁判官や多くの州裁判官が、裁判官の給与を定める法律の合憲性を判断している。(12)
●多くの州では、裁判官の権限、特権、そして法管轄の限界について、裁判官が最終決定権を持つ。(13)
●連邦裁判官は、自身を訴追免除するかどうか、(14)偏見を理由とする自身への忌避申し立てを認めるかどうか、また自身の命令に従わない訴訟当事者を裁判所侮辱とするかどうかを判断することができる。連邦最高裁判所のレベルでは、各裁判官は自身の忌避の申立について判断することができ、その判断は他からの審査を受けない。(15)

このリストにはいくつかの次元で異質なものがあり、後で詳しく見ていくことにする。だがまさにこの異質さこそ、自己裁定禁止原則が多くの仕組みにおいて、また多くの異なる根拠によって制限されるものであることを示している。

私は二つの主張をしたいと思う。一つは否定的あるいは破壊的、もう一つは肯定的あるいは建設的なものである。否定的な主張は、自己裁定禁止原則は、公法は例外を認めることがあるという推定としてさえも理解できないということである。それはむしろ、不偏性が制度デザインにおいて重要な価値となることがある、というだけの陳腐な知恵にすぎない。しかし、不偏性の価値はつねに、他の価値とトレードオフしたり、競合するものである。統治システムの頼みの綱であるどころか、せいぜい言えることは、自己裁定禁止原則が当てはまることもあればそうでないこともある、というぐらいである。

もっと建設的に、ルール作成者が自己裁定禁止原則から逸脱したり、それを乗り越えたり、制限したりするための主たる根拠と条件を明らかにしよう。これから見ていくように当事者として偏りのない公的機関や制度が存在しない場合もあり、そうすると意思決定権がどこにあろうとも誰かが自身の事件の裁定者とならなければならない。自己裁定禁止原則を尊重することが可能であったとしても、そのコストが利益を上回る場合もある。そうなるのは一般的に、不偏性が他の競合する考慮要素とトレードオフされるとき、およびそれが理由となるときである。その考慮要素はたとえば、専門知の利益、機関の自律性や独立性の価値、あるいは公職者や機関の動機や活動レベルである。

重要なのは、制度案や、曖昧な憲法上のルールや実践の解釈案について、自己裁定禁止原則に違反するとか「キツネを鶏小屋に入れる」ことになると指摘するだけでは憲法上の十分な主張とはならないということだ。そこからさらに、競合が避けられるものかどうか、もし避けられるとしてもそうすることが全体としてよいことか悪いことか、といったことが問われなければならない。多くの場合において結局のところ、自己裁定禁止原則の侵害は避けられないものであるか、積極的に望ましいものである。

最大の目的は、憲法と制度をデザインする者がどのように政治的リスクを規律するのか、そしてどのように規律すべきかについての私の全体的な主張を説明することである。公法上のルール作成者が考慮しなければならない様々なリスクには、意思決定を行う公職者や行政機関の自己取引や自己奉仕バイアスのリスクがある。しかし、考慮すべき多くの競合リスクが存在する以上、ルール作成者はそうしたリスクをたがいにトレードオフしなければならない。公職者や行政機関による自己取引に対する予防策の最大化を選ぶのではなく、予防策の最適化を選ばなければならないだろう。多くの場合、自己裁定禁止原則は天秤の両側に生じるため、ある意思決定者による自己取引を防ぐことは、別の意思決定者による自己取引のリスクを高めることになる。その場合、この原則は自分自身と衝突しているのだから、それに訴えかけたところで必ずさらなる問いが必要になる。成熟した分析では、関連する制度上の問題のあらゆる面で生じうる党派性やバイアスのリスクを考慮するとともに、不偏性の促進に焦点を当てることによって生じたり悪化したりするかもしれない他の政治的リスクもまた考慮することになる。

第一節　自己裁定禁止とその近縁

私は本章全体を通じて「自己裁定禁止原則」について述べるが、これは実のところ説明を簡単にするための単純化である。実際には、複数の下位原則が作用しており、多くのラテン語の引用句がある。その引用句に含まれるのは、nemo debet esse iudex in propria causa（「いかなる者も自ら関与する事件の裁定者たりえない」）や nemo potest esse simul actor et iudex（「いかなる者も同時に当事者と裁定者になることはできない」）である。最後のものは、同じ事件で同時に裁定と訴訟を行うことを禁じる原則である。

核心と周縁：　もし、こうした格言に不可侵の核心があるとすれば（ないと私は後で述べるのだが）、それはいかなる者も自分自身の事件で裁決すること、つまり自身が当事者になっている訴訟の裁定者となることは文字通り許されるべきでないというものである。しかし、この状況から自己裁定禁止原則を拡張するやり方は様々にある。一つには、この原則でよく言われるのは、たとえ裁定者が文字通りの訴訟当事者でないとしても、経済的な利害関係を多かれ少なかれ有している事件を担当する場合に当てはめられるということである。もう少し広げると、裁定者の親族や友人が経済的な利害関係を有している場合も含まれる。裁定者の利害関係をさらに広げると、その事件が、裁定者自身には部分的な取り分しかないとしても司法府全体の権限や特権を拡大する可能性があるとか、取り分はさらに小さくなるが政府全体にとってそうである場合がある。最後に最も積極的な拡張は、単に訴訟における利害関係だけでなく、その見かけ、たとえば裁定者の不偏性が「合理的に疑われうる」[16]というだけでこの原則を発動させるのに十分であるという主張である。

この原則は類似するものも含め裁判について語っているが、長きにわたって、この原則を引き合いに出す者が暗黙のうちに裁判に喩えているような他の種類の意思決定をも包含するように拡張されてきた。マディソンは『ザ・フェデラリスト』第一〇篇においてこの原則を引き合いに出しながら、立法府の多数派が立法府全体の利益になるような法律に賛成することを描写しているが[17]、その用法は少なくとも二重に、もしかすると三重に比喩的である。ここでの問題は司法府の票決よりも立法府のそれに関わるというだけでなく、直接的でない間接的な利害関係にも関わっている。マディソンが政府部門の利害関係を集合的なものと捉えていたか、それとも部門を構成する個々人に分配されるものと捉えていたかによって変わってくるが、ある議員が「判断」する理由は個人的なものではなく集合的なものであるかもしれない。[18]

確立した法（settled law）を公職者が事実にあてはめるとき、それは意思決定者の機関の性格が参照されることを除いては裁決との区別が難しい種類の決定であるが、そこで連邦最高裁は自己裁定禁止原則を利用する。Gutierrez de Martinez v. Lamagno 事件[19]で争点となったのは、連邦職員による不法行為の訴えが連邦による雇用の範囲内の行動であったという司法長官の確認書を裁判所が審査できるかどうかであった。その事件の状況では、確認書は職員を訴訟から免除する効果があっただろうし、裁判所は、司法長官が自分自身の事件で裁定者として行動したという理由によって自己裁定禁止原則に関わるものと捉えた。これは司法的判断ではなく行政的判断へと格言を拡張しているだけでなく、司法長官の決定が自分自身の事件の裁定であるという裁判所の説明はきわめて不自然なものであった。反対意見が指摘するように、司法長官はせいぜい他の連邦職員の利益を支持するだけだろう。[20]

再定式化？　憲法システムが自己裁定禁止原則を侵害している多くの例に対する対応の一つの筋は、裁判所や評釈者たちによって広く理解されているように、この原則を単に再定式化することである。再定式化は二つの範囲、つまり原則の重みか射程のいずれか（または両方）についてなされるだろう。重みに対する戦略は、この原則の力をただ弱めて広く適用しようとする。射程に対する戦略は、この原則の狭い領域での強い力を保とうとする。

この原則の重みを減らすことによる再定式化は、私の説明と完全に整合的である。後に私は、不偏性はある特定の条件のもとでの善であること、不偏性は制度デザインを行う者が考慮に入れなければならない多くの善の一つにすぎないこと、そして多くの場合にルール作成者はそういった善をたがいにトレードオフしなければならないということが、この原則によって明らかになることを示したいと思う。だから私はこのアプローチに基本的に異論はない。しかし誤解のないように言うと、これはまったく新しい再定式化になるだろう。伝統的な理解では、自己裁定禁止は法システムの根幹をなす「融通の効かない」[21]原則である。しかるべき状況では偏りのない意思決定がときによいこともある、と思い出させるだけのものではない。

もう一つの戦略は、新しく、より狭い射程においてその力を保持するために原則の射程を制限する。この再定式化で自己裁定禁止原則が適用されるのは、裁定者が訴訟当事者である場合だけだろうし、もしかしたら裁定者がその結果について直接の金銭的利害関係を有する場合も含まれるだろう。党派的な、あるいはバイアスのある意思決定のリスクをもたらすような他の制度構造には（単なる）「利益相反」というレッテルが貼られ、制度間のトレードオフの対象とみなされる。

しかしいくつかの理由により、このアプローチはうまくいかない。この原則の歴史的起源は、このアプローチとまったく整合的でない。ボナム医師事件［一六一〇年］を考えてみよう。これは自己裁定禁止の神聖不可侵な地位を示すために頻繁に引用されるものであり、裁判所による違憲審査のようなものの基礎になるとされることもある。[22] 本件の事実は制度上の利益相反に関するものであり、公認の医師会が、無免許開業医に罰金を課したり投獄したりする法的権限を主張した。クック（Edward Coke）は自己裁定禁止原則を援用し、そうした措置に反対した。それは医師会のメンバーを同時に「裁判官、公職者、そして当事者」[23]にすることだからだという。しかし、同様の制度上の利益相反は、現代の行政国家における公的機関、あるいは準・公的機関のよくある特徴であることを後に見ていく。もし、再定式化された原則がこの種類の取り決めを否定するのであれば、それは広すぎる。否定しないのであれば、コモンローにおける自己裁定禁止の主導的な先例であるボナム医師事件さえも含めないことになる。

しかも、現行憲法はこの再定式化にまったく適合しえない。連邦最高裁は一方で、Gutierrez de Martinez 事件のように薄い、狭い再定式化の射程の外にある状況で自己裁定禁止を援用する。[24] 憲法は他方で、その核心にはっきりあるべき状況においてさえも自己裁定禁止を侵害することを許している。連邦裁判官が裁判官の給与に関わる事件を裁定する場合、つまり、その事件自体を裁定することになる裁判官を含む裁判官集団全体の給与を決定するように裁判官が原告となって提起した事件では利益相反の弱まりはなく、むしろ直接の侵害である。原告である裁判官が、裁定する裁判官を含む集団を代表する場合、後者はその名において（eo nomine）原告なのであり、自己裁定禁止原則の侵害はまったく文字通りのものである。少なくとも何らかの侵害自体が核心にある場合には、この原則のための核心的な領域を保持しつつ制度的な侵害を分けることを試みても、自己裁定禁止の射程を限定して救い出すことはできない。再定式化の規範的な正当化がどのようなものであれ（後の節で、そうした規範的主張は複雑で偶然的なものであると論じる）、現行法との適合性テストには失敗するのである。

自己裁定禁止の原則は要するに、多様な意思決定者と多様な種類の決定が関わる多様な設定において広範に、行き当たりばったりに援用されるのである。しかし私が言いたいのは、これらの設定のいずれにおいても、自己裁定禁止の核心にあると想定される自己裁定の状況の内にあるか外にあるかを問わず、この原則が一貫した形では尊重されていないということだ。ここで自己裁定禁止を、我々の道徳と法に疑いなく行き渡っている多くの確立された原則の何か、たとえば他人を故意に殺すことは法的にも道徳的にも悪いという原則と比較してみることが有益だろう。[25] この原則は、自身や他者の正当防衛のような例外のもとに想定されているものである。しかしこうした例外は、この原則が間違いなく適用される大きな領域と比べれば十分に例外的とみなしうる。反対に、私が先にあげたリストが示しているのは、憲法システムの中心にある構造的な特徴は、その最も広い定式化においてだけでなく、より狭く想定される核心においてさえ自己裁定禁止と両立しないということだ。そして後で述べるように、まさに自己裁定禁止に基づいているように思われる憲法上のルールや構造はほとんどの場合、後知恵であり、些細な調整か、たいしたことのない制約なのである。

要するに、憲法および法律上の秩序において、自己裁定禁止の現実の射程と重みを特徴づけるには二つのやり方がある。自己裁定禁止はほとんどがドアでできている家のように、ルールよりも例外の多いみせかけの原則といえるかもしれない。そうでなければ、自己裁定禁止は真正な原則だとしても、それが適用される領域では弱く、不明確な例外の大きな組み合わせだらけのものといえるかもしれない。それは嘘を禁じる道徳原則と同じようなもので、頻繁に覆され、現実にも破られる、不明確な例外の大きな組み合わせでいっぱいである。この二つの特徴づけのうちどちらが適切であるかは、何を「原則」とみなすかにある程度は左右されるだろうし、そうした法理学的問題は法哲学者に任せておきたいと思う。憲法理論の目的にとっては、この二つの特徴づけのいずれかを選ぶ必要はない。なぜならいずれも、自己裁定禁止がアメリカ憲法秩序の主流だとか公理であるという伝統的な法的主張とは両立しないからである。みせかけの原則として述べられていようとも、弱くて穴だらけの原則として述べられていようとも、いずれにせよ自己裁定禁止は一般に受け入れられている知恵が示すものにまったく及ばない。

後に詳しく説明するような多数のトレードオフに照らすならば、自己裁定禁止は単に多くの競合する考慮事項の一つとして理解するのが最もよい。自己裁定禁止は不偏的な意思決定の価値を示しているが、不偏性の他にも多くの制度上の善がある。そして意思決定者は多くの状況で、そのような他の善が当該状況ではより重要であるとか、実現可能な制度デザインでは不偏性を生み出しえないなどと判断する。私はそのように議論を進めよう。

第二節　不偏的な意思決定者のコスト

当事者どうしが対立している場合、不偏的な第三者である仲裁人の任命はコストがかかる仕事になりうる。すべての当事者がほとんど自由にアクセスできる司法システムを国家が維持する場合のように、国家がその任命を援助するのであれば、そのコストは金銭的援助であり、すべての納税者に振り分けられる。しかし、状況によっては、コストを自己負担することが不偏的な判断を得るのに決定的かもしれない。この点はほとんどトリヴィアルなほど明らかであるが、自己裁定禁止にはコストの制約があるということが示されている。

たとえば地域のテニス大会では、審判は最後の数ラウンドだけいるのが一般的なやり方である。それ以前のラウンドでは、選手たちが自身でそれぞれの側に落ちたボールがインかアウトかを判断し、実際のところ、自分自身の事件の裁定者となる。このようにしているのは主に、地方大会で全部の試合の最初のほうのラウンドまで広く審判の定員を配置するのは金がかかりすぎるからである。

理論的にいえば、この構造は別の考えも示している。すなわち、自己裁定禁止の侵害を差引勘定することは、不偏性と似たものになるかもしれないということだ。[26] この例では、各選手が自身の側に落ちたショットを判定するため、各選手は自分自身の事件を判断するのであり、したがって両選手は試合の間ずっと、ある種の反復プレイの関係にある。そのようにして両選手は、公正な判断を行うためのしっぺ返しのインセンティヴを持つのである。しかし、この仕組みはきわめて脆弱である。たとえ選手たちが協力しようとしていたとしても利己的なバイアスは染み付いており、試合の終盤での決定的な判定はもはや、将来の協力があるような終わりなき地平のもとではなされない。その結果、試合が進むにつれ、裏切りや、露骨に自身に有利な判定が増えることになる。

憲法システムは国家からの補助を受けた意思決定者、つまり裁判官を利用することができるため、コストの制約が緩和される。しかしそれでも、この制約がある程度、痛手になる場合もある。法律の定めるところ、連邦裁判官は自身の不偏性に「合理的な疑いが生じうる」[27] 事件は回避しなければならない。しかし、最初の裁判官が忌避の申し立てを判断し、自分自身のバイアスを判定した場合には、それは尊重されるべき判断となる。[28] この慣行を正当化する主な理由の一つは、この種の予備段階の申し立てを判断するために二人目の裁判官を呼び出すことが単なる「非効率」[29] であるというものだ。しかし、後に第三節で見るように、他の理由もある。より一般的に、公職者が自らの行為の法的妥当性について不偏的な司法意見をすぐに得ることができない理由の一つは、資源の制約のせいで裁判所の利用に待ち行列ができることである。憲法訴訟の常態となっている遅延は、単にそれを解消するのに必要な規模の裁判官集団を作ることができないことによって生じうる。

第三節　トレードオフ

ここで、意思決定者の不偏性という利益が他の善や価値によってトレードオフされる、あるいは覆されるかもしれない、さらに重要な一群の場合に目を向けよう。こうしたトレードオフは、科学的分析がほとんどできない。その場合、ルール作成者は重大な不確実性という条件のもと、不明確な重み付けによって印象でバランスを取ろうとする。しかし、ルール作成者は決して、概念的あるいは経験的な困難に直面したからといってお手上げだと放り出すわけにはいかない。何らかのルールやその他のものが選ばれなければならない以上、これから見ていくように、ルール作成者はときに、自己裁定禁止のほうが道を譲るべきだと結論付ける実質的な理由を持つだろう。

第二章で説明したカテゴリーに関して、私がこれから検討するトレードオフは危険な論法になる。つまり、ルール作成者は他の側に関する競合リスクに対処するのに必要なとき、自己裁定禁止を妥協させるのである。競合リスクが同じ側にある、つまり自己裁定禁止の予防策それ自体が自己取引や自己利益へのバイアスを生み出したり悪化させたりするリスクがある場合は、問題が複雑になる一例である。そうした場合については、この章の後半で取り上げる。

第四節　不偏性と専門知

制度デザインの理論では、不偏性の価値と専門知の価値の対立が標準的なトレードオフに含まれている。状況によっては、意思決定者のバイアスの緩和は、それが保持している情報や、新しい情報を獲得するために投資するインセンティヴを減らすことによってのみ可能である。審理陪審（小陪審）の選任ルールは、バイアスを最小限にするため、陪審員が地域から選ばれる中世のイギリスのルールとは対照的に、事件について前もって知識を持っている陪審員を除外する。法廷外での意見表明を禁止し、裁判官が法廷外で関連する情報を集める資格を制限する当事者対抗主義の訴訟ルールによって不偏性が生み出される、という主張がなされてきた。(30) 逆にいえば、情報に最も通じた意思決定者はバイアスのリスク増大をもたらすのである。行政国家では、規制対象の集団と密接な関係を持つアクターが政府機関に配置されていることも多い。そうしたアクターは、規制対象の領域がきわめて複雑な場合に議論すべき課題を持っている可能性が高いが、その種のアクターは通常、不可欠な専門知識を持っているだろう。(31)

司法のバイアスと忌避：　自己裁定禁止の原則が修正されたり退けられたりしている場合、現実になされる、あるいは規定されている正当化理由には、この原則を実施することで専門知を取り去ったり、最も事情に通じた意思決定者を排除したりするような受け入れがたいリスクが生じる、というものがある。司法の場で裁判官は忌避の申し立てについて判断を行うが、実際には、二人目の裁判官を呼ぶのではなく、自分自身のバイアスを判断している。下級審の裁判官が自身のバイアスについて行った判断を上級裁判所が審査することを関連法規は認めているが、その審理は元の判断を尊重するものである（そして連邦最高裁判所の裁判官自身による忌避の可否の決定はまったく審査されない）。

この一連のルールの標準的な正当化理由の一つは、二人目の裁判官は、当該事件の背景事情に関する最初の裁判官についての情報を持っていないということである。裁判所は、司法のバイアスおよび忌避について規律するルールには暗黙の例外が含まれていると判示してきた。すなわち、価値を損なうような意味でのバイアスは、裁判官の先入観が「裁判外の情報源」によって形成されるときだけであるということだ。予備的手続きの段階の間に、または関連するそれ以前の手続きの間に形作られた先入観は一般に、法が有害と判断する種類の「バイアス」とはみなされない。例外を正当化する理由には、裁判長が保有する情報の価値に基づくものがあり、もし当該事件の以前の決定が忌避事由となりうるのであれば、その情報が失われるだろうという。Liteky v. United States 判決[32]で述べられたように：

審理の長を務める裁判官は、証拠が揃ったならば、被告人にとってきわめて不利な心証を持つかもしれない。……しかし、その裁判官がバイアスや偏見を理由として忌避されないのは、その知識と、それに基づく意見が、訴訟手続きの過程で適切かつ必然的に得られたものだからであり、**実際のところ裁判官の仕事を完遂するために、ときに（非陪審審理のように）不可欠だから**である。ジェローム・フランク（Jerome Frank）判事が含蓄深く述べるには、「不偏性とは騙されやすさではない。無関心であることは子供のような無邪気さを意味しない」[33]。

これとは対照的に、審理陪審員を選出するためのルールは、不偏性を厳格に最大化するものであり、したがって事実上、子供のような無邪気さを要求している。

選挙区割： 不偏性と情報の間の同様のトレードオフは、立法の場においても見られる。ほとんどの法管轄では、議員たち自身が選出される選挙区割が議会によって決定される。これは制度上の利害対立であり、現職に有利になるゲリマンダー、党派的なゲリマンダー、または二大政党が共謀したゲリマンダーを生じさせうる。このため、専門家委員会や裁判所による独立した、非党派的な選挙区割が必要であると批判されることが多い[34]。

しかし、現状の体制を擁護する主な理由には、議会による選挙区割が望ましいというものがある。なぜなら、議員たちは当該選挙区とそこに特有の問題について決定的な情報を持っているからである。その情報は、もしかしたらほとんど暗黙のうちに、あるいは経験の形で保持されるので、議会に代わって選挙区割をやり直す人々には伝達されにくい[35]。この見解によれば、基本的なトレードオフになるのは、一方で「当該選挙区に関する現職議員の知識は、既存の区分けの意味について比類のないほどの専門知をもたらすのであり、内部者は地域社会の課題について敏感である可能性が高い」ということである。他方は「超党派の、または党派的なゲリマンダーは意図的に地域社会に混乱や分断をもたらすことがあり、安全な議席を作る過程で政策目標が無視されることが多い[36]」ということである。しかし、このトレードオフを精算した、ある政治的環境における選挙区割制度の最適なデザインがどういうものであれ、キツネに鶏小屋の番をさせるようなものだという理由によって議会による選挙区割を非難するのは致命的に単純である。[37]

行政における役割の組み合わせ：　公法において見られる、自己裁定禁止原則についてのおそらく最大の妥協は行政諸機関の役割の組み合わせであり、それは巨大な行政国家にありふれた特徴である。行政の制度や手続きの多様性には混乱もあるものの、多くの行政機関は何らかの形で、ルール作成、調査と告発、そして裁定の権限を組み合わせて持っている。言い換えれば、そのような機関は、自身で制定したルールのもと、自身で調査し、自身で告発することを決めた事件について、自身で決定してよいのである。伝統的な観点から見ると、このような役割の組み合わせは行政機関を両当事者と裁判官の両方にすることであり、これは自己裁定禁止原則の核心に反する。行政国家を批判するリバタリアンや原意主義者はそのようにして、行政機関が自身の事件で裁定者として行動することをつねに問題にしている。[38]

しかし、第二章で論じたように、議会も連邦最高裁もこうした主張を退けている。行政手続法は下位の行政機関について、一方で調査と告発の役割を遂行する部署と、他方で裁定の役割を遂行する部署とを分離することを求めている。[39]　しかし行政手続法は、行政機関またはそのメンバー、つまり上位機関の長や委員たちについては、その分離要件から免除している。[40]　このようにして多くの機関の長は、自分たちで下位の者に調査と告発を指示した、機関自身も一当事者である事件について審理し、決定しているのである。告発と裁定の役割の組み合わせは行政機関の不偏性を危うくすると批判するような、デュー・プロセス（適正手続）上の異議申し立てに対し、連邦最高裁はこうした仕組みを一貫して支持してきた。[41]　その決定の主たる根拠は、複雑な社会において専門的な行政の意思決定を確実にするためには、役割の組み合わせが必要であるということであった。

既に見たように、Withrow v. Larkin 判決は、「調査と裁定の役割の組み合わせが、行政による裁定に憲法違反のリスクやバイアスを必ずもたらすという主張」[43]を退けている。行政役割の組み合わせを禁止するようなルールは、「きわめて複雑になる一方の統治の構造にとってよく機能するようにデザインされた、あまりにも多くの手続きをダウンさせるだろう」[44]。ここで連邦最高裁は、行政機関が自ら裁定する事件を提起することによって自らが規律すべき問題設定を形成できなければ行政専門知の発展が阻害されるであろうという、役割の組み合わせに関するかつてのニュー・ディールの擁護論の一つを繰返している。[45]行政国家における不偏性と十分な専門知の間の基本的なトレードオフ関係を考えると、自己裁定禁止の一貫した実施は、不偏性を促進するにはあまりにも大きな代償を支払うものである。

第五節　不偏性と独立性

他の仕組みでは、機関の独立性や自律性を確保するために、ルール作成者が自己裁定禁止原則を修正したり退けたりしている。そうした仕組みでは、意思決定権限を他の機関に割り当てることは第一の機関を支配する第二の機関の権限を大きくするリスクをもたらし、それはより大きなシステムの観点からすると望ましくないので、機関は自身の事件の裁定者となるのである。そうした場合、最初の機関に自身の事件の裁定者として行為する権限を与えることには自己取引のリスクを生み出しうるが、ルール作成者はこれを受け入れ可能なリスクであると考えるかもしれない。これは機関の独立性の全体として望ましいあり方にとって避けられない前提条件であり、またその副産物でもある。

歳費： 議員の給与を規律する憲法上のルールの網の目は、こうしたトレードオフを示している。制定された憲法は、法律によって議会が議員に国庫から報酬を支払うことを認めた。この結果は、フィラデルフィア憲法制定会議で三つの関連する問題を中心にして代表団の間で広範な議論が行われた後に生じたものである。第一に、議員たちはそもそも報酬を支払われるべきなのか。第二に、もし支払われるのであれば、連合規約のもとでなされていたように自身が選出された州から支払われるべきなのか、それとも代わりに国庫からの立法上の支出によって支払われるべきなのか。第三に、その額はこの会議で決めるべきか、それとも将来の議員自身の裁量に委ねるべきか。

ここでの目的にあたっては、二番目と三番目の問題が最も決定的である。マディソンはこの会議で、自己取引のリスクがあるため議員が自身に報酬を支払うことを認めるべきではないと主張した。「マディソン氏は、『議会の』メンバーは自分たちの報酬を知ることに執心しすぎていると考えた。自身のポケットに入れるために国庫に手を突っ込むのは無作法である『だろう』」。他方でマディソンは他の多くの代議員と同様に、「『連邦』議会のメンバーを、邦『議会』に養わせるに任せることは不適切である。なぜならそれは不適切な依存を生み出すからである」と主張した(47)。ハミルトンは珍しく介入して「支払いをする者は支払いを受ける者の主人である」(48)と述べ、彼は「邦『の政府』と人民の区別を強調した。前者は『中央政府の』ライバルである『だろう』。したがって邦議会は後者［人民］の主人に支払うべきではない」(49)。

このジレンマに直面したマディソンは、小麦や他の商品の価格を指標として長期的に増加できるようにして、報酬基準を憲法に定めることを主張した。しかし、他の代議員のほとんどは、報酬の固定は望ましくないし、機能しないだろうと考えた[50]。なぜなら、そうした可視化は憲法案への反対を引き起こすか、固定された基準はいかなるものであれ、状況の変化に十分に対応できないだろうからである[51]。州による支払いか、連邦議会議員の自己決定か。報酬の変動を認める解決策のなかで憲法制定会議は後者を選択したが、議員報酬の高い透明性が人民の監視を引き起こすだろうから、自己取引のリスクは低いと主張する者もいた。実際、ロジャー・シャーマン（Roger Sherman）が「恐れていたのは、議会が自分たちの給料を高くしすぎることではなく、低くしすぎることであった」[52]。議論を通じ、代議員たちはゲリー（Elbridge Gerry）の「両方に困難がある」[53]という見解を考慮に入れ、どのように競合リスクのバランスを取るのが最善かについて判断したのであった。それは自己裁定禁止の単純な援用とはまったく異なるものである。

別の解決策としては、連邦議員の報酬の策定を連邦政府の他の部門、たとえば大統領に任せるといったこともあっただろう。議論の終盤にさしかかって、憲法制定会議は、国庫からの支払いは「法律の定めるところによる」、つまり議会の内々のルールではなく法律によるべきだとする案に合意した。この改正が行われた当時、行政府の形態はいまだ流動的で論争の的となっていたが、最終的な結果として、大統領は議員報酬を定める法案への拒否権を持つことになった。しかしそれでも、議員たちは自分たちの報酬を決める役割を担うだろう。たとえば大統領が単独で議員報酬を決定するような、純粋な体制の可能性を提起する者はいなかった。それは一見したところ自己裁定禁止と両立するが、明らかに懸念されたのは、大統領が報酬をめぐる権限を強めて議会の自律性を損ないかねないということであっただろう。十八世紀のイギリス君主が議員を腐敗させた悪名高い行為に照らし、この憲法制定会議では大統領選挙での票の買収を阻止することを目的としたいくつかの条項が採択されたが、[54] 議員報酬に対する大統領のコントロールはそうした努力と両立しないものであっただろう。

裁判官報酬と必要性のルール：　連邦裁判官が自身の報酬判事が憲法に違反して減らされたと訴えるケースで連邦最高裁が「必要性のルール」を援用することも、制度的独立性の価値に支えられているとされる。［アメリカ合衆国憲法］第三編の報酬条項が規定するところ、裁判官は「その職務に対し定期に報酬を受ける。その額は、在職中に減額されない」。[55] すべての連邦裁判官の報酬そのものを決めるように提起される訴訟もあり、そこでは連邦裁判官は全員、その結果について経済的な直接の利害関係を有している。[56] これはつまり、その事件について決定する裁判官はすべて、自分自身の事件に加わっているということであり、自己裁定禁止の核心の侵害にあたる。しかし連邦最高裁は、もしすべての裁判官が不適格とされる場合には誰も不適格ではない、というコモンロー上の必要性のルールのもと、そうした訴訟を進めることを認めている。[57]

必要性のルールが本当に必要かどうかは、ほとんど明らかでない。もしその事件が自己裁定禁止を侵害することなく進められないのであれば、もしかしたらそれはまったく進めるべきでないのかもしれない。連邦最高裁は「自身の法管轄の事件を審理し、決定する裁判官の絶対的義務」[58] という幻の義務を引き合いに出すことがあるが、これは司法権の行使を回避することを認める無数の用心深い法原則のもと、連邦裁判官が日常的に侵犯しているものである。[59] それ以外には、裁判官個人の憲法上の権利を訴えるための場を得るために、裁判官が訴訟当事者となる必要があることを裁判所が指摘することもあるが、[60] その根拠はもはやうまくいかない。仮に必要性のルールがあてはまる場合でさえも、真に問題であるのは、訴訟を起こす裁判官自身の選好によるバイアスが必ずある場を得ようとすることである。裁判官がそうした場を得るべきであるということが、政治的なプロセスによってもたらされる何らかの保護に委ねるべきであるという憲法上の主張よりも、なぜ優れているのかは明らかでない。

必要性のルールに最も理にかなった根拠があるとすれば、裁判官が当事者となって起こす自身の報酬に関する訴訟は、合衆国憲法第三編の諸条項の主要な目的の一つである、政治的報復からの裁判官の独立性保障を促進するという、正の外部性を生み出すことである。連邦最高裁が述べるには、「報酬条項は、個々の裁判官の利益ではなく、独立した力のある司法制度という公共の利益のためにデザインされている」[61]。言い換えれば、裁判官が自身の選好のもとバイアスのかかった裁定を行うリスクは、司法の独立性への政治的干渉のリスクを最小化する体制にとって不可避の副産物であるというのである。このおめでたい見方によれば、裁判官の利害は全体のシステムの利害と一致する。裁判官の報酬にとってよいことは、国家にとってよいことなのである[62]。この主張の結局のところの長所が何であれ、不偏性と独立性のトレードオフ関係は明らかである。

議員の資格と除名：　最後の例は合衆国憲法第一編のもと、各議院がメンバーの「選挙、その結果、議員資格」を「判定」し、議員の除名を行う権限に関わっている[63]。各議員は自分自身の資格や除名について投票しないという規範はあるものの、それにもかかわらずこの仕組みは、マディソンが『ザ・フェデラリスト』第一〇篇で唱えた広い意味での自己裁定禁止を侵害している。票の集計において、各議会は一つの集団として自分自身の構成のあり方を決めるのである。ジョセフ・ストーリー判事は『合衆国憲法釈義（*Commentaries of the Constitution*）』で、この仕組みの標準的な擁護を示している。この主題について議会にとって唯一ありうる問題は、そうした権限が他に委ねられるかどうかである。議会以外に委ねられたならば、その独立性や純粋性、そしてその存在や活動さえも破壊されるか、深刻な危険にさらされる恐れがある。(64)

ストーリーの主張は、他の場に議員資格を判定する権限を与えると議会の独立性が危険にさらされる、という政治的リスクを明示的に述べている。暗示的には、ストーリーはこのリスクを内々になされる議員資格の自己判定によって生じる組織的な自己取引のリスクとトレードオフし、前者のリスクをより深刻なものと捉えている。にしている。しかし第四節で見るように、フィラデルフィア憲法制定会議は後者のリスクに対し、いくつかの代わりの保護を採用している。

第六節　不偏性と機関の「活力」

少なくともマキァヴェリが統治活動への原動力としての栄誉の追求を分析して以来、(65)憲法上のアクターや評論家たちは、憲法ルールが機関の「活力」にどのような影響を与えるかを議論してきた。(66)機関の活力の性質は不明確であり、この言葉は様々な議論において異なった事柄を意味するように使われているようにも見える。しかし素直な解釈としては、各機関や公職者が自分たちの取り組む問題を多少なりともコントロールできるならば、その活動や成果を様々なレベルから選べるということ、そして憲法ルールはそうした選択を形作り、また制約するだろうということである。機関の活動が望ましいものであればあるほど、各機関のアクターに何かするのではなく何もしないインセンティヴを与えるようなルールは損失を大きくする。

本章の目的にとってここで重要な点は、特定の状況では不偏性が機関の活動とトレードオフの関係になりうるということである。憲法ルールが意思決定の権限について利己的だったりバイアスのあるアクターを割り振るとき、そこでの利益は、まさに利害関係を有するという理由によって各アクターの活動への動機やインセンティヴが強まることだろう。自己裁定禁止原則を支持する議論の蓄積の背後にある誤謬は、バイアスのかかった活動は（どう定義するにせよ）必ず社会的に望ましくない活動であるというものだ。それとは反対に、利己的だったりバイアスのかかっている動機は、何らかの外在的な視点から見たときに期せずして社会的に望ましくなりうる活動の原動力になるかもしれないのである。そうなるとき、憲法上の各アクターはまるで見えざる手に導かれるように、自己利益を促進することの副産物として社会的利益も促進するのである。

大統領の自己恩赦：　大統領の自己恩赦をめぐる議論も一例になる。これまでのところ、この議論はまったくの仮定の話である。大統領が自分自身に恩赦を出したことは一度もないからだ。しかし、この議論の構造は、自己裁定禁止の射程と限界を明らかにするのに役立つ。大統領の自己恩赦の可能性に批判的な論者によれば、(68)自己裁定禁止は憲法構造の深い原則であり、可能な限り具体的な条項に読み込まなければならない。したがって合衆国憲法第二編の恩赦条項「大統領は、弾劾の場合を除き、合衆国に対する犯罪について執行停止および恩赦を行う権限を有する」の一見したところ無条件の言い方は、大統領の自己恩赦を否定する意味が込められているものとして読まなければならない、と主張される。この見方によれば、合衆国憲法の具体的な条項は「自己取引」や「自己判定」への一般的な「構造的嫌悪」を示すものである。(69) ここで主張される構造的嫌悪の例としては、報酬を票決した議員の文官職採用が［合衆国憲法第一編第六節第二項で］禁止されていること、選挙を経ずに議員報酬を上げることを第二七修正が禁止していること、大統領の弾劾裁判の際に副大統領が上院で議長を務めることの禁止が推定されていること、などが挙げられる。ただし最後の例はまったく暗黙の禁止であり、自己判定への同じ「構造的嫌悪」以上に確かな根拠はない。それは大統領の自己恩赦に反対する主な議論を基礎づける自己裁定禁止の主張と同じものである。(70)

こうした批判に対する主な反応には、大統領の自己恩赦を構造的に禁止したならば社会的観点から望ましい自己恩赦まで排除されるかもしれない、というリスク（言い方は異なっても）を挙げるものがある。この見方によれば、この論点についてのように少し触れているフィラデルフィア憲法制定会議は、エドマンド・ランドルフ（Edmund Randolph）の「『大統領の』自己取引は問題になりうる」という見解を拒否し、代わりに「ときに濫用のリスクもある、より強い大統領の地位」を選択した。(71) この仕組みにおいて自己裁定禁止をあまりに単純に用いることとの問題は、次のようなことである。「大統領の自己恩赦でさえ、単なる自己取引ではないかもしれない。……そうするとリチャード・ニクソンはジェラルド・フォードに前任者［訳注：ニクソンのこと］に恩赦を出すという厄介な仕事を免れさせることもできただろう。自己取引も一つの要素かもしれないが、アメリカは現実に、恩赦という概念から大きな恩恵を受けているかもしれない」。[72] 大統領の自己恩赦に対する構造的制約は、恩赦をあまりにも少なくさせる結果、不偏性という祭壇のために社会的利益を犠牲にする可能性もある。

この例では、大統領の自己恩赦に対する批判が憲法についての方法論的な誤りを示している。合衆国憲法のいくつかの条項は前述の例のように自己裁定禁止の論理に依拠しているかもしれないが、そうした例はほとんど周縁的か、些細なルールにすぎないことに注意すべきである。たとえば議員報酬の問題についていえば、憲法デザインの主たる特徴は、議員が自身の報酬を議決することである。［合衆国憲法第一編第六節第二項の］報酬や第二七修正の遅延のルールを含む、自己裁定禁止の保障として主張されている例は、核心への侵害を和らげるために周縁的なルールを少しいじっているだけである。しかし、たとえその例が妥当であるとしても、それを自己取引や自己判定に反対する憲法原則あるいは「構造的嫌悪」として一般化することはできない。憲法ルールの作成者は、文脈に応じて自己裁定禁止を採用したりしなかったりする。それは競合する政治的リスクの方向や大きさについての、そして重要なトレードオフ関係についての文脈依存的な判断にかかっている。州と連邦に権限と義務を割り当てるために綿密に調整された合衆国憲法の多くの条項からの「連邦主義」原則の一般化がまったく忠実でないのと同様に、[73] 構造的な自己裁定禁止原則のいかなる一般化も、憲法デザインの中心的特徴を意図的に見過ごすことなしにはできないものである。

反逆罪への大統領恩赦：　フィラデルフィア憲法制定会議での恩赦権をめぐる議論の主要な筋は、恩赦権が反逆罪までカバーすべきかどうかであった。ランドルフはそうすべきでないと提案し、「そのような場合での恩赦の大権は、信頼するには強力すぎるものである」と主張した。それは「大統領自身が有罪であるかもしれない」（自己恩赦の論点）からであり、また「反逆者は大統領自身の手先かもしれない」からである。[74] マディソンは議会に反逆罪の恩赦権を委ねることはそれ自体の問題を生じさせると指摘したものの、しかしその権限は「大統領にはとりわけ不適切」[75] と述べた。それはおそらく直接の自己取引と間接的な縁故主義に対するランドルフの懸念によるものだろう。しかし憲法制定会議はランドルフの提案を退け、したがって大統領の恩赦権の範囲に反逆罪を含めたのであった。

後の論者であるハミルトンやストーリーは、機関の活力と活動水準に訴えかけてこの決定を正当化した。ハミルトンの見解によると、その「主たる主張」は次のようなものである。

反逆や謀反の時期には、反逆者や謀反者にタイミングよく出される恩赦によって共和国の平穏を回復させうる決定的な瞬間がしばしばある。事態を改善させないまま放置したならば、後になっては取り返しのつかないことになるかもしれない。その手段への承認を得るために議会や委員会を召集するという時間のかかるプロセスは、黄金の機会を逃してしまう時間であることも多いだろう。一週間、一日、一時間のロスがときに致命的になりうるのである。[76]

この議論の暗示的な構造は、大統領の自己恩赦の議論とは異なっている。後者の場合、大統領の自己利益はそれ自体、社会的に望ましいレベルの活動を動機付ける原動力である。前者の場合、大統領は外因的な理由から、議会よりも活動的かつ決定的であると想定されている。しかし、この二つの議論には共通の特徴がある。たとえ反逆罪に対する恩赦権が直接的な自己取引や間接的な縁故主義のリスクをもたらすとしても、そのリスクは、活動レベルの最適化をもたらすような恩赦権の制度的配分の、避けられはしないものの受け入れ可能な副産物である。

議員資格：場合によっては、一方の不偏性と他方の活力や動機の間のトレードオフ関係は、第二節で論じた、機関の自律性や独立性の問題と密接に結びついている。二院制の各議会は自身のメンバーの資格を判定する権限を持つべきであるというストーリーの主張は、独立性と動機に結びつけられている。機関の自己利益のみが自己防衛に必要な動機をもたらすのであり、また機関の自己防衛は相互にチェック・アンド・バランスを行う独立した諸機関からなる現行のシステムの保持に必要であるということを、ストーリーは実のところ見てとったのである。ストーリーの言葉によると次の通りである。

自身の特性を保持し、持続させる動機を持つ組織は、自分自身以外にはありえない。自らの権利と特権を侵害から守り、自らの特性を純粋にし、正当化し、また権利を保全し、そして自らのメンバーを選ぶ自由を保持するほどに常に注意深くあることは、他の組織には不可能である。(77)

立法、不偏性、チェック・アンド・バランスのシステム：同様の推論が暗に示すのは、『ザ・フェデラリスト』第一〇篇のマディソンの自己裁定禁止の有名な主張は、第五一篇のチェック・アンド・バランスの主張と合わせて理解しなければならないということである。前者についてのマディソンの主張は次の通りである。

何人も自身の事件で裁定者たることを許されない。利害関係が判断にバイアスをかけることは確実であり、さらにその誠実さを腐敗させることもありえなくはないからである。集団の場合にも個人の場合と同様、いや、もっと重大な理由から、同時に裁定者であり当事者であることは不適切である。[78]

したがってマディソンは、議会多数派はバイアスのかかった党派的な決定を行うだろうと主張したのである。

この論法が単独でどのような利点を持つにせよ、その要点は、マディソンを自己裁定禁止原則の支持者として引き合いに出し、ときに司法審査を正当化する後の時代の論者たちの主張とはほとんど正反対であった。[79]マディソンの要点は、議会における党派性を直接に除去できるということではない。マディソンは実際のところ、議会を不偏的に活動させようとする試みは、いかなるものであれ無駄に終わるだろうと考えていたようである。むしろ、議会の党派性の影響は、チェック・アンド・バランスという構造的な装置によって相殺されるべきなのである。『ザ・フェデラリスト』第五一篇のマディソンの言葉によれば、そうした装置は「熱望と……それに対抗する熱望」[80]を生み出し、それは党派的な、バイアスのかかった、あるいは利己的な公職者たちの動機づけの力を抑え、彼らが仕える諸機関の能力と独立性を促進するだろう。

このように『ザ・フェデラリスト』第五一篇は利己的な諸個人と諸機関の競争を支持する、見えざる手の議論を行っている。この議論は究極的には、マディソンに影響を与えたスコットランド啓蒙理論家、デイヴィッド・ヒューム、アダム・ファーガソン、そしてアダム・スミスに由来するものである。(81) 合わせて読むならば、『ザ・フェデラリスト』第一〇篇と第五一篇の要点は、議会の側のバイアスのかかった意思決定を治癒するのは議会の不偏性ではなく、競合する諸機関による、同様にバイアスのかかった意思決定なのである。そしてこのようなバイアス相殺の仕組みの鍵となる主張は、『ザ・フェデラリスト』第五一篇によれば、「熱望」によってもたらされる動機付けの活力だけで諸機関を相互の侵害から保護するのに十分であり、それによって、分割された権力が相互にチェック・アンド・バランスを行う仕組みの継続的な維持が確かなものにされるというものである。

他の著書で私は、チェック・アンド・バランスを支持するマディソンの議論は失敗していると論じたことがある。(82) (前章では予備的主張として、ブライスの議論に即しながら、チェック・アンド・バランスの仕組みが現実には自己破壊的であることを付け加えた)。諸個人の利益や、ある時点において彼らをたまたま配置することになった諸政党の利益に対抗し、諸機関が「自分自身の」利益を追求することを保障するようなメカニズムは特定されていない。(83) また、不偏的な立法、自由、効率性、自律的な諸機関の相互作用の安定的なシステム、あるいはその他の社会的・政治的な善、などが生み出されるような諸機関の競争を保障することにも同様になされていない。しかしマディソンの主張の本質的な利点が何であれ、その構造は重要である。それは自己裁定禁止の侵害を減らそうとするのではなく、むしろ増加させることが、システムにとって価値のある組織の活力と動機を必然的に生み出すだろうということを示している。ここでマディソンが想定した熱望の原動力、自己利益、そして組織の利益がともになって、諸機関の相互チェックシステムを維持させるべく機能するのである。

第七節　不可避の侵害

自己裁定禁止への訴えかけに対する最も露骨な反応は、「おたがいさま」（You're another あるいは tu quoque）に類するものかもしれない。この反応は、次の意思決定者も同様に党派的だったりバイアスがかかっているというものである。この議論の最も強力なバージョンの主張によれば、［自己裁定禁止が］問題となるような領域において、不偏的な意思決定者は構造的な理由によって存在しえない。したがって、意思決定権限をどのように配分したところで、自己裁定禁止を必ず侵害するのである。第二章で説明したカテゴリーに即していえば、こうした主張は逆転の一つである。意思決定権限が配分されるあらゆるところに同様に、自己取引や利己的行動のバイアスがあるというものだ。

州裁判所の判断に対する連邦裁判所の審査：　ここでもジョセフ・ストーリーが、評論家としてではなく連邦最高裁判所判事として、こうした反応の初期の例を示している。Martin v. Hunter's Lessee 事件[84]の主な争点は、連邦最高裁が連邦法に関わる州裁判所の判断を審査し、必要であれば覆すことができるかどうかであった。結果として生じた多面的な議論の中で主たる争点になったことの一つに、連邦裁判所は連邦法の射程と連邦裁判官自身の権限を含む、憲法上の連邦の権限を拡大する方向にバイアスがかかっているという、州当局や反連邦主義者の側の背景的な懸念があった。言い換えれば、連邦裁判官が連邦の問題を判断するということは、自身の権限の仲裁者として行動することになる。この懸念に対しストーリーが特に主張したことは、この構図のどこにも不偏的な意思決定者はいないということであった。

最終審における最終的な決定権は当然のことながら、どこかに帰属しなければならない。そしてどこに帰属していようとも、濫用の可能性はある。下級審と上級審の裁判管轄権をめぐる問題においてもすべて、最終的な判断がなさければならない。常識と法的な理由によって、その権限は後者に与えられている。(85)

ストーリーは政治的に老練であるから明示的には述べていないが、彼の時代の州と連邦の微妙な関係を踏まえると、その要点は、もし連邦裁判所が自身の法管轄の最終的な裁定者でないとすれば、州裁判所は**自分たち**自身の法管轄の最終的な裁定者となるだろうということだ。後者の仕組みでは自己裁定禁止が侵害されるから、どちらの仕組みを選ぶかは別の根拠によらなければならない。

司法審査一般：　後の評者たちはストーリーの主張を、個人の権利主張に対する司法審査に反対するものへと入れ替え、さらにそれを司法審査一般への反対論へと一般化してきた。その背景には、司法審査を正当化するために想像しうる限り最も安易なやり方で自己裁定禁止を援用するという、長く見苦しい伝統があった。そうした論法では結局のところ、議会が憲法上の権限の境界線の内にいるのかどうかを決定すべき独立の機関がないのであれば、この問題の唯一の裁定者は議会であるということになる。これは自己裁定禁止の侵害（マディソンを引きながら）か、「キツネに鶏小屋の番を任せる」(87)ことである。この種の議論に反対して、ジェレミー・ウォルドロン（Jeremy Waldron）は、いかなる制度的な取り決めも自己裁定禁止の問題を避けることはできないと、まったく正当な主張をしている。

この文脈で何人も自己の事件の裁定者たりえないという格律を援用する論者は、それが権利に関する最終的決定は人民の手に委ねられるべきでないことを求めているという。そうでなく、裁判所のような独立した不偏的な機関に委ねられるべきだとされる。この主張の説得力を判断するのは難しい。考えられる限りほとんどの意思決定ルールは最終的に、自身の事件について決定する者を含むだろう。文字通り終わりのない上訴の連鎖を考えない限り、その決定が最終的なものとなるような個人や機関が必ず存在する。そうした個人や機関について常にいえることは、最後の言葉を持っているという事実それ自体によって、自身の見解が容認されるかどうかを決定しているということだ。(88)

この問題はウォルドロンが言うよりもやや複雑であるが、その基本的な主張は正しい。というのも、司法審査は連邦最高裁に自身の権限の限界を決めることを認めるものであり、したがって司法審査がないシステムとまったく同じように、キツネに鶏小屋の番を任せるからである。複雑なのは、立法府と司法府のどちらが優越するかというとき、憲法問題では第三の道があることだ。それは連邦議会と連邦最高裁の両方が、他方の判断を制約する権限を持つことなしに、自身が適切とみなす憲法問題について決定できるという部門主義（departmentalism）的なシステムである。しかし、この種のシステムではそれでも、連邦議会も連邦最高裁も自身の権限の範囲を決定することが（それがなされる限り）可能である。言い換えれば、部門主義のシステムは、複数のキツネに複数の鶏小屋の番を任せるのである。総合的に考えて、それが立法府と司法府のどちらかが優越するシステムと比べて優れているかどうかは、キツネたちがおたがいをどうにかチェックできるかどうかにかかっている。しかしそれは自己裁定禁止の侵害を避ける仕組みではない。侵害を逆に増加させるものである。

選挙区割（ふたたび）：ストーリーとウォルドロンが示した不可避性の主張は、概念的な根拠によって自己裁定禁止を反駁するものである。それが問題になる状況では、どこかの公職者や機関に自身の事件を裁定させることを避けるような意思決定権限の配分はありえない。そうでない状況では、不可避性の主張は概念的ではなく制度的なものである。意思決定権限を不偏的な機関に配分することは抽象的には可能かもしれないが、利害関係を持つ政治的アクターのインセンティヴによって、そうした機関が現実になることは妨げられる。

選挙区割はその例となる。これまで見てきたように、議員が自分たちの選挙区の形や構成を自分たちで決める現行の仕組みは自己裁定禁止の大きな侵害である。したがって選挙区割は、社会的厚生を最大化するような客観的な基準に基づいて線引きを自由に行えるような、独立した不偏的な専門家委員会や組織に委ねられなければならない、というのが一般的によくある立場である。これに対し、議会による選挙区割の支持者は多くの反論を行ってきた。その一つは、独立した不偏的な区割りはインセンティヴと両立しないために不可能であるというものである。選挙区割を決める委員会自体はそれが規律することになるところの政治システムによって作られなければならないので、政治アクターたちは、議会が区割りを行う仕組みにおいて追求される場合と同じ目的を達成できるような権限、手続き、構成をしつら

えてそれを作ることだろう。この見方では、

真に非党派的で政治的に中立な制度デザインはほとんど不可能である。……線を引く者はどこかからその権限を得なければならない。つまり任命されるか、選出される。前フロリダ州務長官のキャサリン・ハリスが示したように、選出された公職者たちはほとんど確実に対立している。また任命された公職者たちは、自身の任命者に恩義があるだろうし、少なくともその利害関係をよく知っているから選ばれているだろう。(89)

あるいは、選挙区割委員会が政治的に受け入れがたい結果を出した場合に、政治アクターはその独立性を単純に無効にするかもしれない。アリゾナ州では二〇一一年に、共和党の知事と上院議員によって、独立した選挙区割委員会の長が民主党寄りのバイアスを示したとして解任された。(90) これは目に見える対立の珍しい例であるが、そのような行動のおそれがあることは暗黙のうちに期待反作用の法則（law of anticipated reaction）によって「独立した」委員会に制約をかける。根底にあるコミットメントの問題は法律や規範によって克服できることもあるが、どれだけの回数や期間、真の独立性を維持できるかは未知数である。

「独立」機関と裁判所：　同様の政治的メカニズムは、公法の文献で十分によく知られている他の二つの例も支持するが、それについては簡単に述べるにとどめる。一つ目は「独立機関（independent agency）」である。この機関のメンバーは正当な理由がなければ解任できず、通常は期差任期制［訳

注：各メンバーの任期がずらされるもの」で仕える。このような構造は理論的にいえば独立機関を大統領の支配から引き離すのだが、大統領は通常、一期目の任期が終わるまでに、予測可能な政治的選好をもったメンバーを任命するなどして「独立」機関による政策形成を支配していることを示す実証研究がある。(91)

二つ目は政治科学の膨大な実証研究が示す、さらによく知られていることで、連邦最高裁自身が、時間的ズレはあるにせよ、選挙結果に従うということである。それは主に、合衆国憲法が規律しているところの同じ政治システムによって連邦最高裁への任命が行われるからである。短期的には真正な反多数決主義的な決定が可能だが、(92) 長期的に見れば憲法内容（constitutional law）はきわめて弾力的であり、世論の変化が大統領と上院議員による連邦最高裁裁判官の選出に影響を与えるにしたがって変化する。少なくともこの長期的な意味では、真正に独立した、政治的に不偏的な連邦最高裁というのはインセンティヴ適合的な仕組みではない。

役割の組み合わせ（ふたたび）：最後に、行政機関における告発と裁定の役割の組み合わせを支持するジェームズ・ランディスの議論は、一部には、裁判所だけに裁定権限を与えるのは単に異なった形のバイアスというリスクを犯すものだろうという主張に依拠していた。この議論では、行政の役割の組み合わせは、自ら始めた事件を決定する行政機関のバイアスのかかった意思決定を行うリスクをもたらすものであるが、行政機関による告発に対する司法判断は、裁判官たちのイデオロギー的バイアスに左右されるリスクをもたらす。裁判官の意見は概して、以前の時代に形成されたものである。ランディスが述べるように、連邦議会によって制定された制定法の司法による解釈は明らかに、裁判官たちに自分自身の理解によってその法律を形成する権限を与えた。その形成は、法案の通過の際に希望をもって展開されていた世論や政治の努力を無にしてしまうことがあまりにも多かった。司法による解釈は専門性に欠けているだけでなく、時代の要請に適応する過程の遅さこそ難点であった。(93)

既に論じたように、政治による任命のメカニズムは、長期的に見れば、独立した裁判官たちが選挙結果に従うことを確かにするのだが、だからといって特定のいかなる時点でも裁判官たちが法的に不偏的ということにはならない。むしろ、任命メカニズムに付き物の時間的な遅れを考慮すると、裁判官が「一昨日」(94)の見解を行政機関に押し付けるリスクがある。ランディスが実のところ述べたのは、現在の政治そのものから司法府を隔離することは、法的な不偏性ではなくイデオロギー的なバイアスが働く余地を生み出すということである。したがってこの構図には不偏的な機関は存在せず、行政機関における役割の組み合わせは、それがバイアスのかかった意思決定のリスクをもたらすという理由だけでは退けられない。そうでなく、問題になりうるすべての制度的代案のバイアスを比較しなければならないのである。(95)

第八節　政治的リスクの計算：経験則

もし自己裁定禁止が半面の真理でしかないミスリーディングなものであるとすれば、どうなるだろうか。最も控えめに見るならば、自己裁定禁止の「安易な援用」[96]は楽観的に、広く見られる恥ずかしい滑り転びとなるだろう。それはディナーパーティーでのげっぷと知的に同等のものである。安易な援用ということで私が意味しているのは、何らかの制度設計などを支持する議論として自己裁定禁止で十分であると想定するものである。反対に、自己裁定禁止は決して十分ではありえない。自己裁定禁止の問題がおよそ可能な制度設計にとって悩ましいものでありうるのは、キツネか何かに鶏小屋か何かの番を必ず委ねなければならないからであり、また制度設計を取り決めるには他の考慮事項も参照しなければならないからである。あるいは、自己裁定禁止を支持するような意思決定の不偏性の価値は、他の価値によってバランスを失っているかもしれない。その価値はたとえば、専門知、機関の独立性、機関の活力といったものである。このようにして知的基盤を明らかにすることは少なくとも一歩前進である。

建設的な主張はもっと難しい。一般的にいって公法理論は、意思決定者はどのような条件において、自身の事件で裁定者として行動する権限を公職者たちや機関に与えるべきなのかを明確にしていくように努めなければならない。困難な点は、競合する政治的リスクと主なトレードオフ関係は抽象的には述べることができるが、バランスをどのように取るべきかは抽象的には言えないということだ。具体的な文脈では、制度的問題が異なれば政治的リスクの計算も異なったものになるだろう。問題は本質的に具体的であり、厳しい経験的不確実性に悩まされるのである。にもかかわらず、自己裁定禁止が破棄されるべきか尊重されるべきか、そしてそもそもどのように実装されるべきかについて大まかな条件を特定し、トレードオフに対処するためのプラグマティックな経験則の提案はできるかもしれない。そのようなものとして私は三つの経験則を論じる。限界論（marginalism）、最適化（optimizing）、そして公職者や機関の自己取引を防ぐための代替的な制度保障の可能性である。

限界論：ルール作成者が、不偏性そのものと他の競合的価値そのものとの間の全面的な選択に直面することはほとんどないだろう。そうでなく、他のルールや制度が既に確立されている政治的文脈においてルールや制度を採用しなければならない。これはちょうど憲法上の実践にさえも当てはまる。起草者たちは通常、すべての制度が実現できると考えるのではなく、政治的理由によって既存の制度を受け入れるし、争点になっていることについて合意を得るためには制度の選択を個別的なものとみなすだろう。たとえば司法の権限といった他のことを考える前に議会の構成を行うといったことである。

既存の制度には、公職者の自己取引やバイアスのかかった意思決定を防ぐための何らかの保護が組み入れられていることが多い。そういった場合、ルール作成者たちが直面する問題は限界論的なものである。不偏性そのものが望ましいかどうかは問題ではない。公職者の自己取引に対する制度的なチェックや予防策の何らかの組み合わせがあるときに、**さらに**予防策が必要かどうかが問題なのである。もし追加される予防策が限界便益を逓減させ、これまで論じたような価値に対するコストを増加させるのであれば、予防策が追加されるのは便益とコストが釣り合う、つまり正味（net）の便益がゼロになるポイントまででなければならない。言うまでもなく通常、両者が入り乱れている現実政治のルール・デザインにおいてそのポイントの位置は不明確であり、ルール作成者は情報を集めつつも当て推量で作業を進めなければならない。

フィラデルフィア憲法制定会議での議員報酬をめぐる議論は多少、この主題に関わっている。決定的多数の参加者たちが考えたのは、新しい連邦議会の構造のもと、自身の報酬を決める権限を与えられた連邦議会議員たちの自己取引は政治的なチェックによって十分に防止できるということだった。実際、既に見たようにロジャー・シャーマンは、連邦議会議員があまりにも強い世論の圧力にさらされ、自身の報酬を高くしすぎるのではなく、低くしすぎることを懸念していた。[97] 利己心のなさを示そうとして身をかがめるのである。現代風にいえば、すでに強力な政治的チェックが存在していることを踏まえ、憲法制定会議は、追加的な予防策による限界便益はほとんどなく、実際のところ正味のコストさえももたらすと考えていたようである。その評価が正しかったかどうかにかかわらず、この分析の構造は、限界論的アプローチが重大な不確実性の条件下でさえ、厄介な問題の規模を縮小し、デザインの選択を扱いやすいものにすることを示している。

最適化：　限界論的アプローチの帰結として、ルール作成者は通常、ある問題領域で関連するすべての値を最適化するように最善を尽くすだろう。それはいずれかの値の最大化とは異なる。情報、機関の自律性、機関の活力といったものと不偏性がトレードオフ関係にあるとき、ただ一つの価値だけを選び出し、他の競合する価値にいかなる重み付けも与えずにその価値を可能な限り最大化することを追求するのが最善の戦略である、ということはめったにない。むしろ、どの単一の価値の追求も限界便益の逓減をもたらすという仮定のもとでは（あるいは逆に、どの単一の価値の侵害も、それが激しくなるにつれ限界コストの増大をもたらすという仮定のもとでは)、一つだけ選んで他を捨てるのではなく、いくつか複数のものを選ぶことが最善であるだろう。[98] 通常、これは概念的あるいは分析的な主張ではなく、制度設計者が日常的に直面する限界費用便益曲線の形をめぐる、年功と勘がものをいう経験的な判断である。

理由はどうあれ、アメリカ憲法秩序における多くの制度は、この種の妥協を最適化するように構築されている。たとえば既に見たように、報酬をめぐる連邦議会の権限構造は「両側のいくらか (some of both)」戦略を追求している。議員たちが自身の報酬を設定するという核心的な特徴は、部門の自律性の促進に資するが、しかし合衆国憲法第二七修正や報酬条項のような規則は、不偏性の付随的な保障によってそれを緩めているのである。私の考えるところ、そうした結果にたいした進化論的論理があるわけではない。その結果の大部分は、多くの政治的勢力の予測不可能な相互作用と、大量の経路依存性との結合によって生じたのである。当時よりも優れた理論的ツールを持ち、もしかするとより多くの行動の自由がある現代のルール作成者でも、そうした制度設計の効果の最適化を再現しようとしたところで逆に悪化させるかもしれない。

代替的な制度保障の可能性：議員報酬の例では、自己取引に対する政治的チェックは既に代わりの保障になっていた。他の例では、ルール策定者は、自己取引のリスクを抑えるように保障する制度設計の他の側を同時に調整させつつ、自己裁定禁止とトレードオフ関係にある諸価値を促進できている。不偏性を促進したり、自己取引を抑制したりする代替的手段の選択肢がある場合、事情をすべて考慮に入れれば、利害関係を有する者の意思決定を禁じるような自己裁定禁止は必ずしも最善の解決策ではない。

ランディスが行政機関の役割の組み合わせを擁護して主張したように、「一つの行政機関に告発と裁定［の役割］がともにあるからといって、まったくチェックが存在しないわけではない。それは単に伝統的な意味でのチェックがないだけである」。(99)

代替的な保障というテーマについて、当初の合衆国憲法からの二つの例によって説明しよう。反逆罪への大統領恩赦をめぐるフィラデルフィア憲法制定会議での議論で、ウィルソンは「恩赦は反逆罪の場合にも必要であり、それは大統領に委ねるのが最善である。もし彼自身が犯罪の当事者であったとすれば、弾劾や訴追が可能だからである」(100)と主張し、大統領の自己取引に関する懸念を退けた。この主張をいくらかたどって、憲法制定会議は恩赦権の射程から弾劾の場合を除いたのである。(101)現代風にいえば、恩赦権の濫用による大統領の自己取引で予想される害悪は、自己取引が生じるリスクと、それが生じた場合の害悪の大きさの両方が作用するものである。ウィルソンの議論が指摘しているのは、害悪の大きさは限られているということだ。というのは、大統領は恩赦権を利用して自身を刑事罰から免除するかもしれないが、十分に多数の人々が彼を解任したいと望むのであれば、自己恩赦によっても職にとどまることはできないからである。

別の例として、議員資格を「判定」し、議員を除名する連邦議会の権限がある。これまで見てきたように、その権限は各議院に委ねられるべきであるというストーリーの主張は、権限を他のどこかに委ねることは機関の自律性にとって受け入れがたい脅威をもたらすというものであった。しかしフィラデルフィア憲法制定会議の懸念は、議員資格をめぐる内々の権限が議会の多数党派によって濫用され、少数党派のメンバーを除名したり、そうでなくとも抑圧したりすることであった。それはマディソンが

『ザ・フェデラリスト』第一〇篇で自己裁定禁止の侵害として分類した、議会多数派による集団的自己取引と同じ種類のものである。憲法制定会議での「マディソン氏は、除名の権利はあまりにも重大であり、定足数のぎりぎりの多数派によって行使されるべきでないと見ている。そして**党派の存続の危機には危険な濫用がなされるかもしれないと**。氏の提案は『除名は各議院の三分の二の賛成を必要とする』というものである」。[102] モリス（Gouverneur Morris）は特別多数決要件に反対し、「それは少数派の側への濫用をもたらすかもしれない。たった数人のメンバーは、党派的な動機によって追放の対象となりうる」[103]と主張した。しかし憲法制定会議はマディソンによる修正を、一つの邦を除いた全会一致で認めた。[104]

どちらの例でも自己取引のリスクへの対処は、意思決定権限を他の公職者や機関に委譲するのではなく、制度デザイン内の別の場を調整することによってなされた。それはつまり、腐敗した大統領恩赦に対する弾劾の可能性（バイアスのかかった決定に対する制裁の調整）や、議会での除名のための票決ルール（決定にバイアスがかかるまでに必要な閾値の調整）であった。この点は一般化される。自己裁定禁止の主張が暗黙のうちに想定しがちなのは、問題の特定（自己取引のリスク）が必然的に、その特定の解決策、つまりバイアスのかかった意思決定者から決定権限を奪うことを含意するというものだ。しかし制度のあり方によって、他の種類の予防策や処方箋も可能である以上、この想定はもはや成り立たない。

他の予防策や処方箋が実際に可能な場合、ルール作成者は選択に直面するが、自己取引のリスクを厳密に最小化する解決策ではなく、正味の便益の最大化をもたらすような解決策を採用すべきである。他の機関が除名を決定する体制と比較した場合、マディソンの特別多数決という解決策は、各議院での党派的自己取引のリスクを厳密に最小化するものではないかもしれない。しかし、ストーリーによって確認された機関の自律性という便益を踏まえると、内々の除名権を特別多数決の票決ルールと合わせることとは予防策の最適化された組み合わせを示しているか、少なくとも他の実行可能な選択肢と比べてよい組み合わせである、という主張にも一理ある。

第九節　不偏性と成熟した立場

偉大な法格言の一つに数えられている自己裁定禁止は実のところ当てにならない半面の真理であり、タイミングや状況によって有用なこともあれば、役に立たなかったりミスリーディングだったりするものである。おそらく多くの偉大な法原則は、仔細に検討すれば同様の特徴を持っているだろう。しかし、自己裁定禁止が我々の憲法秩序の中心的な特徴に正面から衝突するのを見るのに仔細な検討は必要ない。議会が自身の選挙や報酬について決定するような憲法体制において、裁判官は自身の報酬についての事件を審理し、行政は自ら定めたルールに基づいて自身が告発した事件の正当性を決定する。このような仕組みで、自己裁定禁止がどのようにして法の精神を獲得し、維持しているのかが真の問題である。成熟した全体的な分析では、意思決定者の不偏性は追求されるべきだったりそうでなかったりする制度的な善の一つとみなされるべきであり、それは制度の最適化のためのより大きな計算によって示される。

第五章　熟慮のリスク：セカンド・オピニオン

特にリベラルな伝統のもとで憲法上のルール作成に対して常に存在する懸念は、その憲法システムの中の立法者が熱情や偏見にとらわれ、性急で考慮の足りない意思決定を行うことである。したがって多くのルール作成者はそうした意思決定に対する制度上の予防策を講じる。セカンド・オピニオンの仕組みはそうした予防策の代表的な例である。多くの制度構造、ルール、慣行は、意思決定者にセカンド・オピニオンを得ることを要求したり、あるいは許可する仕組みとして正当化されてきた。例としては、制定法や行政機関の行為に対する司法審査、二院制、権力分立、および立法手続法のいくつかの要素がある。こうした熟慮手続きの仕組みは、特にリベラルな理論家の立場からすれば多くの魅力を持っている。つまり、それらはある意味で価値中立的であり、したがって事前に実質的な結果を指示することなく意思決定の質を向上させることを保障するのである。

しかし、熟慮と手続きの追加的な積み重ねにはコストもリスクもかかるし、セカンド・オピニオンもそうである。こうした仕組みは立法機構の直接的なコストと機会コストを増大させ、ある条件の下では実際、考慮の足りない判断を抑制するのではなくむしろ助長させるという逆転の結果をもたらしうる。

本章では、帳簿の両面について成熟した考慮をしてみよう。期待されるような意思決定の質の向上および憲法システムの全体的効用の増進がなされる条件と、そうした仕組みが競合リスクや逆転効果をもたらし、その便益を上回るコストを生み出す条件の両方を明らかにする。

第一節　セカンド・オピニオンの仕組み：いくつかの例

まず、ある範囲の事例と主張をまとめることから始めよう。共通するテーマは、その制度的取り決めがセカンド・オピニオンの仕組みとして正当化されているということである。こうした例にはやや異質なものもあり、その区別を不安に思う読者もいるだろう。だから私はその後に、セカンド・オピニオンの仕組みの中の類似点と相違点を明確にする分類を示すことで、ひとまとめにしたものを分けていくことにする。

明確にしておくと、私はここでも他と同様、法作成機関をセカンド・オピニオンの根拠によって正当化される限りにおいて分析する。多くの場合、当該機関にはまったく異なった正当化理由がある。だから私は、セカンド・オピニオンという根拠が排他的な正当化であるとか、最も重要なものであるとは主張しない。実際のところ、いくつかの例について私はセカンド・オピニオンによる正当化がうまくいくとさえ思っていない。この考えは、当該機関の最善の正当化理由を解明することではなく、ある制度状況の範囲内でのセカンド・オピニオンの主張を明確にすることである。

二院制：　二院制の標準的な擁護は、第二の議院が第二の、より優れた意見をもたらしうるというものである。この考えのあるバージョンでは単に、「第二院はその専門知や賢慮と関わりなく……品質管理のメカニズムを作り上げる」。[1] それは当初の立法者により慎重に進めるように促し、また「関与した後に誤りを見つけ」やすくする。さらに強いバージョンでは、二番目の「上」院は一番目の「下」院よりも、その設計や構成ゆえに認知的に優れているとされる。短い任期と人口ベースの代表によってポピュリスト的な形で下院が構成される政治形態では、上院のほうが冷静で距離をとった視点を示すことができるとエリートによって主張されがちである。パブリアスの主張では、メンバーが長い任期で間接的に選出されるようになっている連邦上院議会は、「穏健で立派な市民の集まり」なのである。それは「人民の一時的な誤りや気の迷いから人民自身を……守る」ことができる。[2] ここで下院に対して暗示されている批判は、下院メンバーは人民の感情に酔わされるとか、選挙上のつながりのために自身がその有権者と同様であるかのように行動する自己利益に縛られるといったことである。[3] 選挙代表であることと泥酔のつながりを明らかにするならば、カナダの初代首相ジョン・A・マクドナルド卿がカナダの任命制の上院を「しらふでの再考（sober second thought）」制度であると述べたのは有名である。[4]

権力分立：類似しているがさらに一般的な議論は、立法権、執行権、司法権の分立が「合衆国憲法において具体化された原則『に基づいた』『セカンド・オピニオン』構造」として機能するというものである。そこでは「ある行為が基本権に深刻な影響を与えたり、社会そのものの性質を変えたりする場合には、複数の政府部門による独立した確認が適切である」とされる。[5] 戦時権限の文脈では、「連邦議会全体による『戦争開始の』承認は、その手続きを遅らせ、国家が戦争のように重大なものに突入する前に『しらふでの再考』という休止を確保するために……意図して計算されたものである」[6] というのが標準的な見解である。

助言と同意：　大統領が特定のクラスの連邦政府職員を指名する場合、上院の承認が必要とされる。チャールズ・ブラック（Charles Black）の主張では、大統領は指名の「政策の方向性」を考慮すべきであり、また上院もそれを行うことができるし、そうすべきであるという。「合衆国憲法は、重要な問題についてセカンド・オピニオンを得ることを強制していないのであれば確かに許可している。それを得るのは、有権者に対する責任があり、また大統領と同様に有権者と近い議会からである。可能な限りすべてセカンド・オピニオンを得るのが賢明ではないだろうか」[7]。

憲法改正：　アメリカでは、「『合衆国憲法第五編の』連邦レベルと州レベルの両方で必要な支持を集めるプロセスは、相当な取引コストと時間的な遅れを課す。それはしらふでの再考に十分な時間を与える」[8]。

二回可決要件と三読ルール：　憲法によっては、憲法改正やある種の法律を成立させるのに、続けて二回の（おそらく間に選挙を挟んだ）会期の議会での可決を要件とするものもある[9]。こうした要件の根拠として考えられるのは、時間の経過によって冷静な再考が可能になることである[10]。二院制に対する同様の正当化とは異なり、これは厳密に通時的な議論であり、一院制の議会においても適用されうる。さらに一院制でも二院制でも、冷静さを制度化するための「二読ルール」や「三読ルール」を個々の議会が持っていることもある[11]。そうしたルールは憲法上のものでなくとも、代わりに各議院自身によって作られる。それは改正不可能なものではありえず、熱情がみなぎったときには（特別）多数決によって放棄されうる[12]。

サンセット条項：　立法における「サンセット条項」も、同様の言い方で正当化されてきた。[13] 二回可決要件と異なるのは、デフォルト位置の性質である。サンセット条項の下では、最初に成立した法律によって暫定的な現状が実効化され、次に再承認の対象となる。他方、二回可決要件の下では、次の会期に承認されるまでその法律は効力を持たない。こうした違いはあるものの、サンセット条項は問題を二回、議会の議題に上げる。そして議会はその政策的問題の再検討を促されるのである。

制定法の司法審査：　多くの理論家は司法審査の正当化を、二院制議会における上院の正当化と同様の根拠によって行ってきた。アレクサンダー・ビッケル（Alexander Bickel）がハーラン・フィスク・ストーン［訳注：第一二代連邦最高裁長官。在任一九四一－一九四六年］から引用して主張するのは、司法審査は法作成プロセスにおける「しらふでの再考」を確かにする仕組みだということだ。[14] 上院「の存在」を支持する主張は下院やポピュリスト的議院を冷静でない最初の考えを出してくるところとして描くが、ストーン／ビッケルによる司法審査の正当化は、「政治部門（political branch）」全体、つまり下院、上院、大統領を冷静でない最初の考えを出してくるものとして描く。形を変えて、司法審査は単に「セカンド・オピニオン」を出すものとされることもある。[15] これは最初の意見の冷静さに暗黙の汚名を被せない正当化である。

「受動的な徳性」：　ビッケルは**裁判官たちによる**冷静な再考の仕組みとして司法審査を正当化したが、他方で、**議員たち自身が**問題を再検討することを実質的に要求する法技術も提唱している。[16] 裁判所は、法律を狭く解釈して憲法問題を回避することによって、また実質的な理由ではなく手続上の理由で制定法を無効にすることによって、そしてその他の「受動的な徳性（passive virtues）[17]」の実践を通じて、議会に対し、立法についての憲法上の異論に正面から向き合い、熟慮するように促したり義務付けたりできるとビッケルは考えた。この熟慮は法律が制定される前に行われる場合もあるが、憲法上の、あるいは準・憲法上の根拠によった裁判官からの差し戻しを受けて再検討する場合もある。その再検討は立法府によるセカンド・オピニオンのようなものをもたらす。［しかし］こうした考えは逆方向に進むこともある。いくらか意地悪に論じられてきたことだが、「既に憲法違反とされた法律の再可決が、裁判所に冷静な再考の機会を与えるものとして正当化されうるのである」[18]。

行政機関の行為の司法審査：逆に、行政機関の行為に対する司法審査は通常、冷静な再考を確かにする仕組みとしては擁護されない。行政機関は通常、政治的に節度のないポピュリスト団体だと思われていないからだろう。むしろ、行政機関の行為に対する司法審査は、専門知の病理現象への治療として擁護される。「非専門家から『セカンド・オピニオン』を得るという賢慮は行政機関の行為に対する司法審査の核心をなすものであり、専門機関の視野を容易に狭く限定してしまうものへの防護策の役割を果たす」[19]。この構図は、行政機関が酩酊していて裁判官がしらふだというのではなく、行政機関は視野が狭いが裁判官はより広いというものである。

先例と複数の意見：現状で普及している先例拘束（stare decisis）のバージョンでは、その法管轄の高位裁判所の決定が一つあれば拘束的な先例となるのに十分である。しかし、かつてのアプローチには一つでは足りないとするものもあった。二つ以上の司法意見が並べられて初めて拘束力のある法的ルールが確立される[20]。それは異なった裁判所の意見でもよいし、同じ裁判所の異なった時点での意見でもよい。

「二裁判所」ルール：　合理的な運営のルールとして、連邦最高裁は、二つの下級裁判所（地方裁判所と控訴裁判所）が同意した事実認定を通常は受け入れるだろうと述べている。[21]しかし、争点となっている事実認定が憲法上の意味のある「広範な社会的判断」を必要とするときには、連邦最高裁はこのルールから離れている。[22]

連邦の人身保護令状：　そうした用語ではないものの実質的に議論されてきたこととして、州裁判所の決定に対する連邦裁判所の人身保護令状（habeas corpus）審査への広範な権限を望ましいとするものがある。それによると連邦による人身保護令状の審査は、質の高い審判所によるセカンド・オピニオンをもたらす。[23]そのため、広範な権利が連邦裁判所において認められることが望ましいと主張されてきた。南部の陪審員が人種問題で激昂した暴徒によって脅迫されたという、不備のある審判の人身保護令状についての連邦審査をホームズ判事が支持したとき、連邦による審査は冷静な再考をもたらすという主張が含意されていた。[24]

OIRAによる審査：　異なった党の複数の大統領による一連の大統領令のもと、情報・規制問題局（the Office of Information and Regulatory Affairs: OIRA）は行政機関の権限を審査する権限を持っている。それは特に『ある行政機関の』コストベネフィット分析の使い方（あるいは使い損ね）に対してである。最近、オバマ大統領は「行政機関の活動に対して冷静で分析力のある『セカンド・オピニオン』」[25]をOIRAの審査は他のどこよりも提示できると正当化した。

政府の法律顧問：　法律顧問局（the Office of Legal Counsel: OLC）は、法律問題に関する正式な意見書を大統領に提出する。OLC内には「二副官ルール（two deputy rule）」という不文の規範があり、局長は一人の副官から意見の草案を受け取り、次にそれに関与していない別の副官に冷静な審査な審査をしてもらう(26)。

第二節　区別、想定、定義

このリスト内の異質さを考えると、いくつかの概念的な区別をすることが、この範囲の地図を作り、想定を明らかにし、私が分析する種類のセカンド・オピニオンの定義をするのに有用だろう。

判断の集約と選好の集約：「セカンド・オピニオン」という考えそのものが、そこでの意見提供者がその問題への選好ではなく、判断を表明しているのだということを含意している。ここまで検討した主張は、たとえ暗示的であるにせよ、意見を追加することによってよりよい答えがもたらされるという考えに訴えかけている。どの意見が提示されたのかについては事実問題として想定されている。私はそれらを固有の用語で捉えることによって、こうした主張を解明し、評価し、改善したいと思っている。だから私は、意見する人々は共通の選好や価値観、目標を持っていること、そして共通の課題は散らばった情報や各人がばらばらに持っている専門知を最善の形で活用すること、という前提と想定を受け入れよう。

この想定が適切かどうかは機関や決定の性質によって異なる。決定する集団や機関が共通の目的を持っているが、情報は不完全な場合、意思決定は多様な事実的、因果的、手段的判断の統合や集約になる。行政機関、専門家諮問機関、裁判所は、この種の認知的投票（epistemic voting）に取り組むことが多い。議会は目的の異なる政党間の取引の場となることが多いが、主要政党が共通の目的を持つ実質的な領域も常にある。セカンド・オピニオンの議論は、必ずしも適切とは限らないが、ときに不可欠となる認知上の想定に基づいている。

こうした理解では、セカンド・オピニオンの議論はすべて認知的である。これは単なる決まり事である。望むのであれば、セカンド「オピニオン」を広く定義し、非‐認知的な問題を含めることもできる。それはたとえば、法作成プロセスに意思決定者や拒否の門を加えることで判断の集約ではなく選好の集約は改善されるかといったことである。私にはこうした広い定義は言葉として違和感があるのだが、何かの目的には意味があるのだろう。しかしここでの私の目的にとってはそうでない。いずれにせよ、この逆は成り立たないのである。認知的な主張はセカンド・オピニオンの便益には依存しない。たとえば、政策問題に専門化した議会と法律問題に専門化した裁判官とで認知的な分業を行うことで全体として最善の決定がもたらされる、という理由によって、司法府による合衆国憲法解釈の最高で排他的な権限を支持する者もいるだろう。その長所短所が何であれ、この議論は認知的であって、セカンド・オピニオンの便益を援用してはいない。まったく逆に、単一の意見の憲法適合性を支持している。

繰り返すが、判断の集約が、私の考える制度的な仕組みにとっての唯一の根拠であると私は思っていないし、最重要の根拠であるとさえ思っていない。たとえば二院制は、選好の集約と取引によって最もよく分析されることが多い。そこでは異なった社会的、経済的、地理的、そして政治的な集団や利害関係の妥協によって、立法府が二つの院に分割され、いずれか一方をもう片方に優越させるように設計されているのである。しかし、制度上の配置がセカンド・オピニオンの仕組みとして正当化される（と言われる）限りにおいて、当該機関にとってその他の根拠がどういうものであれ、そうした正当化が妥当になる条件について検討してみたい。

集約と集計——意見はいくつあるのか：　多くのセカンド・オピニオンの議論は暗黙のうちに、各機関を単一の意見提供者として数えているように思われる。下院議会は一つの意見を提供し、上院議会もそうであるといったように。これは多くの個々人の意見を一つに集約することを意味している。しかし、なぜそうでなければならないのか。一つの議会に数百人の議員がいて、一つの裁判所に数人の裁判官がいるならば、一人一人が一つの意見を述べたと数えるべきだろうか。その場合、それぞれの意見は同じ重み付けがなされるべきだろうか（後に見るように、統計の集計の原理は、ある集団内の人数がその集団の集合的判断の質に大きな影響を与えることを示している）。もしかしたら、セカンド・オピニオンの議論のすべて、あるいはほとんどは、根本的に擬似的なものかもしれない。なぜならそれは異なったものを同等にし、また不適切な集計ルールに基づいているからである。

以下、私は一般的に、セカンド・オピニオンの議論に対するこうした外在的な批判は括弧に入れ、脇に置くことにする。私の狙いはそうした議論の内在的な論理を評価することである。そこで私は、その暗黙の集約の前提を受け入れ、たとえ諸機関が単一の意見提供者として扱われたとしてもなお、この議論が成功するかどうかを問うことにする。いずれにせよ、少なくとも特定の目的にとってはそうした集約も意味をなすことは認める。複数のメンバーを抱えるほとんどすべての機関は、その期間が「一つの声で話す」ことを保障するような公式・非公式の票決ルールや合意の慣行を用いている。さらにこれから見ていくように、個人個人からなる集団内での意見形成のカスケードやその他のプロセスは投票するメンバーの認知上の独立性を著しく下げる。そうなるのは特に、感情的な昂ぶりがあって、そのために複数のメンバーがいる機関がまるで単一の精神を持っているかのように振る舞わせるときである。このことは、諸機関を単一の意見提供者として扱うことに常に意味があるということではまったくない。まして、すべての機関の意見を同等の重み付けすることも同様である。［もちろん］セカンド・オピニオンの議論をそうした論拠によってひとまとめにして退けることも同様に不適切であるといえる。

同時の意見と後に続く意見：複数の意見が同時になされることもあれば、後に続いてなされることもある。医学的な状況や法律的な状況では、患者や依頼人は通常、最初に意見を得た後になってのみ、セカンド・オピニオンを得る。しかしその代わりに、複数の医師や弁護士から同時に複数の意見を得ることもある。法案を成立させるのに両院の可決が必要である場合、両院が同じ法案を同時に票決することを妨げるものはない。とはいえ、後に続けて意見を発する場合の組織の動きには同時の意見提供と重要な違いがある。後に続けてなされる意見表明には明確な便益とリスクの両方がある。便益は、二人目以降の意見提供者は最初の意見から学ぶことができることである。他方、明確なリスクは、二人目以降の意見提供者が最初の意見をコピーしたり、その意思決定プロセスに価値を付け加えるのに十分な独立性に欠ける意見を出したりすることである（後に論じる、情報カスケードのリスク）。実世界の法制度におけるセカンド・オピニオンの仕組みは通常こうした形をとるので、私は大部分において連続的な場合に焦点を当てることにする。

全体的意見と部分的意見：セカンド・オピニオンはその問題について最初に検討されたことをすべて考慮に入れることもあれば、一部分にとどまることもある。患者が一般開業医と専門医の両方の意見を得た場合、セカンド・オピニオンは部分的である。やや類推的にいうと、司法審査は立法府や行政活動によって提起された問題の一部についてのみ検討する。文脈からわかるように、私は両方の種類のセカンド・オピニオンを考慮に入れるつもりだ。

事前の意見と事後の意見：セカンド・オピニオンが得られるのは多くの場合、決定が行われる前であり、少なくともその決定を覆すのにコストがかかるときである。しかし広い意味での「セカンド・オピニオン」や「再考」は決定後の**再検討**を指すこともある。この意味で、裁判所の再度の審理（rehearing）や立法府の再検討を求める申立ては、セカンド・オピニオンの範囲に入ると捉えることができる。先例拘束の法原理のもとでの裁判所は通常、以前の決定でのルールや論拠を堅持するのだが、しかし「しらふでの再考」の必要性や、後になって得られた知識に従うことの望ましさを理由にして先例を再考し、覆すこともある。(27)

拘束力のある決定の再考とセカンド・オピニオンの違いは、通常の先例拘束（stare decisis）の法原理と、先に触れたコモンロー上の先例（precedent）の古いバージョンを比較することではっきりするだろう。現代の先例拘束では、裁判所は最初の事件で拘束力のある決定を下すが、しかし後に再検討してもよい。これに対し、古いアプローチでは、最初に拘束力のある法理を確立するには複数の司法意見が必要だとされていた。「重要な違いは、先例拘束の法原則の下では、権威ある裁判所が単独で著した一つの判決が後に続くすべての事件を拘束するということだ。一方、伝統的に用いられてきた先例は、いくつかの事件でそれぞれに同意されたパターンを通じてできあがったのである……」。(28)

同じ意見提供者と異なる意見提供者：セカンド・オピニオンの仕組みには、異なる個人や機関からの二つの意見を必要とするものがある。これは私法における典型的な場合であり、患者や依頼人がある専門家から最初の意見を得た後、第三者からセカンド・オピニオンを得る。それとは対照的に、他のセカンド・オピニオンの仕組みでは、異なる手続きで、あるいは時間の経過後に、同じ意見提供者から続けて二つの異なる意見を得る。たとえば二回可決要件や二読ルールは、最初の決定を行ったのと同じ立法部門から冷静な再考を得ようとする試みとして正当化されうる。

個人の意思決定者と集団の意思決定者：　行動する前に二つ以上の意見を得る意思決定者は、患者や依頼人のような個人であってもよいし、複数のメンバーがいる機関や裁判所のような集合体であってもよい。前者の場合、個人は専門家から二つ以上の意見を得ることができるが、行動を起こす前に**自分自身**から二つ以上の意見を得ることもできる。重大な意思決定をする前に「二度考えよう（think twice）」というアドバイスのように、実用的な意思決定の標準的な格律はその路線を勧める。この種の実用的なアドバイスを定式化してテストすることで、個人の意思決定者が不確かな量について二つ以上の推定量を作るために自分自身の内的な確率分布を標本とする、という可能性を検討する文献が少数ながら増えている。[29]この手順は、集団内で複数の推定値を平均化するのと似ており、よりよい推定量が出されることが示されている。このように個人は一種の内的な「集合知（wisdom of crowds）」を用いるのである。[30]自己標本化を行う個人に推定の間の相当な時間が許容される場合、その精度の便益は特に大きい。[31]

必須の／任意のセカンド・オピニオン：　多くの場合、セカンド・オピニオンは任意だが、必須とされる場合もある。患者自身が医療費を負担する場合にはセカンド・オピニオンはまったく任意であるが、一部の医療保険制度では、特定の処置についてセカンド・オピニオンが必須とされる。[32] オレゴン州尊厳死法では同様に、二人の医師が患者が終末期であることに同意した場合にのみ、積極的安楽死に必要な薬の処方箋を得ることができる。[33] 助言と同意という憲法上の要件の下では大統領が特定の階級の公職者を任命するのに上院の承認が必要だが、その一方、二院制の下では法律が変更される前に両議院の同意がなければならない。

勧告的意見と拘束的意見：　たとえセカンド・オピニオンが必須であったとしても、勧告的であることもあれば拘束力を持つこともある。拘束力を持つ場合、通常の初期設定ルールでは両方の意見提供者が承認しない限り、行為の案を実行できない——後で、その両方の場合と代わりになる初期設定ルールについて説明する。勧告的な場合には、法律でセカンド・オピニオンを得ることが必須とされていても、意思決定者はどちらの意見に従うことも要求されず、特に二人（以上）の意見提供者が合意することも要求されない。行政機関が他の機関や行政官、あるいは諮問委員会と協議し、行動を起こす前にセカンド・オピニオンを得ることが法律で義務付けられている場合も多い。しかし、そうした法律は通常、協議した当事者に決定について拒否権を与えるとか、意思決定機関が協議した相手の意見に従うことを要求したりすることはない（ただし、意思決定機関はそれを拒否した理由を記録に残さなければならない場合はある）。[34]

セカンド・オピニオンの仕組み：ある定義：　こうした区別を踏まえると、分析すべき仕組みの種類をいまや定義しなければならない。事実、因果関係、政策、法律などの問題について、何らかの（複数の）意思決定機関から二つの前後した意見を得ることを許す、または要求するような制度的な取り決めとしてセカンド・オピニオンの仕組みを一般的に定義しよう。これまで示した次元について、この定義が焦点を当てるのは、（一）判断の集約を通じること、（二）前後して出された意見であること、（三）法的現状に変化が起こる前であること、である。他の次元では、私の分析は包容的になる。（四）全体的意見か部分的意見を問わず、（五）同じ／異なった意見提供者の両方によるものであり、（六）個人か集団的な意思決定者によるものかを問わず、（七）必須であるか任意であるかを問わず、（八）勧告的であるか拘束力であるかを問わない。もちろん、問題を異なった形で区切ることもできる。こうした定義によって具体的にされた選択肢の基本的な動機は、まったく実用的なものである。私は、これが憲法や制度をデザインする者にとって主に関心となる場合を説明し、「セカンド・オピニオン」の一般的な用法を捉えていると信じている。しかし論より証拠であり、いずれにせよ、分析が進むにつれて比較や対照のために他の場合も考慮に入れることになるだろう。

第三節　便益、コスト、比較静学

制度システム内のアクターの立場からすると、行動を起こす前に、いつ、そしてなぜ第二の（または三番目の、N番目の）意見を得ることが望ましいのだろうか。制度設計者の立場からすると、システム内の意思決定者が行動を起こす前に、いつ、そしてなぜ第二の（または三番目の、N番目の）意見を許容または要求する制度的取り決めを作ることが望ましいのか。私はセカンド・オピニオンの仕組みの主な便益とコストを明らかにし、その比較静学（comparative statics）を試みたいと思う。それはつまり、セカンド・オピニオンの仕組みが最もうまくいく（あるいは最もうまくいかない）条件である。

第四節　便益

酔い醒ましと「しらふでの再考」：セカンド・オピニオンの正当化理由でよく指摘されるのは、**酔い醒まし**（cooling off）の便益である。最初の意見は感情が入っていたり、熱くなっていたりするが、セカンド・オピニオンはより冷静である。セカンド・オピニオンの核心には、悪い意思決定を取り除く追加的なフィルターがある。ひどかったり思慮の足りのない意思決定に対する予防策である。

しらふでの再考はしばしば文字通り、次のようになる：酒を飲んでいた『マケドニアの』フィリップ王に不当な判決を受けた『ある女性が』控訴すると叫んだ。誰に対して控訴するのかと問われると彼女は「フィリップ王に」と答えた。「しかし、しらふのフィリップ王に」と。彼があくびをしていたときに彼女はワインの匂いを発散させた。彼女の用意周到な勇気によって酔っぱらいは正気に戻り、事件をさらに慎重に検討した後、より公正な判断を下すことになった。(35)

しかし、しらふは比喩的に、政治的な熱情や乱暴と対比することもできる。上院が冷静な再考をもたらしているというとき、その暗黙のイメージは貴族政的なものである。つまり、下院は政治的に乱暴な人民の代表であふれており、一方、上院議員や貴族は政治的飲酒を控えることができるのである。同様に、二院制に関する有名な（そして嘘くさい）逸話では、上院は下院の政治的温度を下げるといわれている。

ジェファソンがフランスから帰ってきたとき、ワシントンと朝食をともにし、なぜ上院に賛成するのかと尋ねた。ワシントンは「今なぜ、コーヒーを飲む前にソーサーに注いだんだい」と言った。ジェファソンは「冷ますためです。私の喉は真鍮製ではありません」と答えた。ワシントンは「だとしたら、上院ソーサーに法律を注いで冷まそう」と述べた。(36)

認知的多様性：　セカンド・オピニオンの仕組みの、距離はあるものの関連している正当化理由の一つとして、**認知的多様性**（epistemic diversity）の価値が指摘される。(37)酔い醒ましの正当化と異なり、これは第二の意見が最初の意見よりも優れているという仮定を必要としない。この構図では、単に二つの意見が異なる角度から伝えられ、その違い自体が認知的な価値がある。なぜなら、それは意思決定者が真実を三角測量するのに役立つからである。この考え方は二つの関連したメカニズムに基づいている。統計的集約と観点の集約である。

統計的集約は典型的には、未知の固定量を推定する問題によって説明される。この種の作業では、複数の推定値を平均化する決定手順が明確な認知的利益をもたらす。二つの推定値の平均誤差は、単独の推定値の誤差よりも小さくなる傾向がある。ランダムな誤差が取り除かれるからである。個人間で平均化を行うと、個人間に互いに相関のない異なった系統的バイアスがある限り、それも取り除くことができる。[38]

定量的な推計を伴う作業は単純化されている。もちろん、法制度が取り組まなければならない認知的な課題のほとんどは、はるかに複雑なものである。この推定作業は、正しい答えがある場合に、いくらか限定された、複数の独立した推定値の平均が真実へと収束する傾向があることを示しているにすぎない。それは純粋に統計的な理由によっている。独立した推計値の数が多いほど、特異な推計値が取り除かれる可能性が高くなる。高い側で誤るものもあれば低い側で誤るものもあり、推定値の集団の平均は、推定値の数が増加するにつれて真実に収束する。この統計的な要点がコンドルセの陪審定理の根底にあり、その最も単純な形では、集団が二項選択で投票する場合に、各投票者は誤るよりもわずかでも正しい可能性が高く、各投票者の誤差が相関していない（票が「独立」である）場合、そのグループの多数決は個々の投票者よりも正しい可能性が高く、多数決が正しい確率は集団の規模が大きくなるにつれ確実性へと収束する、ということである。[39]

もう一つのメカニズムは観点の集約に関わり、「群衆の知恵」[40]というアリストテレスの考えによって説明される。

個人的に優れているわけではない多くの人々が集合し、個人的にではなく集合的に見られるときには、少数の優れた人々よりもさらに優れうる。ただ一つの財布から提供される夕食よりも、多くの人が貢献する祝宴のほうがよいのと同じである。多くの人々の中の各人はそれぞれ優れた点や実用的な知恵を持っているのだから、それらが合わさったとき、いわば多くの手足や感覚を持った一人の人間となるのである。それは性格や思考についても同様である。だから、多数の人々はただ一人よりも音楽や詩についてよい判断を下すことができる。というのは、ある部分を理解している者もいれば、別の部分を理解している者もいて、その中で全体を理解するからである。[41]

伝統的なケースでは、セカンド・オピニオンを提供する医師や弁護士が、患者や依頼人が問題の全体像を把握するのに役立つ新しい観点を提供することがある。これは盲人と象の物語に似ている。ヘロドトスはペルシア人の物語で、観点主義（perspectivism; 遠近法主義とも）の極端な例を出している。

ペルシア人が酔っ払ったときに重要なことを議論するのもまた一般的な習慣である。そして翌朝しらふになると、前日の晩に決めたことが、そこの家の主人によって目の前に示される。それが認められれば、それに基づいて行動する。もしそうでなければ、彼らはそれを取っておいた。しかし最初の議論ではしらふのこともあるのだが、その場合は必ずワインを飲んでその影響の下で考え直す。[42]

ヘロドトスが語るペルシア人は酔っ払いの観点を肯定的に評価している。意思決定という目的そのもののために酔っ払うことを習慣とするほどである。

多様性という根拠を支えるメカニズムは本質的に脆弱であり、意思決定における細かい状況に左右される。主な問題は、各意見がどれぐらい相関しているか、あるいは独立しているかということだ。相関が大きければ大きいほど、ランダム誤差や系統的バイアスが排除されにくくなるので、意見を追加することの便益は少なくなる。

問題の一つは、**共通の専門知は共通の盲点を含む**ということだ。相談する医師が二人でも十二人でも、標準化された医師養成と「ベスト・プラクティス」に画一的で誤った信念が含まれている場合には、認知的な多様性が保証されないだろう。共通の訓練や情報基盤のせいで専門家たちの見解の相関が大きいほど、次の専門家に相談することによる限界的な利益は減少する。量的推定に関する実験室実験のレビューによると、三から六の意見で、追加される意見から得られる精度の便益がなくなってしまう。(43) 重要なことにこの数字ではさらなる意見を得るための直接コストと機会コストが考慮に入れられていないため、最適な意見の数は通常、より少なくなる。(44) この点については後で戻る。

もう一つの問題は、**情報カスケード**に関わる。そこでの独立した誤りは共通のトレーニングからではなく、情報コストがある場合には他者の判断のコピーが合理的であることによって生じる。（対照的に**評判カスケード**(45)は、判断を表明することが社会的な不名誉を招きかねないと懸念されるときに生じる）。情報カスケードが起こるのは、第二の、または後続の意見提供者が、自分が個人的に持っている情報を合理的に無視し、既になされた意見にただ乗りするときである。それによって一連の高度に相関した、しかし信頼性のない意見がもたらされる。この問題は、第二の意見提供者に最初の意見提供者が有する基礎的情報をすべて開示するか、または第二の意見提供者は最初の意見の存在も内容も知らないようにすることによって未然に防ぐことができる。(46) それとは対照的に、共通の専門的訓練とベスト・プラクティス基準によって独立性が損なわれる効果は、たとえ第二の意見提供者が最初の意見を知らなくとも起る。

正統性と確信：　最後に、セカンド・オピニオンは、少なくともそれが最初の意見と一致する限り、その決定にさらなる**正統性**（legitimacy）を与えたり、意思決定者の決定が正しいという**確信**（certainty）を上昇させたりする。この二つの概念の関係は、正統性は認知的な用語によって、政府の決定が正しいという公衆の確信や信頼として理解することができる。だからこの意味での正統性は実際のところ、重要な場合ではあるものの、確信の特別な場合にすぎない。[47] 一般に、後から確認する意見が確信を高めるということは相当程度に明らかだろうから、私は正統性のいくつかの例とそれ固有の問題に焦点を当てたい。

チャールズ・ブラックとアレクサンダー・ビッケルによる有名な主張によれば、裁判官が司法審査の後に制定法を支持するとき、連邦議会によって制定されることから得られる正統性を超えた、さらなる政治的正統性を与えることになるという。[48] この議論を裏付ける正統性の概念は不明確であるが、[49] 認知的に解釈することができる。市民たちが世界の状態を直接に観察することはできないとしても、相関していない、あるいは反対のバイアスを持つ行政官によって支配されている政府部門とは異なる部門が同じ政策に合意していることを知ったならば、市民たちはその政策の正しさをさらなる自信でもって推定することができる。

他の例としては、OIRAが執行機関に費用便益分析の採用を求める広範な権限を与えた一連の執行命令がある。レーガン大統領の最初の命令には議論の余地があったが、その後の民主党と共和党の大統領たちは、時間の経過に応じた微調整は行ったものの、基本的な枠組みはそのままにしてきた。したがって、いまやコスト・ベネフィット分析は党を超えて承認されたことにより、行政国家の正統で確立された特徴となっていると主張されている。(50) 一つの解釈は、コスト・ベネフィット分析はその実際のコストはともかくとして、いまや行政全体にとって有益なツールであると国民が確信するより大きな理由があるというものである。

そう解釈した場合、正統性は決して問題のない概念ではない。一つには、正統性は単にセカンド・オピニオンを支持する他の根拠に随伴（supervene）しているか、あるいは寄生しているのかもしれない。おそらくセカンド・オピニオンの仕組みが正統化の効果を持つのは、他の便益を生み出す限りにおいてのみだろう。しかしそれにもかかわらず正統性は独立の便益になるかもしれない。それはちょうど、判決強化（sentence enhancement）がその基礎となる判決に寄生的であるものの、その効果を強化するのと同じように。また別の問題は、確信を高めるという意味での正統性は諸刃の剣であるということだ。というのも、二人の意見提供者の間の不一致は、どちらか一方だけと、あるいは他の意見提供者と相談した場合に比べて、最終的な決定の正統性を低下させうるからである。もし下院が法案を承認し、上院がそれを否決すれば、その法案が単に一院制議会で否決された場合よりも国民の不満は高まるだろう。左派と右派で構成される上位裁判所は両派が合意した決定に特別の正統性を与えるだろうが、両派が不一致の場合は政治的緊張を悪化させ、それはおそらく連邦最高裁が単一の見解に支配されている場合よりも高いレベルに達するだろう。

第五節　リスクとコスト：無益、危険性、逆転

セカンド・オピニオンの主な利点についてはここまでにする。しかしいつものように、予防策は自分自身への競合問題をもたらしうる。私が焦点を当てる無益問題は、追加的な意見が意思決定にいかなる限界便益ももたらさないがゆえに生じる。そして危険性問題は、セカンド・オピニオンの仕組みの他の利害の幅に対してコストがかかりすぎることになる場合である。そして逆転問題は、セカンド・オピニオンの仕組み自体が、性急で考慮の足りない決定を下すリスクを高めるということである。

誤差の相関、無益問題：　意見提供者間の誤差の相関が増加するにつれ、追加の意見を得ることの便益は減少する。どれだけ多くの専門家の意見を得られるかが問題である場合には、同じ分野の専門家の意見に特有の相関のために限界便益は減少する。(51) 既に言及したように、関連する心理実験のレビューによれば、通常の推定の場合には「多数の意見を平均化することで得られることのほとんどを達成するには、わずか三から六の判断で十分であろう」。(52) これは精度の問題についてのみ述べている。追加的な意見を得るための直接コストと機会コストも考慮に入れた場合、最適な意見の数はほとんど常に少なくなる。極限においては、一つの追加的な意見でさえ正味の限界便益を生み出さないか、あるいは正味のコストさえもたらすかもしれない。たとえ正味の限界コストが回避されたとしても、誤差の相関が非常に高い場合には、第二または第Nの意見は単に無益であるかもしれないということは依然としてあてはまる。

直接コストと機会コスト、危険性の問題：　セカンド・オピニオンを得るプロセスには、直接コストと機会コストの両方がある。私的な状況での直接コストは、患者や依頼人（または保険会社や、保険会社として活動する政府機関）が、第二の医師や第二の弁護士が意見をまとめるのに費やした時間を自己負担しなければならないことである。公的な状況でも直接コストが重要になることもある。二組の陪審員が連続して担当し、公判になる全ての事件についてセカンド・オピニオンを確保する仕組みは単純に、費用がかかりすぎる。

サミュエル・ジョンソンは熟慮のコストを次のように説明している。

> 病人の場合を考えてみよう。私は二人の医師に電話したが、両者の意見が異なる。私は二人の間で横になって死ぬわけにはいかない。何かしなければならないのである。(53)

最善の治療法が何であれ、何もしないことは明らかに最悪である。ジョンソンが「二人の間で横になって死ぬ」としているのは、機会コストを理解できず、同じように誘惑的な二つの干し草の間で餓死したビュリダンのロバを模したものである。

機会コストが十分に高ければ、たとえセカンド・オピニオンであっても望ましくないかもしれないし、ましてサード・オピニオンは論外であろう。医療で時間が決定的なとき、セカンド・オピニオンを得ることは致命的な失敗になるかもしれない。機会コストは、患者や依頼人がセカンド・オピニオンを得るまで決定を延期しなければならず、その間に状況が悪化するかもしれないことである。同様に、船長が一人だけでなければならない理由や、そして「一元的執行権」[54]の主な主張は、緊急時にはセカンド・オピニオンや委員会の決定を待つ時間がないということである。

公的な状況ではたいてい、機会コストは直接コストよりも大きい。たとえば、行政機関の行為を審査する裁判官のパネルからセカンド・オピニオンを得るための直接コストは小さい。弁護士費用があり、訴訟当事者は少額の手数料を支払わなければならないが、この仕組みへのアクセスは少なくとも形式的にはすべての人に開かれており、当事者は裁判官やその他の職員が費やした時間について直接支払うことはない。むしろ公的な意見提供者は実際のところ、待ち時間を通じた非価格割当制をとっている。行政機関の行為に対する司法審査を得るための主なコストは訴訟コストではなく、遅延なのである。最終的な司法判断を得るには、数か月から数年がかかりうる。後に述べるように、セカンド・オピニオンの機会コストは、多くの公法上の申請において主たる考慮事項である。

第二章で発展させた枠組みによれば、セカンド・オピニオンの直接コストと機会コストは危険性の問題である。考慮の足りない意思決定に対する予防策がそうしたコストを無視する限り、そのコストが便益を単に上回る制度的配置をもたらすかもしれない。考慮の足りない決定は他と比べれば単に悪いことの一つであり、熟慮は他と比べれば単によいことの一つである。

認知的モラルハザード、逆転問題：　第一の専門家の意見が第二の専門家によって検討されるとき、第一の専門家がその検討を予期した場合、第一の専門家の意見に一体どのような影響があるだろうか。ある機関の決定を別の機関が検討するとき、最初の機関のメンバーがそれを知っている場合、その機関の決定はよくなるだろうか、それとも悪くなるだろうか。このような場合、いくつかの異なる影響が考えられる。医療の意思決定で必須とされるセカンド・オピニオンについての研究では、必須のセカンド・オピニオンの主な便益は**見張り効果**（sentinel effect）だと示唆されることがある。第一の医師はセカンド・オピニオンによる再検討を予期しているが、そうでない場合よりも勤勉なのである。[55] しかし再検討を予期することは、**モラルハザード**の認知的バージョンを誘発するかもしれない。セカンド・オピニオンがあることによって最初の医師は、誤りがあれば後の医師が見つけてくれるだろうと期待し、いい加減で性急な診断を下すように誘導されうるのである。

認知的なモラルハザードは逆転問題を引き起こす。セカンド・オピニオンの提供者が第一の意見の誤りの不完全な検出者であると仮定すると、モラルハザード効果は、必須のセカンド・オピニオンの仕組みは実際のところ、それが防止する以上に多くの誤りを増やしてしまう可能性があることを意味する。一般的な要点は、最初に意見を出した者が再検討を予期することによって、情報を得るための投資を十分にしなかったり、既に持っている専門知の援用を躊躇することが誘発されうるということだ。[56]

こうした例における因果的メカニズムは、他の文脈にも一般化される。たとえば二院制についてジョセフ・ストーリーは、第二の院が悪い立法に対して「予防策として間接的に機能する」ことで見張り効果を生むと主張した。[57] それとは対照的に、一院制を支持する標準的な主張はモラルハザードに訴えかける。「第二院の存在は、立法上の不注意を可能にし、促進してしまうのである。一方の院が独立した評価なしに、他方の院の行動を信頼して性急に受け入れたり、他方の院による修正や拒否を期待して、考慮の足りない法案を通過させたりするように」。[58] 一般に予想される反応の法則では、第一の意見提供者の行動はセカンド・オピニオンが得られない仕組みとは異なることを示唆するが、その違いの性質は不明確であり、きわめて偶然的である。まとめて言えることはせいぜい、見張り効果の可能性が増加するにつれてセカンド・オピニオンの仕組みの便益が増し、他方でモラルハザードのリスクが増加するにつれてセカンド・オピニオンの仕組みのコストが増すということである。状況によっては、よい影響と悪い影響が同時に発生することもあるかもしれない。

コストと便益の最適化：これまで見てきたように、セカンド・オピニオンの便益は限界において減少するが、その主なコストは、それを得るための直接コストと、意思決定を遅らせることの機会コスト、そしてその見通しが第一の意見の質を低下させるモラルハザードのリスクである。こうしたコストは、孔子が次の言葉で述べるように最適化の問題を含んでいる。

季文子『公職者』は、行動する前に三度考えた。これを聞いた孔子は、「二回で十分だ」と述べた。(59)

ある問題を再検討するたびに、限界便益が減少し、限界コストが増加する。孔子が示唆しているのは実際のところ、二回の考慮や意見が最適だということかもしれない。(60) そうであるかどうかに拘らず、セカンド・オピニオンの仕組みの設計者は一般的に、他の意見提供者に相談することの限界利益（バイアスの部分的な相関によって減少する）と、追加的意見を得ることの限界直接コスト、限界機会コスト、そしてモラルハザードのリスクとをトレードオフしなければならない。

第六節　セカンド・オピニオン：予防的／最適化アプローチ

セカンド・オピニオンは、意思決定の質を向上させることを約束する手続的な仕組みである。こうした仕組みは、審議不足や、熱情とバイアスによって歪められる意思決定のリスクに対する予防策として、憲法ルール作成に広く見られるものである。問題は、検討と手続きのわずかな増加であってもコストやリスクから逃れられないということだ。価値中立的な手続きを評価する傾向がある憲法ルール作成のリベラルな理論は、その後の手続きのコストのマイナス面に慢性的に鈍感である。

私は、セカンド・オピニオンの仕組みは、意見提供者間で誤差の相関が高い場合には、無益でありうると主張してきた。追加的意見の直接コストと機会コストが便益を上回る場合には、危険性の問題を引き起こしうる。そしてセカンド・オピニオンへの期待が第一の決定の劣ったものにするとき（「認知的モラルハザード」）は、決定の質を落とすという逆転の害悪さえもたらしうる。セカンド・オピニオンへの成熟したアプローチは、意思決定手続き一般に限界的な層を付け加えることであり、それはそうしたリスク全部を横断的に最適化する。それは改善のためにはより多くの手続きが必要であると想定する系統的な予防的バイアスなしに行われなければならない。

第六章　専門知のリスク：政治的な行政と専門家の集団思考

政治的リスクの実例研究の最後に、行政国家を取り上げる。ここで関係する法は、厳密な意味での憲法の一部だけである。一八世紀の最初のアメリカ成文憲法からわかるのは、主として一九世紀と二〇世紀に生じた行政国家の重大な問題について憲法テクストはほとんど何も語っていないということだ。問題になっている点について成文憲法が言及している場合でも、その見解は曖昧で、神託のようでさえあり、憲法解釈の方法を通じて具体化させなければならない。したがって、行政国家を構築し、支配する法は、大部分が憲法に準じる枠組法に由来している。とりわけ一九四六年の行政手続法（APA）がそうである。

ここでも政治的リスクの規律が中心的な課題であり、政治的リスクの予防的な規制と成熟した規制の対比が分析の中心となる。それぞれ競合する政治的リスクと政治的権力に直面した行政国家は、最適化どころか、一時的な妥協（modus vivendi）を見出すのにも苦心する。理論的な水準では、法と民主主義、専門知にはすべてそれぞれの言い分がある。具体的な政治の水準では、競合する機構や利益団体が行政機関と衝突する。一方で議会が作る法律と議会委員会の監督によって、他方で大統領の政策とホワイトハウスの監督によって形作られた永続的な紛争地帯において、行政機関は、法や政治、そして科学的な事実や因果関係について決定を行う。この三すくみの三本目の脚が決定的である。というのも、行政機関が決定する争点は複雑であり、事実や因果関係はつねに難しく、反論にさらされる。そして行政機関は自身の決定を、専門家や専門委員会、あるいはその機関内部のスタッフの専門家の見解に基づかせることが許されているか、要請されているのである。

政治機構、行政機関、専門家、そして科学と政策のフロンティアにおける複雑な争点が背景において相互作用することにより、二つの政治的リスクが生み出される。それはここまでずっと用いてきた、二階の意味での政治的リスクである。それが生じるのは、一方で行政機関の政治任用者、あるいは大統領官房の政治アクターに対する、他方で専門家に対する、意思決定権限の配分からである。

そうしたリスクの第一のものは、**専門家の政治化**、つまり利益集団や政治家、行政の政治任用者が隠れた目的のために科学的・技術的な主張を戦略的に用いることである。「科学の見せかけ」(1)は、偽の因果的・事実的主張の形を必ずではないが取りうる。科学的な合意がまだ固まっていないところでは、もっともらしい主張の中からの政治的に動機づけられた選り好みでしばしば十分とされる。多くの場合、(2)専門家の合意は科学が政治化されたことを定める暗黙の基準として用いられる——その基準自体は理論化されていないのだが。

政治化のリスクに対する、公法による標準的対応は二つの形のうちの一つをとる。すなわち当該行政機関の長を独立させる、つまり大統領や議会による罷免の対象としないことによって政治から隔離させるか、あるいは外部の独立した専門家委員会の勧告を考慮に入れるように行政機関に求めるかである。

最も重大な場合には、行政機関は専門家の見解を最重要視するように法律によって義務付けられる。アメリカ大気環境基準の改定の際、環境保護庁（EPA）は常設の清浄大気科学諮問委員会の報告を考慮に入れなければならないし、委員会の「事実認定」や「勧告」から外れる場合には、いかなるものであれ説明しなければならない。[3] 同様に、アメリカ保健福祉省内に小児ワクチン諮問委員会が議会によって設立されている。委員会から勧告を受け取った場合、保健福祉省長官はそれに沿ったルール作成を行うように指揮するか、そうでなければそれを拒む「理由書」を『連邦行政命令集（Federal Register）』に公表しなければならない。[4]

こうした対策を理解するやり方の一つは、政治に対する制度的予防のセットとしてである。独立行政機関の隔離や、専門家が果たす強制的な役割は、利益集団やホワイトハウス、その他の政治的アクターの干渉から行政機関の意思決定を保護することを目的としている。しかしその解決策自体が、それに続いて競合するリスク、すなわち専門家による病理的な意思決定というリスクを生み出す。専門家委員会は集団であり、多くの場合、そうした委員会がよく機能するのは、そのメンバーが専門家であるという理由だけでなく、集団的な知の多様なメカニズム、すなわち「（専門家の）集合知」の恩恵が得られるからでもある。しかし同様に、専門家の集団は、あらゆる集団的意思決定に内在する病理である「（専門家の）衆愚」や、職業専門家に特有の病理に悩まされるおそれもある。専門家集団が悩まされうるものは、関連する問題で少しだけ例をあげると、過度の自信、技術至上主義による近視眼、偽の合意（false consensus）、動機の不足などである。

結局のところ、行政法はこうした競合リスクに対応し、トレードオフし、そして可能ならば最適化しなければならない。本章では、一方で政治的影響を受ける行政機関の意思決定、他方で専門家集団による意思決定にそれぞれ特有の長所と短所を説明し、競合する政治的リスクに対応するための論拠と原理を探りたい。その原理は、関連するあらゆる害悪について予防的ではなく成熟した見方の実現を試みるものである。全体を通して私が試みるのは、本案についての正しい一階のルールを得ることではなく、その構造を正しく分析することである。私が主張する原理が正しいバランスを生むかどうかはともかく、ここでより重要な点は、前の章と同様に、ある種のリスク（政治化など）に対する予防は、競合リスクを考慮に入れる必要があるということであり、それには予防それ自体によって生み出されるリスクも含まれている。行政国家で発生する可能性がある、あらゆる関連リスクにとってすぐれた行政デザインの基本となるのは、最大化ではなく最適化された予防である。

第一節　行政機関と専門家：いくつかの原理

事実と因果関係の問題について、行政機関は専門家の合意に、あるいは専門家の「合意とまでいえない」多数派の見解に従わなければならないのか。既に触れたように、よく知られた大気浄化法など、いくつかの規制法令は専門家委員会を設置しており、委員会は行政機関に対し、提案するルールを委員会に提出するように要求する。行政機関は委員会の言う通りにするように法的に義務付けられてはいないが、委員会の過半数による事実認定や勧告意見を拒む場合には、十分な理由を提示しなければならない。

裁判所は提示が要求されている理由を、単に一階の理由、すなわち争点になっている事実関係や因果関係、予測の問題についての当該行政機関の実質的な見解を理由付けて述べるものとして軽はずみに解釈することがある。

しかし、科学の政治化と専門家の病理という競合リスクを考えるならば、このアプローチは間違っているかもしれない。私が言いたいのは、トレードオフの成熟した考慮は、次のようなアプローチを意味しているということだ。すなわち、裁判所が行政機関に要求すべきことは、専門家の合意に反対する妥当な二階の理由を示さない限り、行政機関はそれに従わなければならない。言い換えれば、行政機関は、専門家委員会の事実認定が行政機関によるものと比べて認識として疑わしいと考えるために妥当な、二階の理由を提示することを要求される。そのような二階の理由がないのであれば、事実問題に関する専門家委員会の見解は当該行政機関の一階の判断に勝るはずである。一階の判断はまた別の専門家による投票にすぎないのであり、そういったものは専門家の合意や、それに反する（特別）過半数の見解が存在する場合には打ち負かされるのである。

この分析は、事実に争いがないときに代替的な政策の評価方法について委員会の見解を行政機関が尊重しなければならないということは意味しない。その問題については、法が許す限りにおいて行政機関の判断が決定的なのである。その結果、行政機関の決定が委員会と異なる評価に基づいている場合、行政機関はそれを明確にするインセンティヴを持つことになり、そして行政機関の規範的コミットメントが、外部からの監視者、つまり議会や裁判所、公衆にとって明らかなものとなる。

興味深いことに専門家委員会の投票ルールは通常、不明確なままにされているが、専門家の特別過半数ではなく、単純過半数が決定的であるとみなされるのが普通である。それは専門家会員会がそれ以上の賛成なしに行政機関を拘束できるという意味ではなく、当該「委員会」自身の見解を述べる権限が過半数に与えられているということである。後で見るように、この想定には適切な認知的理由がある。広範な状況のもとで、専門家の単純過半数の見解は他のいかなるサブ集団の見解よりも確からしいからである。行政機関が理由をもって対応することを強いるにあたって、委員会の専門家の特別多数を要求することは、実際には、より小さなサブ集団の見解に特権を与え、認知的に悪い結果をもたらすだろう。

第二節　なぜ専門家委員会を尊重するのか?

行政機関が専門家の結論を尊重すべき条件を理解するためには、より単純な問題から始めなければならない。行政機関は決して政治化されることがないと仮定しよう。行政機関は単に福祉を最大化する意思決定を行うことを望んでいるが、情報のコストと政策争点の複雑さのため、行政機関が何をすべきかが不確実になっている。このような状況で専門家集団によって示された結論に、行政機関はなぜ、いかなるものであれ注意を払うべきなのか。専門家による理由はもちろん、それ自体として、行政機関にとって説得的かもしれないし、そうでないかもしれない。しかし、専門家集団、あるいは集団の過半数がいずれかの結論を出したという事実それ自体が理由に関わりなく何らかの重みを持つのだろうか。行政機関はなぜ、そのようにして専門家の数を数えるべきなのか?

専門家の数を数えることには、リスクと不確実性下の意思決定の理論に根ざした肯定的な根拠がある。最適な意思決定には、最適な情報収集が必要である。行政機関の課題は事実を正しく認定することだが、そのために無限の資源を投下することはできない。ある特定の条件下では、行政機関は専門家の数を数えることによって、その決定の正確さと意思決定コストの両方を考慮に入れたうえでの、決定の全体的な質を最も高めることができるだろう。

その条件はどういうものか。とりわけ、なぜ専門家の投票が行政機関自身の見解よりも認識として信頼できると考えられるべきなのか。その答えは、委員会の意思決定に関する合理的選択理論にある。当座の目的のため、この理論を二つの分野に分けることができる。それぞれに含まれているのは、専門家委員会のメンバーが持っている**情報の集約**と、そのメンバーによる**情報の獲得**である。

情報の集約の問題から始めよう。それは第五章で紹介したコンドルセの陪審定理のレンズを通すことで最もよくアプローチできるものである。正しい答えを得ようとして投票する誠実な有権者の集団の能力が平均して、少なくともランダムに決めるより少しは優れていると、ざっと仮定しよう。これは二つの選択肢がある場合、この有権者たちは間違うよりも正しい可能性がわずかに高いことを意味している。情報の獲得の問題に対処するため、さしあたり有権者の能力レベルはただそこにある外因性のものとして仮定する。

陪審定理が次に示すのは、この集団の規模が大きくなるにつれ、またメンバーの平均的能力が高くなるにつれ、あるいはその認知的な多様性が増すにつれ、その過半数の投票が正しい可能性が高くなるということである。この多様性は、集団メンバーのバイアスが負の相関になることを意味している。(9)

投票者自身が専門家である場合、後者の二つの条件である能力と多様性は食い違って働く傾向にある。専門家は個人個人の能力が高い傾向があるが、前章で見たように、専門家は同時に、高度に相関するバイアスを持っているかもしれない。それは共通の専門教育が理由かもしれないし、専門家はお互いの意見を真似るからかもしれない。

さしあたり重要な点は、多数決投票は専門家委員会のなかに分散している情報を最も効果的に集約するということである。集まった専門家の数を数えることは、行政機関にとって、たとえ自身が一階の能力を欠いていたとしても効果的に専門家の見解を集約できる手段である。頭数を数えることはそれ自体、行政機関にとって合理的な二階の認知戦略なのである。

陪審定理は、限定多数決の場合を除いて、特定多数決（「特別多数決」）のルールにも拡張できるが、それは様々な制約のもとでだけである。[10] 特定多数決ルールが正しい決定を行う可能性を最大化するということが示されてきたが、それは、他の選択肢が必要な特別多数を獲得しない場合には現状維持とされる、と規定されている場合だけである。[11] これは規制にあたっての現状――単にコモンローのベースラインであるかもしれない――に、[12] 理論的にも行政手続法の条項においても必然的な優先性が与えられていない行政国家においては疑わしい条件である。[13]

現状優先性が放棄されるならば、より弱い結果が支持される。「十分に規模の大きな『意思決定集団』において、……その投票者の平均的な能力［正解確率］が、決定に必要な票の割合よりも大きい場合、……集団の決定は、無作為に選ばれた一人の個人による決定よりも正しい可能性が高い」。[14] この条件は厳しいものである。たとえば、意思決定集団が三分の二の多数決ルールを使用している場合、平均能力は 0.67 以上でなければならない。こうした条件がない限り、陪審定理の背景をなす論理では多数決投票が認識論的に選ばれるということである。定理の他の条件を考えると、意思決定者のなかでより劣っているサブ集団はどれも正しい可能性が低い。そして、多数決投票のみによって現状に特権が与えられることもない。それは、規制が正当化されている場合に規制をしないことは、規制が正当化されていない場合の規制と同じぐらい危険であるという行政国家の一般的な想定によっている。

では、情報獲得の問題に目を向けよう。陪審定理の標準的な理解では、情報が外因性であることが前提されている。この仮定を緩めた場合、専門家の数と、その見解の認知的な質とのあいだにトレードオフ関係があることは明らかだ。情報が外因性であり、他の条件が一定である場合、専門家が多ければ多いほど、その集団の決定はランダムなものよりも少なくとも多少は正確である可能性が高くなる。しかし、専門家がどのくらいの量の情報を獲得するか（委員会の活動においてどれだけの認知的な努力をすべきか）を自分で決める場合、人数が増えたならば各専門家の一票が決定的になりにくくなるため、各自が費やす努力量が減ってしまう。[15] 委員会の規模を大きくしても獲得される情報が少なくなるため、情報の集計は必ずしも増えない。[16]

この問題は少なくとも三つの帰結をもたらす。第一に、最適化の問題である。委員会を設立する行政機関の設計者は、その貢献度や投票の質と、委員の人数をトレードオフしなければならない。[17] しかし、私が議論する現実世界のほとんどの例では、議会が委員会メンバーの数を設定したり上限をつけたり、行政行為に対する訴訟が提起される前に行政機関が既にそうしていたり、あるいは他のやり方で人数が外から決められていたりする。こうした一連の問題をまとめていこう。第二に、問題が特に深刻になりそうな状況では、委員会のなかで認知的ただ乗りのおそれがある場合、行政機関は委員会の勧告を拒絶するのに十分な二階の理由を持ちうる。この問題には後でまた戻る。

最後に、少なくとも専門家が高度に複雑な規制の問題に直面している場合、内因性情報の問題は、専門家の意見を利用しようとする行政機関にとって、多数決が専門家委員会の最善の票決ルールであり、また最善の人数の数え方であると考えるためのさらなる理由をもたらす。情報の質が低下するにつれ、各投票者はいくら努力しても事実についてきわめて不完全な考えしか持てなくなるため、最適な票決ルールが全会一致ではなく単純多数決に落ち着くことが示されてきた(18)。素朴な直観では、行政機関が用いるための事実認定などの場合、決定するために必要とされる特別多数が大きければ大きいほど、各メンバーが情報を獲得する努力は少なくなる。なぜなら、獲得される情報が不完全な場合、いずれか一人のメンバーの意見が決定的になることが起こりにくくなるからである。（あなたが全員一致の票決が要求されている十二人の委員会のメンバーになることを想像してみてほしい。あなたの一票は、他の十一人全員が同じ投票をした場合にだけ意味を持つ。事実がまったく明確でない場合、他の全員が同じ投票をする可能性はどれほどあるだろうか）。議会や行政機関が専門家委員会を必要とする、困難な規制問題のほとんどがそうであるような、きわめて不確かな情報環境に委員会が直面している場合には、単純多数決に近い票決ルールが最善である可能性が高い。

専門家が情報を獲得する努力を怠るのではなく、望ましい結果をもたらすために自分たちが既に持っている情報を操作したり歪曲したりしかねないおそれがある場合にも同様のことがあてはまる。熟議する専門家委員会の優れたモデルによれば(19)、多数決ルールは全員一致よりも、各人が持っている情報をありのままに出すインセンティヴを与える。その理由は、現状を変更するのに全員一致の票決が必要とされる場合、変更の支持に偏っているメンバーは自分の持っている情報を過剰に主張したり、それを操作する強いインセンティヴを持つからである。逆に多数決ルールは、変更について賛成や反対の様々なバイアスを持っているメンバーが情報を歪曲するインセンティヴを差し引きで最小限に抑えるのである。

第三節　専門家集団の問題

ここまで専門家グループによる意思決定の長所をいくつか見てきた。そして、事実関係や因果関係の一階の問題についてどのような見方を取るべきか自信のない行政機関には、大体において人数を数えることに十分な理由があることを論じた。それは言い換えれば、専門家委員会（の過半数）が考えることを尊重するという二階の認識的戦略を取ることである。とはいっても、専門家委員会は、集団的意思決定一般にともなう病理と、専門家に特有の病理の両方の問題を抱えている。行政国家における専門家の意思決定のコストとベネフィットについての成熟した考慮は、こうしたコストをすべて計算に入れなければならない。まず競合リスクについて詳しく述べ、次にそうしたリスクの意識も取り入れようとする成熟した原理について検討したい。

判断の改竄と集団思考：　主要な問題として、偽の合意（false consensus）、専門家集団内部の集団思考、同調行動（herding）があげられる。陪審定理の枠組みで懸念されるのは、ある特定分野の専門家集団が高い相関のあるバイアスを持つことである。それは共通の専門教育、お互いの意見への同調、あるいは専門家委員会が表向きのための見せかけの合意を作り出すことによってさえも生じる。見せかけの合意の場合、専門家たちは誠実に投票しようとしないため、定理の働きを掘り崩してしまう。こうした危険について順番に触れていこう。

専門教育の共通性は、ある科学の領域やその専門分野から構成された専門家委員会にあらかじめ組み込まれている危険である。意見の同調は「情報カスケード」によって生じうる。そうした状況で、個々の専門家は他の専門家の意見を自身の意見を形作るための基礎として合理的に使用するため、集団全体で表に出てくる独立した意見の数は減ってしまう。ここにはある種の認知的なただ乗り、[20]あるいは「認知のサボり（cognitive loafing）」[21]がある。集団内の何人かは自分から情報を出すことなく、他人の見解によってもたらされる情報から恩恵を得るからである。また「評判カスケード」[22]によっても同調が起こりうる。それは専門家が、無能だとか変わり者であるという烙印を押されるのをおそれ、先輩の科学者や当該分野で権力のある人物に従うことである。

専門家による判断の改竄について、専門家委員会はときに、実際にはない合意が存在するかのように煽り立てることを示してきた事例研究がある。[23]専門家委員会がそうするのは、行政機関や他の意思決定者に対しメンバー全体での影響力を最大化しようとしたり、委員会内の意見対立を表に出すと行政機関や世論が混乱に陥るのではないかというおせっかいによるものだったり、専門的知識の公的な評判を維持することに委員会のメンバーの職業上の利害関係があったりするからである。[24]こうしたことが起こるとき、委員会には自身の判断を改竄しているメンバーがいるのであり、委員会は全体として、意思決定者にとっては有用な情報である、専門家のあいだでの意見の不一致の存在とその大きさを隠すことになる。

専門家の集団思考の条件：　そうした懸念が深刻であるかどうかは、専門家委員会の構成、構造、意思決定プロセスによって異なる。どういった要因によって、集団思考や判断の改竄が起こりやすくなったり起こりにくくなったりするのだろうか。「集団思考（groupthink）」は、それ自体としては十分に定義された概念ではないが、様々な形の認知的なただ乗り、情報や評判のカスケード、そして既に述べた判断の改竄を手っ取り早く示すものとして使うことにする。問題はそれぞれ多少異なるが、多様な種類の集団思考の制度的決定要因がかなりの程度に重なっていることがわかる。

まず、委員会メンバーの多様性が増すにつれ、集団思考は起こりにくくなる。[25] 多くの委員会は関連する科学分野の専門家から画一的に選ばれている。他の場合、専門家委員会が異なる分野の専門家、あるいは非専門家さえも含むことが法律によって要求されていて、それはメンバーの養成過程、思い込み、知的な見かけを多様化する手段として理解できる。陪審定理の考えでは、このアプローチは平均的な能力の低下とトレードオフになる。なぜなら、多様化の要請によって集団全体のバイアスの相関を減らすため、人数規模が決まった委員会ではその分野の専門家で追い出される者が出るからである。適確な委員構成によって相関を減少させることの利益は、それによる損失を補って余りあることがありうる。そこでは一定程度の多様化が認識論的に最適となるだろう。[26] こうした論点にはまたすぐ戻ることにする。

集団思考のもう一つの主な原因は委員会の専門家によってなされる見解の表明であり、それは同時にではなく連続してなされるものである。もし、専門家が他の専門家の判断を知らずに自分の判断を表明するのであれば、評判に対する専門家の懸念から生じる偽の合意は依然としてありうるものの、同調行動やカスケードは防がれる。[27] 理想的には、情報と評判のカスケードを防ぐため、専門家は連続してではなく同時に投票するべきだ。しかし現実世界の条件では、同時に行うのは困難である。というのも投票に先立つ議論によって、専門家は他の専門家の立ち位置を理解するだろうからである。最近では、アメリカ食品医薬品局がその多くの諮問委員会に向けて発行した一連のガイドラインの中で、この緊張関係が明るみに出た。(28) ガイドラインは情報カスケードのリスクに関する学術文献を引用して同時投票を明示的に推奨している。(29) その一方で票決の前に徹底的な熟議を行うことを推奨し、他のメンバーの投票を知られないことで評判カスケードを防ぎうる無記名投票は推奨していないのである。(30)

専門家の報酬の構造もまた重要である。多くの科学委員会がそうであるように、専門家が報酬を受けないか、単に名目的な報酬にとどまる場合、認知的なただ乗り、認知のサボりに対するインセンティヴが最大であり、委員会内部での同調行動のリスクを増大させる。たとえ専門家が自身の仕事に報酬を与えられる場合でも、情報カスケードは依然としてリスクである。情報カスケード状況では、たとえ一個人が反対意見を持っていたとしても、十分な支持者のいる見解が他にあればそれに従うことが当該個人にとって合理的だからである。理論からも実験結果からも示唆されていることは、情報カスケードが形成されないようにする最善の方法は、個人の正確さによってではなく、当該集団の多数決の正確さに基づいて個々人に報酬を与えることである。(31) この報酬構造のもとでは、各人は自身の持つ情報を集団内で明らかにし、その集団（の過半数）が全体として正しい意思決定を行う可能性を最大化するインセンティヴを持つ。(32)

しかし、集団思考に対する懸念は、人数を数えることが行政機関にとって許容できない認知戦略であることを示しているわけでは必ずしもない。それが示しているのは、専門家の合意や多数決による見解を割り引くことについて行政機関や裁判所が正当な二階の認知的理由を持つことがあるということだ。

そうした場合については後でまた戻ることにする。しかし他の場合には、そのような懸念は関係しない。あるいはもし、それが関係しているならば、行政機関は、他の選択肢よりも、人数を数えることがよい認知戦略であると決定することが依然として合理的かもしれない。この条件のいずれかが満たされる場合、行政機関が専門家の数を数えることには何も問題ない。

私の結論は、専門家の人数カウントに基づく事実認定は、戦略的行動や判断の改竄、専門家の集団思考に関する二階の懸念についての特段の理由がない限り、十分に理由のある決定として扱われるべきであるというものだ。こうした条件が満たされない場合には、人数を数えることが決定の正当な根拠になるのは、行政手続法の定める範囲内でのことである。[33] 行政手続法にも、行政法の概念枠組みにも、合理的決定理論にも、こうした二階の理由を排除するように求めるものは何もない。専門家の数を数えることは、素人である意思決定者にとってどこでも使える二階の戦略なのである。それはそうした戦略の唯一のものではないのだが、他に選択肢がないことも多い。そのような場合、いかなる認知的な基礎もない一階の「理由」を素人の意思決定者に無理に出させて専門家の見解の不一致を解決させてしまうとしたら、それ自体、理由を欠いた意思決定である。

第四節　最適な予防：行政機関が専門家の見解を拒絶できるのはどんなときか？

ここまで行政機関がまったく非政治的である場合について議論してきた。福祉を最大化することだけを望み、専門家集団の合意や多数決による見解を尊重することが認知的によい戦略であると決めているような場合である。ここからはさらに難しい問題を論じなければならない。どのようなときに、法律は行政機関がそうした尊重を拒むことを許すべきだろうか。事実や因果関係、あるいは将来の予測について、専門家委員会の過半数または特別過半数の見解から行政機関が逸脱しようとしていると想定する。それは許されるべきだろうか。いかなる条件で、そしてどのような理由に基づいてそう言えるのか。

ここでの主な懸念は、政治からの圧力のもとで行政機関が、事実や因果関係の問題について、違法な理由によって、あるいは科学的に支持できない根拠によって専門家の見解を拒絶しかねないということである。政治に対する予防の必要性を強調する見方からは、行政機関が専門家委員会による事実関係や因果関係についての結論を拒絶することは決して、あるいはほとんど許されるべきでないと主張されるだろう。専門家集団の病理的な意思決定のリスクを強調する見方は、専門家の結論を拒絶する実質的な自由を行政機関に与えるだろう。私は両方の懸念に対応するための一連の原理、つまり両方のリスクを考慮に入れた一連の最適な予防策を提示したい。

粒子状物質の例：論争の本案に関して実質的な立場を取るのではなく、問題の構造を具体的に分析するため、ある例から出発しよう。ジョージ・W・ブッシュ政権時代の二〇〇六年に、環境保護庁（EPA）は粒子状物質の国家大気質基準（NAAQS）の改訂にあたって、大気浄化科学諮問委員会（CASAC）の勧告を拒否することを決めた[(34)]。CASACは、粒子状物質に関する小委員会での二〇対二の票決を得て、一立方メートルあたり一二〜一四マイクログラムの年間基準を勧告したのだが、EPAはそれを拒否し、当時の年間基準であった一五マイクログラムを維持したのである。EPAがNAAQSの改訂プロセスでCASACの勧告を直接に拒否したのはそれが初めてであった。

大気浄化法には、「『CASACの』事実認定『または』勧告と異なる」ルール案について、なぜ異なるのかを説明する義務を行政担当者に課す条項がある。(35) 担当者はいくつかの根拠をあげ、なぜ拒否したのかを説明した。(一) 行政機関の選択は「科学的研究のうち最も直接に関連のあるもの」(36) についての自身の見解に基づくものであった。(二) CASACは、行政担当者が現実に存在していると考えていたよりも科学的な不確実性を低く見積もっていた。(37) (三) 粒子状物質委員会の二二名のメンバーのうち二名が反対したため、CASACの勧告は全会一致ではなかった。(38) こうした言い分をいくらかまとめることで、行政担当者はCASACの事実認定と勧告から逸脱するにあたっての二種類の理由を示していると理解できるかもしれない。(一) 政府機関自身の専門知識に基づく一階の科学的理由、この場合は利用可能な最良の科学が何であるかということと、科学的な不確実性の水準についての専門的評価である。(二) 委員会の結論の認知的な力を弱めるために出された二階の理由、それは委員会が全会一致でなかったことにより、合理的な判断のできる専門家には同意しない余地があるとほのめかすものである。

二つ目の理由は、事実として委員会の事実認定の拒絶を正当化するに足りるものであったかどうかにかかわらず、原理的に、行政機関が主張すべき正しい種類の理由であると考えられる。そこで勝つためには、行政担当者は委員会の事実認定を拒絶するための正当な二階の理由を出すか、あるいは行政機関の規制上の優先順位や代替的な政策の評価が拒絶にとっての十分な根拠であることを示さなければならない。後者の場合、行政担当者は委員会との規範的な部分での違いを明確にしなければならず、それによって議会、裁判所、そして公衆は、行政機関の方針と行動を監視しやすくなる。最終的にコロンビア特別区巡回区控訴裁判所は、粒子状物質の年間基準についての行政担当者の決定を覆し、担当者は

「CASAC の勧告を受け入れない理由を十分に説明するのに失敗した」[39]と判断した。

第五節　専門家の意見対立と一階の諸理由

私が言いたいのは、科学的な論点についての行政担当者の一階の見解は、委員会の事実認定に対していかなる特別の重みも持つべきでないということだ。行政担当者は、少なくともその見解が通常、内部のスタッフである科学者の専門的知識を得ているという意味では、専門家である（後に見るように、それは常にあてはまるわけではなく、粒子状物質のルール作成ではそうでなかったのだが）。しかしもちろん、科学委員会のメンバーも専門家である。したがって行政担当者の見解は、他の専門家と同様、単なる一票として理解されなければならない。専門家委員会の見解が同数に割れているならば、行政機関の一票が決定的であり、どちらの見解も選ぶことができる。しかし、決定的多数の専門家が一定の見解を支持しているのであれば、行政担当者の反対意見は単にそれに反する一票でしかないため打ち負かされる。[40]

このアプローチは、この描像の中で行政担当者が単一の最も有能な専門家であると信じること――そう信じる者がいるのであれば――と完全に整合的である。陪審定理の重要な点は、どこか劣った専門家の集団であっても、その能力がランダムよりも優れている限り、より高い能力を持った一人の専門家よりも著しく優れることがありうる、ということだ。実際、同一の条件のもとでは、集団の中央値や平均値のメンバーの正確さは必ず、そのなかの最も有能な一人のメンバーの正確さを上回るだろう。[41]

行政機関はもちろん、委員会の言うべきことを聞き、その方法と結論を審査し、その後に自身の判断を形成することができる。これは、行政機関は自身の結論に委員会の専門知識のすべてを取り入れたうえで、それに自分自身の有する専門知識を追加できるということではない。(42) これを見るため、行政担当者が委員会に配置されていると想像しよう。行政機関に助言するために設立される法定委員会には、他の行政機関の長や、政府高官が含まれることがある。そのような状況で当該行政担当者は他の委員会メンバーにとって利用可能な情報を同様に考慮できるものの、単に他の投票者とともに一票を投じるだけであり、反対する見解の専門家が過半数であればそちらが勝るのである。行政担当者が委員会の事実認定を考慮に入れること、そしてそこから逸脱する場合に理由を示すことを法律が要求している場合、同じ論理が成り立つことを私は主張したい。そのような場合、行政機関自身の事実関係についての一階の見解は、委員会の専門知識の集計を上回るには不十分であるはずだ。

第六節　事実、因果、価値

したがって認知的に最善の実践《ベスト・プラクティス》は、事実と因果関係の問題についての行政機関の一階の理由を、反対する専門家の多くの票によって凌駕される、単なる一票として扱うことである。［専門家委員会の判断からの逸脱を正当化する］十分な「理由」の唯一のタイプは、事実関係を正しく把握するにあたって行政機関が委員会の（特別）多数よりも認知的にすぐれた位置にあると考えるものだ。それを示すことは不可能ではない――私はすぐ後に、ある特定の場合に行政機関が提出し、具体化できるかもしれない正当な二階の理由を素描する――が、通常は難しいだろう。

しかしこの議論は、特定の事実が与えられている場合に、可能な政策についての委員会の評価を行政機関が尊重しなければならないと主張するものではない。これまで見てきたように、裁判所は、反対の委員会勧告があったとしても行政機関が規制上の優先順位を設定し、資源配分を行うことを許している。その［委員会の権限に対する］制約の論理は、行政機関は法律が許す限りにおいて、委員会ではなく自分自身の選好に照らして可能な政策を評価してよいというものだ。そうすると、委員会の「事実認定」と「勧告」を拒否するにあたって理由を示すという法律上の義務(43)は、異なった帰結を生む、異なった二つの義務として最もよく理解できる。事実認定については、拒否すべき正当な二階の理由が何もないのであれば、行政機関は委員会の結論を事実関係の基礎として採用しなければならない。逆に、競合する政策について委員会と異なった評価をしたり、委員会とは異なる規制の優先順位を設定したりすることに標準的な一階の理由がある場合、行政機関は政策について委員会の包括的な勧告を採用する必要はない。しかしそのような場合でも行政機関は、委員会との評価の違いや、規制上の優先順位の違いを公開で述べなければならず、それによって裁判所や議会にとっての監視のコストが削減されることになる。

第七節　事前のインセンティヴ

原理的には、専門家委員会のメンバーは、事実関係の問題について行政機関が委員会の判断を尊重するとき、まさにそれゆえに情報の獲得にあまり努力しないことがありうる。行政機関が委員会の結果を受け入れなければならないのであれば、委員会はそれほど注意深く行わないかもしれない。しかし逆の効果も少なくとも同じぐらいありうる。尊重されないことを知っている専門家委員会には、物事を正しく把握するインセンティヴがほとんどない。それに対し、委員会の事実認定を行政機関が受け入れることがおそらく義務付けられていると知っているときには、それゆえに専門家委員会は正確に情報を獲得するためにより多くの時間を投下するかもしれない。言い換えれば、委員会の調査結果について行政機関に敬譲（deference）を要求することは、行政機関が結果を無視するだろうと委員会が認識しているときに起こりうる一種の認知的モラルハザードを排除するのである。これは第五章で論じた、多様な意見によるモラルハザードのリスクである。この点からすれば、いま議論している枠組みでの事前のインセンティヴは曖昧で不明瞭である。［しかし］少なくとも、この枠組みが専門家委員会による情報獲得のインセンティヴをまったく損なってしまうという懸念には根拠がない。

第八節　二階の理由

私が主張してきたアプローチで鍵となる問題に、**認知能力の比較**がある。直接の知識を持たない裁判所が認知的な賭けを行わなければならないところでは、関連する事実を認定するのに最もよい立場にあるのは行政機関か専門家である。より一般的にいえば、事実認定の権限は、行政機関と、そのために勧告を行う専門家のあいだで配分されるべきである。行政機関は、専門家委員会の見解に従って事実認定する義務を常に負っているわけではない。行政機関が正当な種類の二階の理由を持っており、それを具体化しているのであれば、委員会の事実認定を拒否することが許されるべきである。
一般的にいって、正当な二階の理由によれば、最善の認知的な賭けは専門家委員会ではなく行政機関の一階の見解に頼ることである、という確信を裁判所は抱くだろう。行政機関自身の見解に比べ専門家委員会の結論の認知的な質が低いという具体的な理由を提示できる場合に限って、行政機関は委員会の事実認定を拒否できなければならない。行政機関が提示するかもしれない、ありそうな二階の理由は次の通りである。

記録の追跡：　行政機関は場合によって、専門家委員会のそれまでの事実推定、主張された因果関係の理論、過去の予測などの正確さについての情報を持つことになる。その場合、行政機関は委員会がしばしば誤っていたと示すことができるかもしれない。しかしそれは滅多になさそうで、裁判所はいくつかの理由から、この種の二階の主張には用心しなければならない。

単なる不正確さは、過去の委員会の結論に認知的な欠陥があるとか、行政機関自身の一階の見解が系統的に優れている可能性が高いといったことを示すものではない。事実関係の決定、因果関係の理論、そして複雑なことの予測は何であれ必ず、確率論的な要素——情報のコストから生じる、あるいは事物の性質にもともと備わっている、縮減不可能なランダム性の要素——を持つので、たとえ委員会の結論が間違っていることが時々あったとしても、事前の観点から、委員会の結論が行政機関のそれよりも系統的にすぐれているということも完全に可能なのである。さらにいえば、メンバー(44)が長期間にわたって仕事をする委員会では、時間を通じた経験と組織的な学びによって内生的な専門知識が発展するかもしれない。そのような場合、委員会の当初の事実認定や予測には欠陥があるかもしれないが、その質は時間とともに系統的に向上するだろう。裁判所の観点からすると、全体として最善の認知的な賭けは依然として、行政機関の見解よりも専門家委員会の結論を信頼することであるかもしれない。

こうした点は、メンバーの回転率が高い場合、委員会の実績を測定することが困難になるかもしれないことを意味している。実際、メンバー交代が増えるにつれ「この委員会」はますますはっきりしない存在になる。裁判所は、委員会のメンバーが時間とともに変化した割合によって、委員会の実績に対する行政機関の［疑いの］アピールの妥当性を、合理的に、それほど困難なく割り引くことができる。こうしたやり方は、行政機関の観点をなぞることが見込まれる新しいメンバーに交代させて専門家委員会の構成を操作することへのインセンティヴを漸次的に減らすことになる。行政機関がそれを行うならば、委員会の見解から逸脱することの基礎としてその実績を問題にするにあたっての、自分自身の能力をも弱めることになるだろう。

資格の比較：　場合によっては、行政機関には人数を数えること、つまり委員会の（特別）多数の見解に従うことを拒むことの正当な理由があるだろう。行政機関は投票者の資格によってその票の重み付けを合法的に行うことができるからである。これまで見てきた黒肺塵症の場合では、塵肺の検知にあたって三人の一般開業医の診断よりも専門診療科の二人の医師の診断のほうを信頼すると行政機関が判断したことには十分な根拠があった。票を重み付けて比較することが認知的な向上といえるのは、その重み付けに能力の裏付けがあり、そしてこれもまた重要な資格なのであるが、割り引かれた投票者がその集団に認知的な多様性をもたらさない限りにおいてである。後者の条件が満たされないとき、割り引かれた投票者は新しい視野をもたらしたり、高い能力を持った専門家のものとは相関のなさそうな見解を教育や専門の違いのおかげで持っていたりする。したがって陪審定理の論理によれば、その集団全体の認知的なパフォーマンスはその最も専門的なメンバーの見解さえもしのぐことになる。(46)

バイアス：　他の場合には、行政機関は委員会の結論の認知的な正しさに疑いを差し挟むために、メンバーの中の系統的なバイアスを指摘できるかもしれない。たとえば、制定法による委員会が特定の学問分野や専門職、産業分野から選ばれた専門家から主に組織されていた場合、そして委員会の勧告が明らかに学問分野や専門職によるバイアス、産業界の利害によって跡付けられる場合には、懸念すべき正当な根拠がある。委員会のメンバー構成が狭く限定されていたり、ほとんど産業界から選ばれていたりする場合、行政機関は委員会の勧告に従わないことの、よりよい二階の理由を有するだろう。

ここで「バイアス」という曖昧な用語には二つの解釈がある。動機に関わるものと、認知に関わるものである。動機の意味でのバイアスは、その専門家が正しい答えを得ようとさえせず、自身の会社やキャリアにとって利益になる答えを得ようとすることを意味する。認知の意味でのバイアスは、専門家がまさに自分自身の専門的な訓練や知識のせいで生じる盲点を持っていることを意味する。このように陪審理論の用語でのバイアスは、個人レベルでの投票の誠実さの条件への単純な違反としても、あるいは集団全体の誤りの正の相関に対する懸念としても理解することができる。科学の専門分野や専門職、産業界から選ばれたメンバーが高度に相関した見解を持っている場合、集団レベルでの誤差が打ち消される可能性は低い。

しかし多くの場合、根拠法令では委員会がどのように構成されるべきかが具体的に述べられ、専門職、学問分野、視点を混ぜることが要求されている。たとえば大気浄化法の大気浄化科学諮問委員会

(CASAC)は「少なくとも、全米科学アカデミー会員一名、医師一名、州大気汚染規制機関代表一名」[47]を含んで構成される。同様に、小児ワクチン諮問委員会は保健専門家、一般市民（うち二人には、ワクチン関連で障害を持ったか、死亡した子供がいる）、弁護士、そして関係機関の職員によって構成される。さらに具体的なものとして一九九三年の国立衛生研究所（NIH）再生法[48]があり、倫理諮問委員会の任命権限が保健福祉長官に与えられている。[49]この委員会が設立されるには一四人から二〇人の委員が必要であり、うち少なくとも弁護士一名、倫理学者一名、開業医一名、神学者一名が含まれていなければならず、また、委員の三分の一以上、半数以下が「生物医学や行動科学の研究で大きな業績を上げた科学者」[50]でなければならない。［逆に］最も一般的なものとしては、連邦諮問委員会法は、委員会が「バランスのとれた構成」[51]であることを間接的に要求している。

この種の要求は、利害関係者の代表を増やし、また集団レベルでの誤差の相関を減らすために、科学的能力をある程度、限界においてトレードオフする。委員会メンバー個人の認知能力は長所の一つにすぎず、それは最大化されるのではなく、最適化されるべきものである。この種のバランスのとれた委員会は、特定の利害関係者のバイアスが決定的になる可能性を減らすために一定の専門知識を犠牲にし、それによって全体としての利益を生み出すことができるのである。一九九三年の国立衛生研究所再生法の場合、生物医学科学者の下限（委員の三分の一以上）は専門知識を促進し、上限（委員の半分以下）は特定の科学専門分野の代表性を抑えることで認知的な多様性を促進する。同様に、利害関係者の多様性は、委員会メンバーが自身の影響力を最大化しようとして意図的に見せかけの合意を偽装する可能性を最小化する。利害が多様であれば当然、議題が分野横断的になり、特定の立場で委員会が合意する可らすことになる。

能性は低くなる。意見の不一致が起こりやすくなり、それは行政機関や裁判所により多くの情報をもた

認知的な多様性の代償として、まったく奇異なことを信じる委員会メンバーが出てくる可能性がわずかに増える。鉛は身体によい、先週の寒波は気候変動が起きていないことを示す、といったことである。(52) 私のアプローチのもとでは、行政機関は、誤りだと知っているという一階の根拠によって単にその結論を拒絶することは禁じられる。しかし、こうした奇異な見解が結論を左右するためには、(一) 専門家と非専門家を含めた委員会メンバーの過半数の同意を得なければならず、またそれは (二) 行政機関に委員会の結論を拒否する正当な二階の理由がない状況のもとでなければならない。誤りが奇異であればあるほど、このさらなる二条件が成立する可能性は低くなるため、これも自己治癒的な問題である。

行政法にとっての帰結はすっきりしている。認知的な多様性の条件があるとき、裁判所は、学問分野や専門職業、産業に起因する系統的なバイアスがあるという行政機関の訴えを認めることには消極的であるべきである。専門家委員会が狭い専門の特定の領域や分野のみによって構成されている場合や、ほとんどが特定の産業や産業分野の代表者によって構成されている場合には、バイアスについての行政機関の訴えはより真剣に受け止められるべきである。

集団思考と判断の改竄: 行政機関は一般的に、同調行動や集団思考が起こったと考える十分な理由がある場合には専門家の見解からの逸脱が許されるべきである。その場合、行政機関は専門家の多数意見や合意を割り引くための正当な二階の理由を持っている。問題が深刻な場合、行政機関の一階の見解は、その分野で唯一、独立に形成された一階の見解になるかもしれない。ここには、動機ではなく認知

の意味で解釈された「バイアス」という曖昧な概念との大きな重なり合いがある。委員会の全メンバーの目標が正しい答えを得ることである場合でさえ、他者の見解の真似は、個人にとっては合理的であっても集団の決定を不案内なものにしかねない。

集団思考はさまざまな形で現実の問題であるが、関連して注意すべき点が二つある。第一に、一部の専門家が他の専門家の見解に従っているという単なる事実だけでは集団思考にはならず、集団全体の認知能力を必ずしも低下させない。委員会メンバーがきわめて有能なオピニオンリーダーに従うならば、集団全体の認知能力は向上しうる。同様に、委員会の一部のメンバーが他のメンバーの見解を真似しているという単なる事実だけでは、同調行動や情報カスケードが生じているとは考えられない。真似をするメンバーが**メタ専門知識**を持っているならば、つまりメンバーの中で誰が最高の専門家であるかという判断に熟達しているならば、真似によって集団全体のパフォーマンスを現実に向上させうる。(53) 真似をする者は「無能な気象学者であるかもしれないが、しかし優れた気象学者の目利きであるかもしれない」(54)。

第二に、集団思考のリスクは委員会の構成や構造、そして採用されている意思決定プロセスに左右される。したがって行政機関は、専門家委員会の構成や構造、意思決定プロセスから、危険信号が上がる要素を指摘することができたならば、専門家委員会の合意を割り引くための正当な二階の理由を持つことになる。専門家委員会がすべて同じ専門分野から構成されている場合、専門家がおたがいの見解を知った上で順番に投票したり判断を表明する場合、専門家が報酬を受けていない、あるいは報酬が集団のパフォーマンスによるのではなく個人の働きによる場合、また、行政機関が独立した理由によって少なくとも難しいと考える論点について委員会の見解が全員一致である場合には、有害な集団思考のリスクは頂点に達するのであり、審査する裁判所は行政機関の二階の懸念を最も真剣に受け止めなければならないのである。

全員一致のジレンマ：専門家委員会が全員一致であるか、正式な投票なしに「合意」と報告する場合には、特別な問題が生じる。その場合、行政機関も裁判所も、ある種の認知のジレンマに陥る。委員会のすべての専門家が、そのバイアスにかかわらず、事実や因果関係の争点について現実からの強く一貫したシグナルを受け取っているがゆえに全員一致が生じることもある。それは同調行動、カスケード、判断の改竄の兆候でもありうる。全員一致は認知的に曖昧なのである。それとは対照的に、最も強力な専門家の合意は全員一致ではなく、圧倒的多数である。公然たる反対意見の存在は、圧倒的多数の見解が激しい反対によって認知的に試されてきたものの、依然として優勢であることを示している。

したがって、全員一致は強力でありうるし、かつ、疑わしくもありうる。いかなる条件のもとで、いずれかになる可能性が最も高いのだろうか。簡単な問題であるとか、事実が一方向に強く偏っているという信念を裁判所が前もって有している場合、全会一致は、行政機関の反対意見が事実の根拠を欠いているという警告として受け取るのが最善である。しかし、最終的な行政機関の行為の段階にあり、そのための専門家委員会が設立されているような規制行政上の問題ではほとんど、簡単なものであると以前から知られているとか、事実関係によって一つの見解が圧倒的に支持されるといったことはまったくありそうもない。そうした状況での全員一致は疑わしいものである。委員会内に反対意見が存在する場合には、それが委員会の多数または特別多数の結論に対する行政機関や裁判所の認知的な信頼を実際に高めるはずである。

行政機関は一般に、意見の不一致の存在は少数派の見解が「合理的」であることを示している、と主張して委員会多数派の結論を疑うことは許されるべきでない。これはどこか直観に反するように思われることの一つである。それはそうかもしれないが、問題は、行政機関や裁判所は少数派と多数派のどちらに認知的に賭けるべきかである。専門家の数を集計する論理は、委員化の過半数に認知的に賭けるほうが平均的によいことを示唆している。そして、もし委員会が集団として、自身の勧告が行政機関に採用される可能性を最大化することを望んでいるとすれば、合理的な反対意見の指摘によって結論に疑いを差し挟むことを行政機関に許容するような法的ルールは、委員会に合意の外見を偽装するインセンティヴをもたらし、そして有用な情報が隠されることになる。

二〇〇六年の粒子状物質をめぐる論争において担当行政官は、CASAC の小委員会の勧告に従わなかったことの根拠として、それが全会一致でなかったことを持ち出した。この主張は、分析すれば誤ったものである。争点になっていた問題は、それぞれにとっての正しい解決案はともかく、簡単なものではまったくなかった。CASAC の決定は多数ではあるものの全員一致ではない、特別多数決によって支持されたが、重要な議論が公然となされていたことから、実際には全会一致よりも認知的な信頼性が強固な根拠を示したのであった。委員会の見解を拒む根拠として全会一致でないことが利用されるとすれば、将来の CASAC メンバーが偽の合意の外見を作り出すことへの大きなインセンティヴとなる。いずれにせよ、裁判所は行政の意見を一顧だにしなかった。(55)

第九節　政治化と専門家の病理：成熟した立場

私が試みてきたのは、行政機関と専門家委員会の間で意思決定権限を配分するための何らかの二階の原理を示すことであった。行政機関は良くも悪くも政治の影響を受けるし、専門家委員会は集団一般および専門家委員会に特有の長所と短所を示す。こうした特徴や条件は、二つのまったく異なった、そして互いにトレードオフの関係にある（一群の）リスクを生み出す。一つは事実関係と因果関係の判断が政治的に歪められる（「科学の見せかけ」）リスクであり、もう一つは専門家の病理的な集団思考のリスクである。

こうしたリスクを最適化するための試みとして、私はいくつかの原理を述べてきた。通常の場合、行政機関は専門家の人数を数え、専門家委員会の過半数または特別過半数の見解に従うべき正当な二階の理由がある。科学的な事実や因果関係の複雑な争点について、法は行政機関に独立した一階の判断を要求すべきでない。行政機関が専門家委員会の見解から離れたいと考える場合、さらに困難な問題が生じる。そのとき政治化のリスクは現実のものであり、行政機関は、専門家委員会が何らかの形の集団思考や偽の合意に陥っていると信ずるに足る二階の理由を提示できる場合にのみ、専門家の見解を拒絶することが認められるべきである。専門家の見解は、その行政機関が専門家委員会と比較して認知的にすぐれた位置にあると考えるべき理由がある――可能性としてはありうるが、滅多にない――場合でなければ、優位なものとして推定されるべきである。

競合する懸念に対応するためには、その外にある妥当な原理が必要とされることに疑いはない。本章の分析が示そうとしたのは、その長所が何であれ、成熟した分析がすべての重要な二階のリスクを考慮に入れるということだ。政治化された行政機関の意思決定や専門家の病理についていずれかに偏った予防策を追い求めるのではなく、行政国家は二つのリスクを関連付け、より大きな枠組み、つまり行政機関の意思決定に最適化された原理のセットにおいて両者をトレードオフすべきなのである。

結論　スタイルなき憲法ルール作成

第一章で私は、予防的立憲主義を最善の光のもとで捉えることを試みた。予防的なアプローチにおいて憲法ルールが組み入れないといけないものは、リスクに対する行き過ぎたほど強固な安全装置である。そのリスクとは、公職者は権力と裁量を濫用しそうだということと、制度はその権力を拡張しそうだということだ。そこで安全装置が必要なのは、ひとたび濫用がなされたならば何をしても手遅れかもしれないという理由によっている。というのも極端な場合、権力の濫用はまさにそれ自体をやり直しのきかないものにするからである。とりわけ憲法上のルール作成者は、最悪のシナリオが起こらないことを確実にし、政治の下振れリスクを制限するように試みなければならない。そこでは善をなしたり正義を促進したりする憲法を作ろうとするのではなく、権力の濫用がなされないように自分自身を限界づけ、また、公職者が自身の地位を私的に利用して政治共同体全体の福祉を減少させたり自由を危うくする可能性を制限しなければならないとされる。

これは憲法の正しい目的や目標についての高尚なヴィジョンである。憲法の草創期から現代の法・政治哲学、とりわけリベラルな立憲主義理論まで続く一連の目覚ましい知性によって、多くの文脈において唱えられてきた。これは見かけ上、きわめてもっともらしいものである。法であれ何であれ、多くの制度装置において、選択にともなう下振れリスクを限界づけることは賢明な戦略であるし、多くを狙いすぎることは深刻なミスにつながる。もし、立憲主義への予防的アプローチが全体として誤っているのであれば、それは些細な誤りではないし、何か一つの単純な意味で誤っているというわけでもない。

しかし、私がこれまで示そうとしてきたように、同様に高尚で目覚ましい一連の批判者たちによって、予防的立憲主義は根本から枝葉まで批判されてきた。その批判者たちには憲法上のアクターもいるし、憲法分析の理論家もいる。そこにはたとえばストーリー（Joseph Story）のように両方を兼ねた人物もいる。ここには三つの主要な批判の筋がある。無益、危険性、逆転に基づく議論である。防ごうとするリスクがいつ実現するのかを特定できない場合、それはおそらく、まさにそのリスクが既に実現したためであるが、憲法上の予防はインセンティヴ適合性テストに合格しない。また、それ自体としてはもっともな予防であっても、他の利ざやと比べあまりにコストがかかることが判明する場合もある。そうすると、ある種のおおざっぱなコスト・ベネフィット分析（二章で区別を論じたような、専門的な意味でのコスト・ベネフィット分析と同じものである必要はない）もできない。ここでは事後的な修正の可能性が含まれる重要な場合もある。予防は事後的な治癒の可能性を見過ごすかもしれないし、そうすると事前の予防は不必要なコストを課すことになるだろう。最後に、最も劇的な場合では、予防はそれが対象とするリスクそのものを現実に悪化させるだろう。そのとき、同じリスクが台帳の両面に現れる。というのも、そうなるときには予防は自己否定的なものだとわかるかもしれないからである。

予防的立憲主義に対する批判の全体を通じた主題は、それが政治の二階のリスクの評価を歪ませるがゆえに失敗しているというものだ。予防的立憲主義は特定の対象リスクに過剰に、執拗でさえあるほどに焦点を当てることによって、付随的な、あるいは競合するリスクを見過ごしてしまう。そして、そのリスクには当の予防そのものによって生じたものも含まれるのだ。健康、安全、環境規制といった憲法各論における予防原則の批判者が主張してきたのは、この原則はバランスを失したリスク評価につながるということである。こうした批判は、少なくとも二世紀以上も前の憲法体制において発展し、現在まで続いている種類の主張と、おそらく無意識のうちに共鳴している。

その「成熟した立場」とは、ハミルトン（Alexander Hamilton）、マーシャル（John Marshall）、ストーリー、フランクファーター（Felix Frankfurter）、ジャクソン（Andrew Jackson）ほかの予防的立憲主義批判者たちによって唱えられた、政治的リスクのバランスの取れた評価を支持するものである。成熟した評価は、対象リスクと競合リスクの両方に、そして予防によって防止されたリスクとそれによって作り出されたリスクの両方に注意を払い、二階の政治的リスクの最適な立憲的統制のための、より広範で包括的な計算における結果の考慮ともバランスを取ろうとするのである。この成熟した立場と私の議論の筋をつなぎ合わせるため、ちょうど第二章で予防的立憲主義について試みたように、この立場をできる限りの最善の光のもとに照らし出すことによって結論としよう。

第一節　最適化立憲主義の（消極的な）徳性

現代の用語では、成熟した立場は最適化立憲主義へのコミットメントを表している。言い換えると、憲法ルールの作成者は実現可能な限り、あらゆる政治的リスクを横断的に最適化するような、少なくともそれが期待されるような二階の意思決定を行う権威の割り当てが達成できるように、ルールをデザインすべきである。この立憲主義への最適化アプローチの徳性は、予防的アプローチの真の徳性よりもいっそう目覚ましいものであることが明らかになったと私は信じている。

政治的固定観念の回避：　本書でずっと述べてきたように、最適化立憲主義の積極的な中身はほとんど陳腐なものである（「関連するリスクをすべて考慮に入れよ」）。しかしその主たる徳性は、意図的に消極的なものだ。何より、最適化アプローチによれば、憲法ルール作成者はいかなる政治的固定観念も持つべきでないと想定される。憲法ルール作成者が他のリスクやコスト、危害を見過ごしさえするまでの、予防によって避けるために全力を尽くすようなリスクがあってはならない。予防的アプローチのもとでのルール作成者は、あらゆる政治的リスクをありのままに、過大でもなく過少でもなく評価し、関連するあらゆる考慮要素に適切な重みを与えられるような、統合的でバランスの取れた見方を得ようとする。この固定観念の回避は、憲法上の「利用可能性カスケード」［訳注：飛びつきやすい情報に対する反応がさらなる連鎖反応を起こし、社会不安などにつながること］や、直近の事柄への過剰な集中を修正する。それらは第二章で論じたように、憲法の危機の瞬間に大きく現れる政治的リスクである。

文脈主義と個別主義：　先述の点の自然な帰結として、最適化アプローチは個別主義的で文脈的な提案を行う。個別の対象リスクへの執着ではなく、政治的リスクの全体的な評価を追求するという自己宣伝を踏まえれば、これはどこか逆説的である。実際には、二つの点が相補的な関係になっている。まさにすべての関連するリスクを考慮に入れる以上、最適化アプローチは、独裁やエージェンシー・スラック（「権限濫用」）、あるいは多数派による抑圧のような、いかなる個別的リスクであれ、それを防止するために一律に重要なことについての包括的な主張は避ける。むしろ最適なリスク評価は、競合したり、潜在的に相殺されうる害を注意深く測定し、局地的な解決を進めようとするだろう。

事実に開かれていること：　最適化アプローチは本質的に、事実によって動くものであり、さまざまな状況の新鮮な空気に開かれている。一般的な制限を押し付けたり、自身の論理を厳格に押し通したりするのではなく、それが何であれ、最適化アプローチは状況の個別要素に目を向ける。それは限界便益《ベネフィット》逓減と限界費用《コスト》逓増をもたらすように定められたルールであるかどうかを判断するためである。鍵となる点は、どのような憲法ルールのセットであれば現実に働くのか、ということである。

極端を避けること：　最適化アプローチが他に主張するのは、複数の競合リスクがある状況では一般的に、極端な解決（経済学の用語でいえば「端点解」）を避けるのがよいということだ。政治的な善が複数であることを踏まえれば、そのどれか一つを選んでそれ以外を選ばないのではなく、「それぞれからいくらか」選ぶのが最善である場合が多いだろう――第四章で私が主張したことだ。これは概念的な問題でもなければ、規則立ったコミットメントでもない。そうでなく、ときに主張されるかもしれないし、ときに主張されないかもしれない、まったくのプラグマティックな観察所見であり、憲法作成において繰り返される状況についてのざっくりとした経験的判断に完全に基づいている。憲法問題が不意に起こりやすい乱雑な制度状況では、ルール作成者は、異論の余地のない主張に基づきながらも競合関係にある複数の善の衝突にしばしば直面するし、もっともらしい理由のすべてを考慮に入れなければならないのである。そういった場合での社会的厚生関数の形の最もありそうな予測は、よくあることだが、そこでの善の追求が限界便益逓減になっているか、あるいは何らかの理想からの出発が限界費用逓増になっていることである（凸費用関数：convex cost function）。そのようなときは多くの理想から同時に出発することが、ある程度まで最善であるだろう。というのも、これがよく知られた問題、つまり次善のパラドクスだからである。[1] ルール作成者は、多くの理想をある程度まで犠牲にすることによって、ある善のすべてを実現することはできないにしても、そのいくらかを実現するのである。しかし限界便益・限界費用の曲線が与えられたならば、すべての善のいくらかを達成することによって実現可能な社会的厚生の最大値を生み出すことができる。この結果は、乱雑な制度状況では一つのことを完全にできるわけではないが、いくつかのことをそれなりによくできるということである。

柔軟性：　最後に、これまでの章で論じてきたように、最適化アプローチは制度的な権威についての広範なコミットメントや配分と両立するものである。ある観点からすれば、これは弱点であろう。というのも、最適化アプローチを支持したからといって、必ずしも何らかの特定の制度配置をともなうわけではないからである。二階のリスクの最適な評価は、ある特定の領域では、結論を生み出しさえするかもしれない。それは憲法によって作り出された決定者の決定能力の低さや、ある危機的状況で関連する政治的リスクの性質そのものが、その領域での予防的アプローチを支持するような場合である。しかし、その決定そのものは予防的な、単独の根拠によるものではなく、成熟し、バランスの取れた計算によるものだろう。たとえルール作成者のアプローチが実際には局所的な予防をもたらしたとしても、最も高次の次元においてそれは予防的でも恐怖によるものでもないのである。

他の観点からは、予防的アプローチの柔軟性はきわめて強力である。経済的、社会的、政治的状況に関わりなく、また憲法ルール作成者が直面するであろう二階のリスクの性質いかんにも関わりなく、憲法上の制度構造や、権力の制度的配分について一般的・体系的にはっきりと最善のものはありえない。予防的アプローチは状況にかかわらず、特定の方向へのルール作成のバイアスに対する思い込みや疑いに立脚しているが、最適化アプローチはこのことを認識しているのである。繰り返すと、全体として見た場合、ルール作成者たちが局所化された制度的ゆがみを自分たちが構築している憲法システムに組み込むことは最善であるかもしれない。しかし、当のルール作成者たちは、その構築において、ゆがんだやり方で考えるべきではない。ルール作成者たちは自身の仕事に取り組むにあたり、可能な限り先入観から逃れ、また特定の制度配置を支持するようなバイアスからも逃れなければならないのである。

第二節　スタイルなき立憲的ルール作成

偉大なチェス・プレイヤーであるミゲル・ナイドルフ（Miguel Najdorf）は、さらに偉大なプレイヤーであるボビー・フィッシャー（Bobby Fischer）を評して、「スタイルを持っていない」と述べた。なぜなら「完璧なものにスタイルはない」[2]からである。そしてフィッシャーの次の世界チャンピオンであるアナトリー・カルポフ（Anatoly Karpov）は自分自身について、「スタイル？　そんなもの持ってないよ」と述べた[3]。ナイドルフとカルポフの趣旨は、優れたプレイヤーは、抽象的で一般的な選り好みや手癖、思い込みを避けようと努力するということだ。プレイヤーは攻撃や防御を規則立てて行っているわけでもないし、白番［先手］や黒番［後手］でそうしているわけでもない。また、栄光のチャンスを最大化したり、損失のリスクを最小化することを規則立てて狙っているわけでもないのだ。もちろん、これは言い過ぎではある。世界チャンピオンのなかでは、ガルリ・カスパロフ（Garry Kasparov）は攻撃を好むし、チグラン・ペトロシアン（Tigran Petrosian）は防御を好む。しかしいずれも、他の下位の人々に比べれば世界的なプレイヤーである。一般的にいって、最もすぐれたプレイヤーはできる限り具体的に考え、それほどでもないプレイヤーは比較的粗いヒューリスティックや一般的方法に頼る。(4) このゲームを制する者は、指し手の流れのなかで関連するすべてのコストとベネフィットをできる限り計算し、その状況で最善の手を選ぶのである。

まったく明らかなことだが、チェスは憲法ルール作成に比べれば制限のある、よく構造化された問題である。しかし私は、適切な修正さえなされれば、類似している点があると議論してきた。憲法ルール作成者は可能な限り、肩入れや恐怖、思い込みから逃れなければならない。それとは逆に、予防的立憲主義はそのようなバイアス、文字通りの意味での性向だが、それを原理の次元まで高めるのである。もし、予防的立憲主義が維持できないのであれば、結論は不愉快なものである。なぜなら、私たちは不確実な状況での手がかりとなる心理的傾向やバイアスの利用に頼れないからである。にもかかわらず、快適かどうかは問題ではない。政治的リスクの最適な評価において求められるのは、人間に可能な範囲で、憲法ルール作成者にスタイルなしで仕事を行わせることなのである。

謝辞

多くの感謝を捧げなければならない。一度には無理だとしても、少なくともできる限りで。誰よりも家族全員に感謝する。Yun Soo、Emily、Spencer、Auntie、O-Ma、その絶え間ない愛と支援に。Don Herzog、Martha Minow、Cass Sunstein、John Witt からは本書の草稿全体に有益なコメントをいただいた。ケンブリッジ大学出版局の匿名の査読者からも同様である。本書の前段階の多くの原稿にも、友人や同僚から有益なコメントをいただいた。特に、Jon Elster、Dick Fallon、Jake Gersen、John Goldberg、Jack Goldsmith、Frank Michelman、Matt Stephenson、Mark Tushnet。本書は二〇一一年秋に、ハーバード・ロースクールで学長の Martha Minow とともに授業を行った「政治的リスクと公法」から始まっている。Minow の粘り強い質問や、学生たちの寄与によって、わたしの主張を明確に、そして深めることができた。Mark Ramseyer と Steve Shavell が編集している雑誌 *The Journal of Legal Analysis* は、本書第一部の以前のバージョンを公表したとき、政治的リスクと公法についてのシンポジウムを開催してくださった。このプロジェクト全体についての励ましの言葉と有益なコメントに感謝する。Samantha Goldstein、Charlie Griffin、Rachel Siegel は素晴らしい調査と編集上の援助をしてくださった。Ellen Kengにはコンピュータを最適に維持していただいた。本書には既に発表した論考を大幅に改訂した上で組み込んでいる。次のリストの通りである。許可と応援をくださった雑誌とその編集者に感謝する。

"Recess Appointments and Precautionary Constitutionalism," 126 Harvard Law Review Forum 122 (2013);

"Introduction: Political Risk and Public Law," 4 Journal of Legal Analysis 1-6 (2012);

"Precautionary Principles in Constitutional Law," 4 Journal of Legal Analysis 181-222 (2012);

"Government by Public Opinion: Bryce's Theory of the Constitution," SSRNウェブサイトで閲覧可能：http://papers.ssrn.com/sol3/papers.cfm?abstract_id=1809794

"Contra 'Nemo Iudex in Sua Causa': On the Limits of Impartiality", 122 Yale Law Journal 384 (2012);

"Second Opinions and Institutional Design," 97 Virginia Law Review 1435 (2011);

"The Parliament of the Experts," 58 Duke Law Journal 2231 (2009).

訳者あとがき

エイドリアン・ヴァーミュール：制度的キャパシティへの全体論的視点

吉良貴之

本書はAdrian Vermeule, *The Constitution of Risk*, Cambridge University Press, 2013の全訳である。原題を直訳すれば『リスクの憲法』であるが、既に同様のタイトルの書があることから『リスクの立憲主義』とした。副題の「権力を縛るだけでなく、生かす憲法へ」は原題にはないが、本書の内容を踏まえ、訳者の側で付記したものである。帯の文章もすべて訳者による。

英語のconstitutionには「憲法」の他に「構成」という意味もあり、政治的リスクを最適に配分＝構成するものとしての憲法という意味合いも当然に込められている。また、本書に直接登場することはないが、経済学者のフリードリヒ・ハイエクには*The Constitution of Liberty*, University of Chicago Press, 1960（気賀健三・古賀勝次郎訳『自由の条件（ハイエク全集I‐六、七、八）』春秋社、二〇〇七年）という著作があり、その反設計主義的な思想も念頭に置かれていることだろう。

著者のエイドリアン・ヴァーミュールは一九六八年生まれの気鋭のアメリカ公法学者である。母のエミリー・ヴァーミュールはギリシャ古典の研究者であり、ハーバード大学教授を長く務めた。父のコーネリアス・クラークソン・ヴァーミュール三世は古代芸術の研究者であり、ボストン美術館の学芸員を長く務めた。特に世界の貨幣の研究で知られ、日本貨幣史についての研究書もある（*Japanese Coinage*, Numismatic Review, 1953）。妹のブレイクリー・ヴァーミュールは英文学者であり、現在、スタンフォード大学の教授を務めている。エイドリアン・ヴァーミュールの著作は狭義の公法学にとどまらず、社会科学全般、人文諸学、および自然科学にまたがる分野横断的な問題関心と道具立てが特徴的であるが、そうした関心の広さにはこの学者一家における生育環境が強く影響していることだろう。

ヴァーミュールは一九九〇年にハーバード・カレッジを卒業し（AB）、一九九三年にハーバード大学ロースクールを修了している（JD）。その後、連邦最高裁判事アントニン・スカリアのロークラークなどを務めた。スカリア判事は現代アメリカの憲法理論において、憲法制定者の当時の意思を憲法解釈の基準とする原意主義（originalism）の代表的論客である。ヴァーミュールの憲法解釈理論、とりわけ司法におけるそれはテクスト主義（textualism）であり、憲法テクストから自然に読むことのできる範囲に解釈の幅を限定する。両者は同じものではないが、司法による解釈を通じた憲法作成に一定の歯止めをかけようとする点が共通しており、ヴァーミュールの議論にはスカリアの影響も当然にある。もっとも、ヴァーミュールのテクスト主義はあくまで暫定的に採用される戦略であり、その理論的根拠は（後にまた触れるが）司法のキャパシティ不足によっている。制度状況によってはまた別の解釈戦略が推奨される場合がありうることは確認しておく必要がある。

ヴァーミュールの学者としてのキャリアは、一九九八年のシカゴ大学ロースクールへの着任から始まっている。その後、二〇〇六年にハーバード大学ロースクール教授（公法学担当）に就任した。二〇一二年には四三歳の若さでアメリカ芸術科学アカデミー会員に選出されるなど、早くから目覚ましい活躍をしている。

日本語でアメリカ憲法学の議論状況を概観できる有益な書として駒村圭吾・山本龍彦・大林啓吾編『アメリカ憲法学の群像——理論家編』（尚学社、二〇一〇年）があり、そこではフレデリック・シャウアー、ブルース・アッカマン、キャス・サンスティン、マーク・タシュネットといった、本書でも検討の対象とされている学者たちが取り上げられている。本書『リスクの立憲主義』原著が出版されたときにはサンスティンやタシュネットがコメンテイターを務めるパネル・ディスカッションが開催されており、YouTubeでその様子を見ることができる（https://www.youtube.com/watch?v=VDTUIWFw30c）。ヴァーミュールはそうした世代に続く、現在最も主導的な公法学者の一人である。

ヴァーミュールのこれまでの単独の著書には以下のものがある。

Judging under Uncertainty, Harvard University Press, 2006

Mechanisms of Democracy, Oxford University Press, 2007

Law and the Limits of Reason, Oxford University Press, 2009

The System of the Constitution, Oxford University Press, 2011

The Constitution of Risk, Cambridge University Press, 2014（本書）

Law's Abnegation, Harvard University Press, 2016

このほか、エリック・ポズナー、キャス・サンスティンといった著名な学者との共著や、多数の学術論文がある。二〇一五年にはオンライン書評サイト *The New Rambler* をエリック・ポズナーらと共同で設立するなど、幅広い場で活躍中である。

本書『リスクの立憲主義』は彼の著作の初の日本語訳である。日本語でのヴァーミュールの議論の紹介・検討はまだそれほど多くないが、代表的なものとして、松尾陽「法解釈方法論における制度論的展開(一)(二完)」(『民商法雑誌』一四〇巻一号、二号、二〇〇九年)、大林啓吾『憲法とリスク：行政国家における憲法秩序』(弘文堂、二〇一五年)などがある。本書の翻訳および本解説の執筆にあたってもおおいに参考にさせていただいた。

ここでは以下、本書の内容について若干の解説と検討を行う。

一、憲法は政治的リスクを管理する

まず本書の中心的主張を簡単にまとめると、〈特定のリスクのみに焦点を当てた予防策は往々にして逆効果をもたらしかねず、リスク規制は関連するすべてのリスクを考慮に入れて最適化されなければならない〉というものである。本書は二部構成をとっており、第一部は主に理論的な水準での議論が展開される。ヴァーミュールの論述は明快だが、アメリカ憲法学の最近の議論に慣れていなければ取っつきにくいところもあるかもしれない。そう感じた読者は、第二部の応用編から読み始めるのもよいと思われる。たとえば第四章の自己裁定禁止原則「何人も自身の事件の裁定者たることはできない」とか、第五章で扱われるセカンド・オピニオンの仕組みなどは、それをできる限り厳密に守ったほうが、公職者による利己的な行動や、熟慮に欠けた判断を防ぐためによい、というのはほとんど常識だろう。しかし、そうした予防策そのものがまったくの逆効果をもたらす例が多く示されていく論述は非常識きわまりなく、特に予備知識を前提とせずに面白く読むことができる。その後で第一部の理論的記述に戻ると、各種の憲法上の議論でどのような場合を想定すればよいのかがイメージしやすくなるかもしれない。

さて、本書の内容に入る。本書はリスクの憲法的規律を主題とするが、通常のリスク論で取り上げられる具体的なリスク、たとえば公衆衛生や環境、セキュリティや金融といったことについて直接論じる箇所は残念ながら（?）ほとんどない。ヴァーミュールによればそうした具体的なリスクは「一階のリスク（first-order risk）」に分類される。一階の諸リスクは現代の行政国家化の進展によってますます複雑に、そして多種多様になっている。その規制（regulation）や管理（management）が法にとって大きな課題であることは言うまでもないが、本書が焦点を当てるのはその具体的なあり方ではなく、そうした一階のリスクに法が適切に取り組むための制度設計である。ひとまず憲法システムに限ってみても、各種の一階のリスクに取り組む部門（branch）には大きく分けて司法府、行政府（執行府）、立法府の三つがある――むろん、その中でもいくらでも細かく分けることができる。さて、多種多様な一階のリスクに対応するのに最も適した部門はどこだろうか。

従来の憲法理論であれば、人権保障の最後の砦として司法府に多大な期待がかけられていた。それに対し、現代においては行政府や立法府の専門的な能力こそ重要になっていると主張する論者も多いことだろう。しかし本書のヴァーミュールの最も重要な主張の一つは、一階のリスクを管理する部門をあらかじめ決定することはできないということだ。それは具体的な問題ごとに文脈依存的に見ていかなければならない。たとえば裁判所はある一階のリスクを最もよく管理するかもしれないが、情報収集能力が貧弱であるといった事情によって、他の一階のリスクにはうまく対応できないかもしれない。制度によって構成される各部門はそれぞれに異なったキャパシティを有しており、それにそぐわないリスクを担当したところでうまくいくわけもない。ヴァーミュールは、その名声を一気に高めた最初の著作『不確実性下の判断（*Judging under Uncertainty*）』以来、意思決定理論をはじめとした領域横断的な視点でもって各制度のキャパシティに着目する議論を展開している。そして本書では、リスクとキャパシティの制度的組み合わせに失敗するリスクのことを一階のリスクと区別して「二階のリスク（second-order risk）」または「政治的リスク」と呼ぶ。憲法がなすべき仕事は、各制度部門のキャパシティに応じた権限配分によって、そうした二階のリスクが実現する可能性を減らすことなのである。

本書の議論は一見したところ、執行権・行政権への予防的制約を取り払うことに重点が置かれすぎているようにも見えるかもしれない。それには従来の司法中心主義的な法理論から脱却し、また立法府の民主的正統性を強調する近時の議論からも距離を取り、執行権・行政権のパフォーマンスにとっての制度に関心をシフトさせているという理論的背景がある。もっとも、少なくとも本書でのヴァーミュールの関心はあくまで制度設計における権限配分の最適化であり、それは取り組むべきリスクの種類に応じて微調整されるべきものである。結論での印象的な表現に見られるように、本書の議論は権限配分にあたって一定の「スタイル」を持つことを戒めているのであり、執行権・行政権への権限集中を原理的に主張するものでないことには注意が必要である。

二、予防的立憲主義から最適化立憲主義へ

とはいっても、何を指針としてそうした権限配分を行えばよいのだろうか。その点についての本書で

のヴァーミュールの議論は、もっぱら消極的である。

一階のリスクの実現を防ぐために何重もの予防策を憲法ルールによって構築しようとする種類のアプローチを彼は「予防的立憲主義（precautionary constitutionalism）」と呼ぶ。不確実なリスクに対処するために系統的な「安全寄り」の措置を取るように要求するのが予防原則（precautionary principle）であり、たとえばフランス環境憲章を典型として現代の各国の憲法にはそれを明記するものもいくつかある。むろん、それは現代に限ったことではなく、本書での憲法史的記述が印象的に示しているように、そうした予防的アプローチはアメリカ合衆国憲法制定時からずっと有力なものであり続けた。そして、本書でのヴァーミュールの議論は一貫して、そうした憲法上の予防策がいかにして失敗してきたかを描き出している。予防すべきものとして特定された対象リスク（target risk）の実現を避けるために設定された憲法上の予防策が過剰になるとき、それ自体がまた別の競合リスク（countervailing risk）を生み出しかねない。

リスクの予防策そのものがまた別のリスクを高めてしまう。ヴァーミュールはこうした事態を、アルバート・ハーシュマン『反動のレトリック』での三分類を用いて分析している。それは「無益（futility）」「危険性（jeopardy）」「逆転（perverse）」の各論法である。「無益」はある予防策がその目的に失敗する場合であり、「危険性」は対象リスクとはまた別の競合リスクを高めてしまう場合である。そして「逆転」は、ある予防策が予防しようとしたリスクそのものを逆に悪化させる場合である（本書七二頁）。

そうした失敗がなぜ起こるかについて、ヴァーミュールは各部門や各機関に特有の制度的キャパシティだけでなく、実際にそこで働く個々のアクターのインセンティヴ構造にも着目している。現実の個々人は自己利益の最大化といったことともに、あるいはそれ以上に、リスク回避的なインセンティヴを持っている。予期される予防策が厳重であればあるほど、現時点でリスクのある判断を行うインセンティヴは減ってしまいかねない。言い換えれば、予防策は先延ばしへのインセンティヴを生じさせることもある。このように、各機関や各アクターのリスク対応を一定の時間的幅でもって眺めてみるとき、過度の予防策は現在のインセンティヴと整合的でない場合がありうる。

こうした分析はハーバート・サイモン以降の意思決定理論や組織管理理論を踏まえたものであり、ヴァーミュールの議論の分野横断的な特徴があるといえる。とはいっても議論自体はさほど複雑なものではないのだが、本書にはそれぞれの興味深い具体例がアメリカ憲法史に即して、抽象的なものから具体的なものまで大量に示されている――分野横断的性格とともに、こうした歴史的関心が強いのも近時のアメリカ憲法学に特徴的なことといえそうである。もっとも、そのあてはめの中には正直なところやや強引ではないかと思えるものもあるのだが、そこでのヴァーミュールのリスク計算が果たして妥当なものであるかどうか、また別の関連リスクが見過ごされてはいないか、といった批判的な検討に開かれた議論になっている。

ヴァーミュールの積極的な立場は、彼が「最適化立憲主義（optimizing constitutionalism）」と呼ぶものである。それによれば、ある一階のリスクに対処するための制度枠組みは、その対象リスクの予防のみに焦点を合わせるのではなく、関連するすべてのリスクを考慮に入れて計算し、その最適な実現水準を目指すようにデザインされなければならない。このように関連するすべてのリスクを「最適化」しようとするアプローチを、ヴァーミュールはふたたびハーシュマンにならって「成熟した立場」と呼ぶ。ヴァーミュールの議論の特徴として制度的キャパシティへの着目があることは既に述べたが、ここで第二の特徴として、そうしたキャパシティ（およびインセンティヴ）を、つねに法システム全体との関係で相互作用的に捉えようとしていることがあげられる。そこで予防的アプローチは単に退けられるのではなく、最適化の結果として採用されることは十分にありうる。

むろん、こうした最適化立憲主義が具体的にどのような制度デザインを支持するのかは明らかでない。むしろ、事前にそれを原則的に述べることはできない、ということが要点といえるだろう。こうした見方は、ヴァーミュールも自覚している通り、予防的アプローチと比べて積極的な魅力に乏しいことは否めない。しかしヴァーミュールの述べるところ、最適化アプローチは消極的なチェック方針としての意義が十分にあるという。あるリスクを予防する枠組みを作るにあたって、見過ごされている別のリスクはないか。各アクターのインセンティヴ適合性は十分なものか。そうした視点から、現状の制度配置と権限配分をつねに問い直していく漸進的な姿勢が示されている。我々はまったく新しい憲法ルールをゼロから作り上げる必要はない。アメリカ合衆国憲法は（そしてもちろん日本国憲法も）既に十分に長い期間、それなりにうまく機能してきた。憲法ルールの作成者にとって必要なのは、ともすれば別のリスクを生じさせかねない大きなヴィジョンではなく、憲法システムの全体を見渡しながら微調整していく「成熟した立場」である、というヴァーミュールの保守主義的な姿勢が本書にはよく現れているといえるだろう。

三、正当性と正統性

もっとも、こうしたヴァーミュールの「成熟した」見方は、特定の立憲民主主義体制において共有されている価値観の範囲内の狭いものであるという批判は可能かもしれない。特に本書の第四章〜第六章の議論に顕著だが、自己裁定禁止、セカンド・オピニオン、専門家委員会といった各種の主題において、到達されるべき「正解」の存在が当然に想定されているかのような論の運びである。こうした見方は憲法上の諸制度を「正解」到達のための手段として理解することにつながる——それは近時、政治哲学者のロバート・グッディン（Robert Goodin）やデイヴィッド・エストランド（David Estlund）らを中心に精力的に展開されている「認知的デモクラシー（epistemic democracy）」論とも親和的な議論であるが、これには現代世界における根源的な価値対立を十分に扱えないのではないかという批判がありうる。法哲学者のジェレミー・ウォルドロンが言うところの「政治の状況（circumstances of politics）」では、人々は根源的な価値対立に引き裂かれながらも何らかの集合的決定を行わなければならない（Jeremy Waldron, *Law and Disagreement*, Clarendon Press, 1999）。そこで当該決定の正当性（justness）だけでなく、納得しない人々がなお当該決定を尊重する理由としての正統性（legitimacy）の探求が別に求められるという議論がなされる（参照、井上達夫『立憲主義という企て』東京大学出版、二〇一九年、第一章など）。

こうした見方に対し、ヴァーミュールの議論はずいぶんとあっさりしている。本書で用いられる「正統性（legitimacy）」は、「認知的な用語によって、政府の決定が正しいという公衆の確信や信頼として理解することができる」（二〇五頁）。ここで正統性は正当性と区別される独立の価値ではなく、当該決定の正当性に対する人々の確信の度合いとして捉えられている。権力の暴走に対する予防策が過度に入念になされるときには一貫した決定が難しくなり、認知的な意味での正統性は損なわれてしまう。それがあまりにも低くなるとき、人々が制度的障害を一掃するような強い権力の登場を求めるという逆転の結果が生じかねない（八六頁以下）。そうした政治的リスク（二階のリスク）を防ぐための成熟した制度設計において、正統性はリスク計算において算入されるべき諸要素の一つとして捉えられることになる。ここで正統性はよりよい政治的決定を実現する制度設計のための計算要素として認知的・手段的に理解されるが、「よりよい政治的決定」がいかなるものであるかについての根源的な不一致（disagreement）を強調する論者からすれば、ヴァーミュールのそうした理解はとても「成熟した」ものには見えないだろう。政治的決定に対する不一致が立憲民主主義体制にとって計算可能なリスクの一つにすぎないのか、それとも体制そのものを脅かす別種のリスクとして対応しなければならないのか、という理解の相違が生じることになる。いずれの立場が適切かについての私の判断は留保するが、仮に後者の立場をとったとしてもヴァーミュールの認知的・手段的な立憲主義構想が無効になるわけではまったくなく、少なくともそれが成立する範囲においては十分に強力なものであるだろう。

＊＊＊

本書の翻訳は、吉良が単独で行った。私自身は法哲学の専攻であるが、本書はできるだけアメリカ憲法学の標準的な用語に合わせるように留意した。結果として法哲学やその他の分野の用語法とズレが生じている箇所が多少あるが（たとえばprincipleは法哲学では「原理」と訳すことが多いが、本書では「原則」にしている）、分野横断的な議論が多くなされている本書の性格に鑑み、ご理解をいただきたい。

なお、多少個人的な事情も関わってくるのだが、私が以前に翻訳を手掛けた科学技術社会論の古典、シーラ・ジャサノフ（渡辺千原・吉良貴之監訳）『法廷に立つ科学：「法と科学」入門』勁草書房、二〇一五年）と、本書は多くの点で共通している。ジャサノフ著は現代科学技術問題についてアメリカ司法がどのように関わってきたかを法社会学的な視点で考察するが、本書のヴァーミュールはそれを憲法基礎理論的・憲法思想史的な問題関心から捉え直すものといえるかもしれない。つまり、それぞれの制度機関のキャパシティを踏まえたうえで、想定されるリスクに応じた権限配分の最適化を検討しているということだ。簡単にいえば、司法にできること・できないことを問題の性質に応じて考察していこうとする――そして現代科学技術の規制は残念ながら、司法には多くを期待できない場合が多い。これはジャサノフとヴァーミュールの他の著作も合わせて読めばより鮮明になる。私としては本書の翻訳を開始した当初は両者のつながりをそれほど意識していなかったのだが、同じ人が取り組むものは自然と同じような主題に関わってくるものだと現在では感慨深く思っている。むろん、これはまったく個人的なことに過ぎない。

著者のヴァーミュール氏には、本書冒頭に訳出した「日本の読者へ」の執筆をお願いした。また翻訳にあたって、本書の中のいくつかの不明な箇所についてもお尋ねした。いずれも快くご対応くださったヴァーミュール氏に深く感謝する。氏が希望されている通り、本書の翻訳が日米両国の研究者の意見交換をさらに活発にするきっかけになることを、私も心より願っている。

訳文の最終的なチェックにあたっては、誤りを予防するため、特にアメリカ憲法学・憲法思想史に関わる箇所について清水潤氏（白鷗大学・憲法学）、川鍋健氏（一橋大学・憲法学）、経済学に関わる箇所について今喜史氏（宇都宮共和大学・経済学）、自然科学に関わる箇所について戸田聡一郎氏（東京大学・脳神経科学）のご協力を得た。また、訳文全体について服部久美恵氏（早稲田大学大学院・法哲学）、中机進也氏（会社員）から有益なコメントをいただいた。本書の訳文がより正確に、読みやすくなっているとすれば各氏のおかげである。しかし不確実性下の私の判断で各氏のコメントを反映していない点もあり、それによって無益、危険性、逆転といったリスクが実現した部分もあるかもしれない。そうした最適化の失敗はすべて私の責任である。

本書の装丁は、デザイナーの吉田憲二氏にお願いした。カバーに使われている写真は私がアメリカ・ワシントンDCに行ったときに撮ったものである。きれいに仕上げてくださった吉田氏に感謝している。なお、この写真について若干の説明をすると、場所はワシントンDC中心部の「憲法通り(Constitution Avenue)」である。この通り沿い、およびその近辺には連邦最高裁判所、連邦議会、そしてホワイトハウスなど、合衆国憲法上の重要施設が集中している。ワシントン記念塔の方角を向いている信号機は裏向きになっているが、さて、それは赤と青のどちらを示しているだろうか。それは無条件には決まらない、という本書の主張をこの写真は表している、というのもできすぎのように思えるのでこのあたりにとどめておく。

本書の企画、編集にあたっては、勁草書房編集部の山田政弘さんにお世話になった。山田さんは先端的な法政策分野から、本書のような法学・政治学の基礎理論、そして哲学・倫理学に至るまで幅広い書を手掛けていらっしゃるが、今後広がっていくべき分野を「耕す」という強い意識をお持ちである。専門的な議論に閉じこもっているだけではその分野は先細りになりかねない。特に、私が専攻する法哲学は、多様な分野に出張っていって面白い議論や人々をつなげていくフットワークの軽さこそ最大の持ち味だと思っている。だが、軽いだけであってもならない。そうした越境の基礎となるのが基本的文献の共有であり、翻訳はそこで大きな力を果たすはずだ。もっとも、私の能力的限界ゆえにご期待に沿えないことも多く申し訳なく思っているが、今後も、面白い分野をつなげ、切り開き、より多くの方々に読んでいただける仕事をご一緒できることを心より願っている。

著者

エイドリアン・ヴァーミュール（Adrian Vermeule）

1968年、アメリカ生まれ。1990年にハーバード・カレッジ、1993年にハーバード大学ロースクールを卒業。1994年からアントニン・スカリア連邦最高裁判事のクラークなどを務めた後、1998年からシカゴ大学ロースクールにて教鞭をとる。2006年にハーバード大学ロースクール教授（公法担当）に就任。アメリカ憲法学における「制度論的転回」の主導者であり、統治システム各部門の能力に応じた権限配分を強調する。特に不確実性下の判断に関する司法の能力に懐疑的であり、司法審査に消極的な姿勢をとる論客として知られている。著書にJUDGING UNDER UNCERTAINTY, Harvard University Press, 2006、MECHANISMS OF DEMOCRACY, Oxford University Press, 2007、LAW AND THE LIMITS OF REASON, Oxford University Press, 2009、THE SYSTEM OF THE CONSTITUTION, Oxford University Press, 2011、LAW'S ABNEGATION, Harvard University Press, 2016がある。なお、本書『リスクの立憲主義』（THE CONSTITUTION OF RISK, Cambridge University Press, 2014）が初の日本語訳である。ほか、エリック・ポズナー、キャス・サンスティンなどとの共著書、および多数の論文がある。

訳者

吉良　貴之（きら　たかゆき）

1979年高知市生まれ。東京大学法学部卒業、東京大学大学院法学政治学研究科博士課程満期退学。日本学術振興会特別研究員などを経て、宇都宮共和大学専任講師。法哲学専攻。主な研究テーマは世代間正義論、法の時間論、法と科学技術、およびそれらの公法上の含意について。主な論文として「世代間正義論」（『国家学会雑誌』119巻5-6号、2006年）、「将来を適切に切り分けること」（『現代思想』2019年8月号）など。翻訳にドゥルシラ・コーネル『イーストウッドの男たち』（監訳、御茶の水書房、2010年）、同『自由の道徳的イメージ』（監訳、御茶の水書房、2015年）、シーラ・ジャサノフ『法廷に立つ科学』（監訳、勁草書房、2015年）がある。

◆ウェブサイト：http://jj57010.web.fc2.com

事項索引

■ア行

悪人原則（ヒューム）knavery principle　41, 95

『アメリカ共和国』（ブライス）*The American Commonwealth*　119, xx

『アメリカ共和国衰亡史』（アッカマン）*Decline and Fall of the American Republic*　45

医師会 College of Physicians　100, 148

一元的執行　unitary executive　43, 209, xxxiii

一パーセントドクトリン　37

インセンティヴ適合性　69, 72-77

オレゴン尊厳死法　Oregon Death with Dignity Act　198

恩赦条項　Pardon Clause　164

■カ行

科学の見せかけ　science charade　214, 242

カスケード　cascade　194, 240

➢ 情報　195, 208, 224-226

➢ 評判　208, 224-226, 239

➢ 利用可能性　114, 248

『合衆国憲法釈義』（ストーリー）*Commentaries on the Constitution*　162-163

環境保護庁（EPA）　215, 228, xxxvi, xxxvii

帰結主義　70, 105, 107-108

機能主義　24-25, 123

休会条項　Adjournments Clause　104

休会任命　recess appointment　79-81, 52-55, 103-105

➢ 会期間　intersession　53-54

➢ 会期内　intrasession　53-55, 79, 103-104

行政手続法（APA）　Administrative Procedure Act　24, 157, 213, 220, 227, xii, xxv

議員資格　legislative qualifications　162-163, 168

クーデタ　2, 45, 52, 62, 64, 87, xiii

計算

➢ 期待害悪　expected harm　56, 92, 112

➢ 期待効用　expected utility　59

➢ 成熟した　103, 111

限界論　marginalism　179-180

権力分立　separation of powers　43, 53-54, 61-62, 83, 87-88, 106, 124, 185, 187

拘束的意見　binding opinions　198

合理的選択理論　rational-choice theory　8-9, 219

コスト・ベネフィット分析　105-106, 206

➢ 成熟した立場の一部としての　105-106

コロンビア特別区巡回区控訴裁判所　U.S. Court of Appeals for the D.C. Circuit　→ Noel Canning v. NLRB

コンドルセの陪審定理 Condorcet Jury Theorem 202, 219-221, 223, 225, 230, 236, xx

■サ行
『ザ・フェデラリスト』 Federalists Papers
➢ 第八篇「諸邦間の戦争と常備軍の問題」 85-86
➢ 第一〇篇「派閥の弊害と連邦制による匡正」 80, 146, 162, 168-170, 183, xxii
➢ 第二〇篇「連合規約の欠陥」 86
➢ 第二五篇「共同防衛の必要性とその性格」 73-74, 77-78
➢ 第四一篇「連邦に付与される権限についての概観」 78-79, 84, 95, 101-102
➢ 第四七篇「権力分立制の意味」 73
➢ 第四八篇「立法部による権力侵害の危険性」 73
➢ 第五一篇「チェック・アンド・バランスの理論」 43, 73, 168-170
➢ 第六三篇「上院議員の任期」 90, 121
最適化 optimizing
➢ 裁判官報酬と必要性 161-162
➢ 選挙区割 156, 174-175
➢ 不偏性と制度の活力 163-164, 180
➢ 不偏性と専門知 154
➢ 不偏性と独立性 158-159
サンセット条項 sunset clause 189
司法審査 judicial review 48, 49, 93-94, 113, 169, 172-174, 185, 189-190, 196, 205, 209
➢ 逆転論法 93
➢ 行政機関の行為に対する 48, 190, 209
➢ 自己裁定禁止 142, 172-174
➢ 成熟した立場 113
➢ 制定法に対する 189
州の課税権 state taxing power 49-50, 97-98
集団思考 groupthink
➢ 条件 224-226
常備軍 standing army 43-44, 62, 73-74, 77-78, 85-86, 101-102, 115, xviii
情報・規制問題局（OIRA） 191, 205
しらふでの再考 sober second thought 187-190, 196, 200-201, 203
人身保護令状 Federal habeas corpus 191, xxxi
全員一致のジレンマ unanimity dilemma 240-241
先例拘束 stare decisis 190, 196

■タ行
大統領権力 executive power 45-46, 52, 86
➢ 自己恩赦 164-168, 182
➢ 緊急事態 45-46, 52, 75-77, 86, 88
端点解 corner solutions 249

■ナ行
偽の合意 false consensus 215, 225, 241, 242, xxxv, xxxvi
認知的ただ乗り epistemic free-riding 30-31, 221, 224-226
認知的多様性 epistemic diversity 201-204, 219, 225, 235, 237-238

認知的モラルハザード　epistemic moral hazard　209-210, 212
認知能力　epistemic competence　112, 233, 237, 239
認知のサボり　cognitive loafing　224, 236
乗っ取り　capture　31, 93-94

■ハ行

バイアス
➢ 系統的バイアス　systematic bias　109, 201, 204, 236, 238
➢ 政治的な過信バイアス　political overconfidence bias　138
➢ 専門家委員会の　expert panels　223, 225, 236-238, 240
➢ 動機と認知　motivational v. epistemic　108-109, 236, 238-239
反連邦主義　antifederalism　5, 26, 40, 43-44, 50, 62, 85-86, 115, 171
➢ 権利章典　the Bill of Rights　44-45
➢ 権力分立　43
➢ 上院　90
➢ 常備軍への懸念　43-44, 62, 74, 85-86
➢ 連邦裁判所の権限　171-172
病理学的視点　pathological perspective　26, 55, 75, 111
ファットテール　fat-tail
➢ 確率分布　65
➢ 政治的　16, 45, 65-66, 106-107
➢ リスク　16, 63, ii
フィラデルフィア憲法制定会議　Philadelphia Convention　42, 43, 87, 159-161, 163, 165, 166, 180, 182
フィリバスター　filibuster　80, 89
ブランデンバーグ・テスト　→　Brandenburg v. Ohio
報酬条項（裁判官）　Compensation Clause　161-162
報酬条項（議員）　Emoluments Clause　181
法律顧問局　Office of Legal Counsel　191
補助的予防策　auxiliary precautions　43

■マ行

マキシミン　maximin　9, 15-16, 56
➢ 憲法デザイン　95-96,
➢ 立憲主義　15-17, 26, 42, 63, 66, 106-107
マディソン＝タフト原則　Madison-Taft principle　62
見張り効果　sentinel effect　210-211
メタ専門知　meta-expertise　239

■ヤ行

予防原則　precautionary principle　6, 37-40, 47-51, 57, 59, 61-63, 69-70, 72, 81-82, 97-100, 103, 107-110, 116, 247, i, iv, xv
➢ 反駁されうる想定　rebuttable presumption　15, 20, 39, 63

■ラ行

リバタリアニズム　libertarianism　13, 26, 44, 46-47, 48, 83, 111, 157
連合規約　Articles of Confederation　78, 86, 159, xii
連邦諮問委員会法　Federal Advisory

Committee Act　24, 237
連邦主義　federalism　26, 28, 38, 42-43, 46, 51, 121, 166, xi, xxvii
連邦の歳出権　federal spending power　51

人名索引

■ア行

アイアデル、ジェイムズ　Iredell, Iredell　84

アッカマン、ブルース　Ackerman, Bruce　27, 45-46, 52, 88

アリストテレス　Aristotle　202-203

イェイツ Yates → ブルータス（筆名）

イサカロフ、サミュエル　Samuel, Issacharoff　52

ウィルソン、ジェイムズ　Wilson, James　42, 182, xxv

ヴィンソン、フレドリック　Vinson, Fredrick　92

ヴォルテール　Voltaire　129

ウォルドロン、ジェレミー　Waldron, Jeremy　172-174

オコナー、サンドラ・デイ　O'Conor, Sandra Day　58

オバマ、バラク　Obama, Barack　191

■カ行

カスパロフ、ガルリ　Kasparov, Garry　252

カルポフ、アナトリー　Karpov, Anatoly　251

クック卿　Cook, Lord　148, xxiii

ゲリー、エルブリッジ　Gerry, Elbridge　160

孔子　Confucius　211

■サ行

サンスティーン、キャス　Sunstein, Cass　52, xix

シィエス、エマニュエル＝ジョゼフ　Sieyes, Emmanuel Joseph　122

ジェファソン、トーマス　Jefferson, Thomas　201

シャーマン、ロジャー　Sherman, Roger　160, 180

シャウアー、フレデリック　Schauer, Frederick　82

ジャクソン、ロバート　Jackson, Robert　69, 91-92, 116

シュクラー、ジュディス　Shkler, Judith N.,　17, 64

ジョンソン、サミュエル　Johnson, Samuel　viii, 208

ストーリー、ジョゼフ　Story, Joseph　27, 69-70, 101-102, 116, 162-163, 167-168, 171-172, 174, 182, 184, 210, 246-247

ストーン、ハーラン・フィスク　Stone, Harlan Fiske　189

スミス、アダム　Smith, Adam　170

スミス、メランクトン　Smith, Melancton　43

■タ行

ダーウィン、チャールズ　Darwin, Charles　105

タッカー、ジョージ　Tucker, St. George　47-48, 50, 61-62

タフト、ウィリアム・ハワード　Taft, William Howard　61-62

チグラン、ペトロシアン　Petrosian, Tigran　252
トクヴィル、アレクシ・ド　Tocqueville Alexis de　131-132, 134

■ナ行
ナイドルフ、ミゲル　Najidorf, Miguel　251
ニクソン、リチャード　Nixon, Richard　165

■ハ行
ハーシュマン、アルバート　Hirschman, Albert　17, 27, 69, 71, 102
ハウエル、ウィリアム　Howell, William　76
パブリアス（筆名）　Publius　70, 77-78, 84-85, 90, 101-102, 114, 121, 125-128, 187
ハミルトン、アレクサンダー　Hamilton, Alexander　27, 69, 77-78, 85-87, 125, 159, 167, 247
ハリス、キャサリン　Harris, Katherine　175
ハンド、ラーニド　Hand, Learned　56, 92, 112
ビッケル、アレクサンダー　Bickel, Alexander　189-190, 205, xxiii, xxx
ヒューム、デイヴィッド　Hume, David　41, 95-96, 170
ピルデス、リチャード　Pildes, Richard　52
フィッシャー、ボビー　Fischer, Bobby　251
フィリップ（マケドニア王）　Philip, king of Macedon　200
フォード、ジェラルド　Ford, Gerald　165
ブッシュ、ジョージ・W、Bush, George W.,　37, 228, xxxiv
プブリコラ　Publicola　65
ブライス、ジェイムズ　Bryce, James
- 合衆国憲法と世論　120-121
- 言論の自由　127-129
- 国家の規模　125-127
- さらなる善の敵としての善　28, 129, 133-138, xix
- 世論の支配　28
- 世論の成功と失敗　130-133
- チェック・アンド・バランス　74, 121-125
- 予防とその帰結　138-140

ブラシ、ヴィンセント　Blasi, Vincent　26, 55, 57
ブラック、チャールズ　Black, Charles　188, 205
ブラック、ヒューゴー　Black, Hugo　92
ブラックストーン、ウィリアム　Blackstone, William　59
フランク、ジェローム　Frank, Jerome　155
フランクファーター、フェリックス　Frankfurter, Felix　27, 69, 98, 247, xxxi
フランクリン、ベンジャミン　Franklin, Benjamin　93, xxv
ブルータス（筆名）　Brutus　40-41, 44, 50
ヘロドトス　Herodotus　203
ホームズ、オリバー・ウェンデル　Holmes, Oliver Wendel　7, 97-99, 191
ポパー、カール　Popper, Karl　16-17, 67

■マ行

マーシャル、ジョン　Marshall, John　40, 49-50, 64, 69, 97, 247
マキァヴェリ、ニコロ　Machiavelli, Niccolo　163
マクドナルド、ジョン　Macdonald, John A.,　187
マディソン、ジェイムズ　Madison, James　28, 42-43, 61-62, 73-74, 80-81, 88, 90, 119-120, 121-122, 125, 127, 146, 159, 162, 167, 168-170, 172, 182-183, xix, xviii
➢ 歳費　159-160
➢ チェック・アンド・バランス check and balance　73-74, 121-122
モウ、テリー　Moe, Terry　76

■ラ行

ランドルフ、エドマンド　Randolf, Edmund　43, 165-167,
リー、ヘンリー　Lee, Henry　42
レーガン、ロナルド　Reagan, Ronald　205
ローズヴェルト、フランクリン　Roosevelt, Franklin Delano　88

■ワ行

ワシントン、ジョージ　Washington, George　40, 201

裁判例

Beauharnais v. Illinois (1952)　98-99, xv
Dr. Bonham's Case (1610)　148-149, xxiii
Brandenburg v. Ohio (1969)　56, 75
Calder v. Bull (1798)　142, xxi
Dennis v. United States (1950)　56, 92, 112
Gutierrez de Martinez v. Lamagno (1995)　147, 149, xxiii
Hamdi v. Rumsfeld (2004)　82
Kelo v. City of New London (2005)　13, 57-58, 83-84, 94, 99
Liteky v. United States (1994)　155, xxii
Marbury v. Madison (1803)　142, xxi, xxvii,
Martin v. Hunter's Lessee (1816)　171
McCulloch v. Maryland (1819)　49, 97
Miranda v. Arizona (1966)　60
Myers v. United States (1926)　61
Noel Canning v. NLRB (2013)　53-55, 79-80, 89, 103-104
Panhandle Oil Co. v. Mississippi ex rel. Knox (1928)　97, 99
United States v. Butler (1936)　51, 62
Withrow v. Larkin (1975)　83, 100, 158, xii

原　注

イントロダクション

1. 一般的に参照、Russell Hardin, Liberalism, Constitutionalism, and Democracy (2003)（相互利益のための社会的協調が、効果的なリベラル立憲主義の核を構成すると主張する）。
2. 次の二冊を比較せよ。Jon Elster, Ulysses and the Sirens: Studies in Rationality and Irrationality (1979)（この見解を推し進めるもの）、Jon Elster, Ulysses Unbound: Studies in Rationality, Precommitment, and Constraints (2000)（それを批判するもの）.
3. 一般的に参照、John Hart Ely, Democracy and Distrust: A Theory of Judicial Review (1980)（憲法は、分離された島国的な少数民族が政治プロセスに参加できるように解釈されるべきであり、それによって民主的な自己統治原則が強化されるべきだと主張する）。
4. Ronald Dworkin, Freedom's Law (1997)（石山文彦訳『自由の法——米国憲法の道徳的解釈』木鐸社、一九九九年）。
5. Cass R. Sunstein, Designing Democracy: What Constitutions Do (2001).
6. 包括的に考察するものとして参照、Daniel M. Byrd III & C. Richard Cothern, Introduction to Risk Analysis: A Systematic Approach to Science-Based Decision Making (2000).
7. フランス環境憲章第五条「損害の発生が、現状の科学的知見において不確実であっても、環境に対し重大かつ不可逆的な影響を及ぼしうる場合には、公共機関は、予防原則の適用により、自己の権限の範囲内において、リスク評価手続を実施し、損害の発生を予防すべく相応の暫定的措置を講じるよう留意する」。
8. *S. Pac. Co. v. Jensen*, 244 U.S. 205, 221 (1917)（Holmes反対意見）.
9. Stephen J. Choi, G. Mitu Gulati, & Eric A. Posner, *The Evolution of Contractual Terms in Sovereign Bonds*, 4 Journal of Legal Analysis 131 (2012).
10. たとえば参照、Daniel Farber, *Rights as Signals*, 31 J. Legal Stud. 83, 84 (2002)（「法改革は、経済改革に真にコミットしている良い兆候である」と主張する）。
11. 参照、Douglass C. North & Barry R. Weingast, *Constitutions and*

Commitment: The Evolution of Institutional Governing Public Choice in Seventeenth-Century England, 49 J. ECON. HIST. 803, 815-16 (1989).

12. 545 U.S. 469 (2005).
13. 参照、Const. amend. V, cl. 5 (合衆国憲法第五修正「何人も、正当な補償なく、私有する財産を公共の用のために収用されない」)。
14. 参　照、R. DUNCAN LUCE & HOWARD RAIFFA, GAMES AND DECISIONS: INTRODUCTION AND CRITICAL SURVEY 278-279 (1957).
15. 参照、*id.* at 280.
16. 国際投資や地政学的リスクへの応用を含めたファットテール・リスクの考え方の紹介について参照、IAN BREMMER & PRESTON KEAT, THE FAT TAIL: THE POWER OF POLITICAL KNOWLEDGE IN AN UNCERTAIN WORLD (2010). 規制当局への適用、および合理的なリスク管理は真に壊滅的な結果を回避することに焦点を当てるべきであるという主張について参照、Michael P. Vandenbergh and Jonathan A. Gilligan, *Macro-Risks: The Challenge for Rational Risk Regulation*, 21 DUKE ENVTL. L. & POL'Y F. 165 (2011). 気候変動に関わる最も有名な規制の適用について参照、Martin L. Weitzman, *On Modeling and Interpreting the Economics of Catastrophic Climate Change*, 91 REV. ECON. & STAT 1, 2 (2009).
17. 参照、LUCE & RAIFFA, *supra* note 14, at 280-86; Kenneth J. Arrow & Leonid Hurwicz, *An Optimality Criterion for Decision Making Under Ignorance, in* UNCERTAINTY AND EXPECTATIONS IN ECONOMICS (C.F. Carter and J.L. Ford eds., 1972); Richard T. Woodward & Richard C. Bishop, *How to Decide When Experts Disagree: Uncertainty-Based Choice Rules in Environmental Policy*, 73 LAND ECON. 492 (1997). 加重された両極端の組み合わせも合理的である。Woodward & Bishop, *supra*, at 496 n.7. その可能性は、リスクよりもむしろ不確実性の枠組みの中で、害悪の可能性に対する多かれ少なかれ悲観的な反応が、すべて合理的な意思決定と両立しうることを強調している。参照、David Kelsey, *Choice Under Partial Uncertainty*, 34 INT'L ECON. REV. 297 (1993). 悲観主義には、一種自然な、あるいは常識的な優先事項があるという主張が先行文献に散見されるが、不確実性の下での意思決定のための標準的な枠組みは、それ自体ではそのような見解を支持していない。ただし、これは問題となっている特定のモデルが、さらに悲観的な仮定を組み込んでいない限りである。一つの例として、Itzhak Gilboa & David Schmeidler, *Maxmin Expected Utility with Non-Unique Prior*, 18

J. MATHEMATICAL ECON. 141（1989）。著者らが発展させた「最大化」基準は、標準的な最大値と期待効用の最大化との間の範囲をとることができ、不確実性回避の公理から導かれたものである。参照、*id.* at 144; 公理自体は合理性の要件ではなく、他の公理が代わりに用いられることもある。

18. Karl Popper, *The Paradoxes of Sovereignty, in* POPPER SELECTIONS 320（David Miller ed., 1985）（強調省略）。
19. Judith N. Shklar, *The Liberalism of Fear, in* POLITICAL THOUGHT AND POLITICAL THINKERS 3, 9（Stanley Hoffmann ed., 1998）（大川正彦訳「恐怖のリベラリズム」『現代思想』二〇〇一年六月号）。
20. ALBERT O. HIRSCHMAN, THE RHETORIC OF REACTION（1991）（岩崎稔訳『反動のレトリック――逆転・無益・危険性』法政大学出版局、一九九七年）。
21. 憲法の分析および設計におけるシステム的思考の重要性については、以下を参照。ADRIAN VERMEULE, THE SYSTEM OF THE CONSTITUTION（2011）.
22. この点は、制度設計の主な目的は、消極的なものでなければならない、すなわち政策決定者に対する歪んだ影響を除去することにあると主張する、JON ELSTER, SECURITIES AGAINST MISRULE: JURIES, ASSEMBLIES, ELECTIONS（2013）とある意味で似通っている。
23. たとえば参照、Charles Yoe, PRIMER ON RISK ANALYSIS: DECISION MAKING UNDER UNCERTAINTY 83（2012）.
24. 詳細な分析と批判について参照、Jonathan Masur and Eric Posner, *Against Feasibility Analysis*, 77 U. Chi. L. Rev. 657（2010）; for an attempted rehabilitation, see David M. Dreisen, *Two Cheers for Feasible Regulation: A Modest Response to Masur and Posner*, 35 HARV. ENVTL. L. REV. 313（2011）.
25. Yoe, *supra* note 23, at 84.
26. 大雑把に言えば、満足した意思決定者は、最適な状況を達成しようとするのではなく、目標リスクが許容できる水準である目標レベルを達成しようとする。この区別はハーバート・サイモンに由来し、膨大な文献を生み出している。参照、Reva Brown, *Consideration of the Origin of Herbert Simon' s Theory of 'Satisficing'（1933-1947）*, 42 MANAGEMENT DECISION 1240-1256（2004）; SATISFICING AND MAXIMIZING: MORAL THEORISTS ON PRACTICAL REASON（Michael Byron ed.）（2004）.
27. 参照、JON ELSTER, EXPLAINING SOCIAL BEHAVIOR: MORE NUTS AND BOLTS

FOR THE SOCIAL SCIENCES 14-15（2007）.

28. ADRIAN VERMEULE, LAW AND THE LIMITS OF REASON 97-122（2009）.
29. 2 JAMES BRYCE, THE AMERICAN COMMONWEALTH 1256（Liberty Fund 1995）（3d ed. 1941）.

第一章

1. たとえば参照、Peter L. deFur, *The Precautionary Principle: Application to Polices Regarding Endocrine-Disrupting Chemicals, in* PROTECTING PUBLIC HEALTH AND THE ENVIRONMENT: IMPLEMENTING THE PRECAUTIONARY PRINCIPLE 337, 345-46（Carolyn Raffensperger & Joel Tickner eds., 1999）（「予防原則に関するウィングスプレッド声明で述べられているように、活動、プロセス、化学物質の申請者または提案者は、環境および公衆衛生上安全であることを公衆と規制当局の納得を得るよう立証する必要がある」）。様々な規制分野における予防原則に関する膨大な文献の概要について参照、IMPLEMENTING THE PRECAUTIONARY PRINCIPLE: PERSPECTIVES AND PROSPECTS（Elizabeth Fisher et al. eds., 2006）.
2. 参照、Ron Suskind, THE ONE PERCENT DOCTRINE: DEEP INSIDE AMERICA'S PURSUIT OF ITS ENEMIES SINCE 9/11（2006）（「パキスタンの科学者たちがアルカイダの核兵器開発を支援している可能性が一%でもあれば、私たちの対応としては、それを確実なものとして扱わなければならない」（ディック・チェイニー前副大統領の発言から引用））。
3. Jonathan B. Wiener, *Precaution in a Multirisk World, in* HUMAN AND ECOLOGICAL RISK ASSESSMENT: THEORY AND PRACTICE 1509, 1513（Dennis J. Paustenbach ed., 2002）（Per Sandin, *Dimensions of the Precautionary Principle,* 5 HUM. ECOL. RISK ASSESS. 889（1999）から引用）.
4. 参　照、THE FEDERALIST No. 47, at 300-08（James Madison）（Clinton Rossiter ed., 1961）（斉藤眞・中野勝郎訳『ザ・フェデラリスト』岩波書店［岩波文庫］、一九九九年、第四七篇「権力分立制の意味」）
5. 参照、Youngstown Sheet & Tube Co. v. Sawyer, 343 U.S. 579, 650-53（1952）.
6. 参　照、United States v. Carolene Prods. Co., 304 U.S. 144, 152 n.4（1938）.
7. 参　照、Brutus XV, *in* 2 THE COMPLETE ANTI-FEDERALIST 437, 437-42（Herbert J. Storing ed., 1981）.

8. Wiener, *supra* note, at 1514.

9. *Id.*

10. 5 JOHN MARSHALL, THE LIFE OF GEORGE WASHINGTON: COMMANDER IN CHIEF OF THE AMERICAN FORCES, DURING THE WAR WHICH ESTABLISHED THE INDEPENDENCE OF HIS COUNTRY, AND FIRST PRESIDENT OF THE UNITED STATES 131（Philadelphia, C.P. Wayne 1807）（強調追加）。

11. Brutus VIII, *in* 2 THE COMPLETE ANTI-FEDERALIST, *supra* note, at 405, 406.

12. David Hume, *Of the Independency of Parliament, in* 1 ESSAYS AND TREATISES ON SEVERAL SUBJECTS 37, 37（London, A. Millar 1764）（強調を省略）（田中敏弘訳『ヒューム　道徳・政治・文学論集』京都大学学術出版会、二〇一一年、第六章「議会の独立について」、三四頁）。

13. GEOFFREY BRENNAN & JAMES M. BUCHANAN, THE REASON OF RULES: CONSTITUTIONAL POLITICAL ECONOMY 52（1985）.

14. 参照、*id.* at 54-59.

15. JON ELSTER, SECURITIES AGAINST MISRULE: JURIES, ASSEMBLIES, ELECTIONS 46-47（2013）（文中の注を省略）。

16. 1 THE RECORDS OF THE FEDERAL CONVENTION OF 1787, at 66（Max Farrand ed., 1911）.

17. *Id.*

18. MEN OF LITTLE FAITH: SELECTED WRITINGS OF CECELIA KENYON 102（Stanley Elkins, Eric McKitrick & Leo Weinstein eds., 2002）.

19. THE FEDERALIST NO. 51, at 290, 322（James Madison）（Clinton Rossiter ed., 1961）（前掲『ザ・フェデラリスト』第五一篇「抑制均衡の理論」）。

20. U.S. CONST. art. I, § 8, cl. 12.（合衆国憲法第一編第八節第一二項）。

21. Brutus X, *in* 2 THE COMPLETE ANTI-FEDERALIST, *supra* note, at 413.

22. Brutus Xで提案されている条項を参照、*id.* at 416.

23. Brutus II, *in* 2 The Complete Anti-Federalist, *supra* note, at 372, 374.

24. *Id.* at 374-75.

25. 参照、John Francis Mercer, *Address to the Members of the Conventions of New York and Virginia, in* 5 THE COMPLETE ANTI-FEDERALIST, *supra* note, at 102, 105（これらの神聖な権力の濫用と不適切な行使に対して、人民は神聖な宣言によって保証される権利をもつ……」）。

26. Brutus II, *supra* note, at 374.

27. Bruce A. Ackerman, The Decline and Fall of the American Republic (2010).
28. *Id.* at 143.
29. *Id.* at 143-52.
30. *Id.* at 168-69.
31. これは、アンソニー・ケネディ連邦最高裁判事の法理論(jurisprudence)における重要なテーマである。たとえば参照、Bond v. United States, 131 S. Ct. 2355, 2364 (2011)(「連邦主義は、一つの政府が公共的生活に関わるすべての問題について完全な管轄権を持つことを否定することによって、個人の自由を恣意的な権力から守る」)。
32. Nat'l Fed'n of Indep. Bus. v. Sebelius, 132 S. Ct. 2566, 2588 (2012)(Roberts長官による意見).
33. St. George Tucker, *View of the Constitution of the United States, in* 1 St. George Tucker, Blackstone's Commentaries: With Notes of Reference, to the Constitution and Laws, of the Federal Government of the United States; and of the Commonwealth of Virginia 140, 151 (St. George Tucker ed., Lawbook Exch. 1996) (1803).
34. Kurt T. Lash, *"Tucker' s Rule" : St. George Tucker and the Limited Construction of Federal Power*, 47 Wm. & Mary L. Rev. 1343 (2006).
35. Tucker, *supra* note, at 423.
36. U.S. CONST. amend. X(合衆国憲法第十修正)。
37. U.S. CONST. amend. IX(合衆国憲法第九修正)。
38. Randy E. Barnett, Restoring the Lost Constitution: the Presumption of Liberty 242 (2004).
39. Tucker, *supra* note, at 154.
40. Barnett, *supra* note, at 267.
41. 参 照、Frank B. Cross, *Institutions and Enforcement of the Bill of Rights*, 85 Cornell L. Rev. 1529, 1577-78 (2000)(「政府の行動に対して拒否権を持つ機関が多ければ多いほど、その行動にはより費用がかかり、阻まれる可能性が高くなる」)。Richard H. Fallon, Jr., *The Core of an Uneasy Case for Judicial Review* 121 Harv. L. Rev. 1693, 1695 (2008)(「議会と裁判所は共に基本的権利を保護するために両者とも必要であり、そのような権利を侵害すると合理的に考えられる立法に対して拒否権を持つべきである」)。
42. Fallon, *supra* note, at 1708.

43. 17 U.S. 316 (1819) .
44. *Id.* at 431.
45. *Id.* at 416.
46. *Id.* at 432.
47. MARSHALL, *supra* note, at 240-41.
48. Lash, *supra* note, at 1382-89.
49. 297 U.S. 1 (1936) .
50. *Id.* at 75-78.
51. 参　照、Samuel Issacharoff & Richard H. Pildes, *Between Civil Libertarianism and Executive Unilateralism: An Institutional Process Approach to Rights During Wartime*, 5 THEORETICAL INQ. L. 1 (2004) ; Cass R. Sunstein, *Minimalism at War*, 2004 SUP. CT. REV. 47.
52. 参照、Sunstein, *supra* note, at 74-75.
53. U.S. CONST. art. II, sec. 2, cl. 3（合衆国憲法第二編第二節第三項）。
54. 705 F.3d 490 (D.C. Cir. 2013) , cert. granted, U.S. (June 24, 2013) .
55. 705 F.3d at 503（文中の注を省略）。
56. 705 F.3d at 504（文中の注を省略）。
57. 705 F.3d at 504.
58. Vincent Blasi, *The Pathological Perspective and the First Amendment*, 85 COLUM. L. REV. 449, 449-50 (1985) .
59. 341 U.S. 494, 510 (1951) (United States v. Dennis, 183 F.2d. 201, 212 (2d Cir. 1950) (Hand, J.) からの引用)。
60. *Id.* at 509.
61. 395 U.S. 444, 447 (1969) .
62. 参照、Jonathan Remy Nash, *Standing and the Precautionary Principle*, 108 COLUM. L. REV. 494, 516-17 (2008) .
63. U.S. CONST. amend. V, cl. 5（合衆国憲法第五修正）。
64. Kelo v. City of New London, 545 U.S. 469, 479-80 (2005) .
65. *Id.*
66. *Id.* at 480.
67. *Id.* at 496 (O' Connorによる反対意見) .
68. *Id.* at 505.
69. 参　照、Ilya Somin, *The Limits of Backlash: Assessing the Political Response to Kelo*, 93 MINN. L. REV. 2100, 2138-43 (2009) (collecting state statutes) .

70. たとえば参照、Tumey v. Ohio, 273 U.S. 510, 523（1927）（「刑事事件において被告人に不利な結論に達することで直接的・個人的・実質的な金銭的利益を有する裁判官の判断に、当該被告人の自由または財産を服させることは、確実に第一四修正に違反し、刑事事件の被告人から法のデュー・プロセスを奪うものである」）。
71. Gibson v. Berryhill, 411 U.S. 564, 579（1973）（「法的手続きに金銭的利害を持つ人は、これらの紛争を裁定してはならない」）。
72. 参照、Peter Joy, *The Relationship Between Prosecutorial Misconduct and Wrongful Convictions: Shaping Remedies for a Broken System*, 2006 WIS. L. REV. 399; Jonathan Remy Nash, *The Supreme Court and the Regulation of Risk in Criminal Law Enforcement*, 92 B. U. L. REV. 171（2012）.
73. 3 WILLIAM BLACKSTONE, COMMENTARIES 352（1769）.
74. 参照、Alexander Volokh, *Guilty Men*, 146 U. PA. L. REV. 173, 178（1997）（たとえばマイモニデスは、出エジプト記の戒律［訳注：いわゆる「十戒」第六項「汝、殺すなかれ」］を、死刑執行にあたってn=1000の値を指すものとして解釈した」）。
75. 参照、Larry Laudan, *The Elementary Epistemic Arithmetic of the Law*, 5 EPISTEME 282-294（2008）.
76. 384 U.S. 436（1966）.
77. たとえば参照、Evan H. Caminker, *Miranda and Some Puzzles of "Prophylactic" Rules*, 70 U. CIN. L. REV. 1, 4-5（2001）（「連邦最高裁は、ミランダ原則は合衆国憲法第五修正そのものの解釈ではなく、単に「予防的」なものであるという理由によって自らの決定を正当化した」）。
78. 参照、*Dickerson v. United States*, 530 U.S. 428（2000）. より詳細な分析について参照、Caminker, *supra* note 77.
79. 2 JONATHAN ELLIOT, THE DEBATES IN THE SEVERAL STATE CONVENTIONS ON THE ADOPTION OF THE FEDERAL CONSTITUTION 380（Philadelphia, J.B. Lippincott & Co. 1881）（1836）.
80. 272 U.S. 52（1926）.
81. 制定法解釈における、明文化されたルールのより一般的な取扱いについて参照、John F. Manning, *Clear Statement Rules and the Constitution*, 110 COLUM. L. REV. 399（2010）; William N. Eskridge, Jr. & Philip P. Frickey, *Quasi-Constitutional Law: Clear Statement Rules as Constitutional Lawmaking*, 45 VAND. L. REV. 593（1992）.

82. *Myers*, 272 U.S. at 160.
83. 297 U.S. 1 (1936).
84. Frederick Schauer, *Slippery Slopes*, 99 HARV. L. REV. 361, 381-382 (1985).
85. Eugene Volokh, *The Mechanisms of the Slippery Slope*, 116 HARV. L. REV. 1026, 1029 (2003)
86. Judith N. Shklar, *The Liberalism of Fear, in* POLITICAL THOUGHT AND POLITICAL THINKERS 3, 9-10 (Stanley Hoffmann ed., 1998)（大川正彦訳「恐怖のリベラリズム」、『現代思想』二〇〇一年六月号）。
87. Daryl J. Levinson, *Empire-Building Government in Constitutional Law*, 118 HARV. L. REV. 915, 916 (2005).
88. 1 PLUTARCH, PLUTARCH'S LIVES 533 (Bernadotte Perrin trans., 1914)（柳沼重剛訳『英雄伝〈1〉』京都大学学術出版会、二九五 - 二九六頁）。
89. この問題のわかりやすい紹介として参照、Martin L. Weitzman, *Fat-Tailed Uncertainty in the Economics of Catastrophic Climate Change*, 5 REV. ENVTL. ECON. & POL'Y 275-92 (2011); NASSIM NICHOLAS TALEB, THE BLACK SWAN: THE IMPACT OF THE HIGHLY IMPROBABLE (2d ed. 2010)（望月衛訳『ブラック・スワン：不確実性とリスクの本質（上・下）』ダイヤモンド社、二〇〇九年）。
90. *Cf.* David Wiens, *Prescribing Institutions Without Ideal Theory*, 20 J. POL. PHIL. 45, 46 (2012)（「社会的な失敗を未然に防ぎ、回避することを初期設計のタスクとする」「制度的な失敗分析アプローチ」を主張）。
91. KARL R. POPPER, CONJECTURES AND REFUTATIONS: THE GROWTH OF SCIENTIFIC KNOWLEDGE 485 (2d ed. 2002). 92 *Id.* at 472.（藤本隆志・石垣壽郎・森博訳『推測と反駁：科学的知識の発展〈新装版〉』法政大学出版局、二〇〇九年、六四五頁）。
92. *Id.* at 472（前掲『推測と反駁』、六四五頁）。
93. Karl Popper, *The Paradoxes of Sovereignty, in* POPPER SELECTIONS 324 (David Miller ed., 1985).

第二章

1. ALBERT O. HIRSCHMAN, THE RHETORIC OF REACTION 153-54 (1991)（岩崎稔訳『反動のレトリック』法政大学出版局、一九九七年、一七三頁）。
2. *Id.* at 7（前掲『反動のレトリック』、七 - 八頁）。
3. 政治経済における関連文献の要約および引用については、以下を参照の

こと。Daryl J. Levinson, *Parchment and Politics: The Positive Puzzle of Constitutional Commitment*, 124 HARV. L. REV. 657, 670-80（2011）; MARK TUSHNET, TAKING THE CONSTITUTION AWAY FROM THE COURTS 95-128（2000）. とりわけ明確な取り扱いについては、Daron Acemoglu, *Why Not a Political Coase Theorem? Social Conflict, Commitment, and Politics*, 31 J. COMP. ECON. 620, 639-48（2003）.

4. 参照、ADRIAN VERMEULE, JUDGING UNDER UNCERTAINTY: AN INSTITUTIONAL THEORY OF LEGAL INTERPRETATION 118-52（2006）.
5. THE FEDERALIST No. 51, at 290, 322（James Madison）（Clinton Rossiter ed., 1961）（斎藤眞・中野勝郎訳『ザ・フェデラリスト』岩波書店［岩波文庫］、一九九九年、第五一篇「抑制均衡の理論」、二三八 - 九頁）。
6. THE FEDERALIST No. 25, at 167（Alexander Hamilton）（Clinton Rossiter ed., 1961）（前掲『ザ・フェデラリスト』第二五篇「共同防衛の必要性とその性格」、一二一頁）。
7. *Id.* at 165（前掲『ザ・フェデラリスト』第二五篇、一一八頁）。
8. 参照、JON ELSTER, ULYSSES UNBOUND: STUDIES IN RATIONALITY, PRECOMMITMENT, AND CONSTRAINTS 88-174（2000）; Acemoglu, *supra* note, at 622-23.
9. 参照、Levinson, *supra* note, at 663.
10. Vincent Blasi, *The Pathological Perspective and the First Amendment*, 85 COLUM. L. REV. 449, 449（1985）.
11. 395 U.S. 444（1969）.
12. 参照、ERIC A. POSNER & ADRIAN VERMEULE, TERROR IN THE BALANCE: SECURITY, LIBERTY, AND THE COURTS 232-34（2007）; Frederick Schauer, *A Comment on the Structure of Rights*, 27 GA. L. REV. 415, 417（1993）（「明白かつ差し迫った危険」というブランデンブルク以前の基準は、修正された形で国家安全保障といった文脈で暗黙のうちに維持され、たとえそれが適用される場合でも、言論の権利に「優越」することを許容している、と主張する）。たとえば以下も参照。United States v. Progressive, Inc., 467 F. Supp. 990（1979）（差し迫った危害を加える意図があるとは思えない状態で、水素爆弾の製造方法を説明する雑誌記事に対する差し止め命令を認めた）。
13. Terry M. Moe & William G. Howell, *The Presidential Power of Unilateral Action*, 15 J.L. ECON. & ORG. 132, 152（1999）.
14. POSNER & VERMEULE, *supra* note, at 48.

15. 「対象リスク」および「競合リスク」については、たとえば以下を参照。Jonathan B. Wiener, *Precaution in a Multirisk World, in* HUMAN AND ECOLOGICAL RISK ASSESSMENT: THEORY AND PRACTICE 1509, 1520（Dennis J. Paustenbach ed., 2002）.
16. THE FEDERALIST No. 25, at 165-66（Alexander Hamilton）（Clinton Rossiter ed., 1961）（強調追加、前掲『ザ・フェデラリスト』第二五篇、一一九頁）。
17. THE FEDERALIST No. 41, at 255-56（James Madison）（Clinton Rossiter ed., 1961）（前掲『ザ・フェデラリスト』第四一篇）。政府の「濫用」に関する一般的用語に懸念を示す人々の誇大妄想的、またはその他の非合理的な認識を強調する議論のあるバージョンについて参照、1 JOSEPH STORY, COMMENTARIES ON THE CONSTITUTION OF THE UNITED STATES 408（Boston, Hilliard, Gray & Co. 1833）. 一般的な意味での権力は、ただ単に濫用されやすいという可能性、またもし濫用されれば有害な結果を招く可能性があるという理由のために、特定の場合に制約されるべきではない。この議論は公的論議においてよく用いられる。その共通の側面において、大衆の恐怖や偏見に対処するあまり、無意識のうちに大衆精神に重きを置くことになる。しかし大衆精神は、そうした資格を与えられるほど賢明ではない（強調追加）。
18. Evans v. Stephens, 387 F.3d 1220, 1224（CA 11 2004）.
19. THE FEDERALIST No. 10（Clinton Rossiter ed. 1961）（前掲『ザ・フェデラリスト』第一〇篇、五八頁）。
20. Wiener, *supra* note, at 1517.
21. *Id.*
22. 参照、Adrian Vermeule, *A New Deal for Civil Liberties: An Essay in Honor of Cass R. Sunstein*, 43 TULSA L. REV. 921, 922-28（2008）.
23. Cf. Cass R. Sunstein & Adrian Vermeule, *Is Capital Punishment Morally Required? Acts, Omissions, and Life-Life Tradeoffs*, 58 STAN. L. REV. 703, 745（2005）.
24. 542 U.S. 507（2004）.
25. *Id.* at 534.
26. Alissa J. Rubin, *Bomber' s Final Messages Exhort Fighters Against U.S.*, N.Y. TIMES, May 9, 2008, at A14.
27. 参照、Esmail v. Obama, 639 F.3d 1075, 1077-78（Silberman, J., concurring）.

28. 参　照、Frederick Schauer, *Is it Better to be Safe than Sorry? Free Speech and the Precautionary Principle*, 36 PEPP. L. REV. 301 (2009) .
29. *Id.* at 305.
30. *Id.* at 314.
31. 参照、Marcello v. Bonds, 349 U.S. 302 (1955) ; FTC v. Cement Inst., 333 U.S. 683 (1948) . In Wong Yang Sung v. McGrath, 339 U.S. 33 (1950) , 裁判所は、多かれ少なかれ、行政手続法（APA）の要件を憲法上十分であるとして支持した。APAは、第一次裁定機関の下位レベルで機能の分離を要求しているが、裁定機関の意思決定の最上位レベルで機能の結合を明示的に許可しており、ほとんどの連邦機関では機能が組み合わされ組織編成が標準となっている。
32. 参照、Withrow v. Larkin, 421 U.S. 35, 52 (1975)（「この国の信じられないほど多様な行政機構は、いかなる単一の組織原理の対象にもならないだろう」)。
33. Kelo v. City of New London, 545 U.S. 469, 487 n. 19 (2005) .
34. 最も直接的には、参照、THE FEDERALIST Nos. 23-28, at 152-82 (James Madison) (Clinton Rossiter ed., 1961) , 同様に、連合規約の欠点のさらに一般的な診断として、THE FEDERALIST Nos. 2-10, (Clinton Rossiter ed., 1961)（前掲『ザ・フェデラリスト』第二三 - 二八篇、二 - 一〇篇)。
35. THE FEDERALIST No. 8, at 66-71 (Alexander Hamilton) (Clinton Rossiter ed., 1961)（前掲『ザ・フェデラリスト』第八篇)。
36. *Id.* at 68, 71（前掲『ザ・フェデラリスト』第八篇)。
37. THE FEDERALIST No. 20, at 136-37 (James Madison) (Clinton Rossiter ed., 1961)（前掲『ザ・フェデラリスト』第二〇篇)。.
38. 1 THE RECORDS OF THE FEDERAL CONVENTION OF 1787, at 329 (Max Farrand ed., 1911) .
39. 参　照、BRUCE A. ACKERMAN, THE DECLINE AND FALL OF THE AMERICAN REPUBLIC 141-79 (2010) .
40. SAMUEL P. HUNTINGTON, THE SOLDIER AND THE STATE: THE THEORY AND POLITICS OF CIVIL-MILITARY RELATIONS 177-84 (1957) .
41. DEBORAH D. AVANT, POLITICAL INSTITUTIONS AND MILITARY CHANGE: LESSONS FROM PERIPHERAL WARS 21-49 (1994) .
42. 本段落は次からのもの：Eric A. Posner & Adrian Vermeule, *Tyrannophobia*, in COMPARATIVE CONSTITUTIONAL DESIGN (Tom Ginsburg ed. 2012) .

43. たとえば参照、Jonathan Hartlyn, *Presidentialism and Colombian Politics, in* THE FAILURE OF PRESIDENTIAL DEMOCRACY 294, 294-96 (Juan J. Linz & Arturo Valenzuela eds., 1994).

44. 参照、*id.* at 294-96; Juan J. Linz, *Presidential or Parliamentary Democracy: Does It Make a Difference?, in* THE FAILURE OF PRESIDENTIAL DEMOCRACY, *supra* note 43, at 3, 6-8 ; Adam Przeworski et al., *What Makes Democracies Endure?*, J. DEMOCRACY, 39, 44-46 (1996). ラテンアメリカの例に反対するものとして、JOSÉ ANTONIO CHEIBUB, PRESIDENTIALISM, PARLIAMENTARISM, AND DEMOCRACY (2007) は、大統領制と独裁制の相関関係は単に選択効果の結果にすぎず、安定性の低い政治ほど大統領制である可能性が高いと主張する。

45. 同様に、最近の研究によれば、大統領の任期制限は強力な大統領がシステム内で続投するインセンティヴを除去することで、大統領のクーデタのリスクを増大させる傾向がある（最終任期問題）。Tom Ginsburg, James Melton & Zachary Elkins, *On the Evasion of Executive Term Limits*, 52 WM. & MARY L. REV. 1807, 1849-50 (2011).

46. See Adrian Vermeule, *Self-Defeating Proposals: Ackerman on Emergency Powers*, 75 FORDHAM L. REV. 631, 641 (2006).

47. 可能性の一つとして、参照、Matthew C. Stephenson, *Can the President Appoint Principal Executive Officers Without a Senate Confirmation Vote?*, 122 YALE L. J. 940 (2013).

48. THE FEDERALIST No. 63, at 387-388 (James Madison) (Clinton Rossiter ed., 1961)（強調追加、前掲『ザ・フェデラリスト』第六三篇、二九七頁）。

49. *Id.* at 384（同、二九一 - 二頁）。

50. 本節［第二章第四節「逆転：同じリスクのトレードオフ」］で考察した事例および論点を検討する有益な文献として、Eugene Volokh, *Freedom of Speech and the Constitutional Tension Method*, 3 U. CHI. L. SCH. ROUNDTABLE 223 (1996).

51. 337 U.S. 1 (1949).

52. *Id.* at 36-37.

53. 341 U.S. 494 (1951).

54. *Id.* at 510（引用は、United States v. Dennis, 183 F.2d. 201, 212 (2d Cir. 1950)）（文中の引用を省略）。

55. *Id.* at 580 (Black 反対意見).

56. *Id.* at 509（多数意見）.
57. Benjamin Franklin, *Pennsylvania Assembly: Reply to the Governor*（Nov. 11, 1755）, *in* 6 THE PAPERS OF BENJAMIN FRANKLIN 242（Leonard W. Labaree ed., 1963）.
58. Mark Tushnet, *How Different are Waldron' s And Fallon' s Core Cases For and Against Judicial Review?*, 30 OXFORD J. LEGAL STUD. 49, 61（2010）（強調は原文）。
59. こうした理論への批判の概観として、参照、Einer R. Elhauge, *Does Interest Group Theory Justify More Intrusive Judicial Review?*, 101 YALE L.J. 31（1991）.
60. 参照、Dorit Rubinstein Reiss, *The Benefi ts of Capture*, 47 WAKE FOREST L. REV. 569（2012）.
61. Elhauge, *supra* note, at 88.
62. これらの問題に関して初期に検討したものとして、参照、Adrian Vermeule, *Hume' s Second-Best Constitutionalism*, 70 U. CHI. L. REV. 421（2003）.
63. こうした論点を扱う優れたものとして、Lewis A. Kornhauser, *Virtue and Self-Interest in the Design of Constitutional Institutions*, 3 THEORETICAL INQ. L. 21（2002）.
64. 参照、Bruno S. Frey, *A Constitution for Knaves Crowds Out Civic Virtues*, 107 ECON. J. 1043, 1044-45（1997）.
65. 法（ここでは法的な制裁または動機づけを意味する）と規範が代替的または補完的に機能する諸条件のモデルとして、参照、Roland Bénabou & Jean Tirole, *Laws and Norms*（Nat' l Bureau of Econ. Research, Working Paper No. 17579, November 2011）, 以下で閲覧可能、http://ssrn.com/abstract=1954505
66. Dirk Sliwka, *Trust as a Signal of a Social Norm and the Hidden Costs of Incentive Schemes*, 97 AM. ECON. REV. 999, 1000（2007）.
67. Joel J. Van der Weele, *The Signaling Power of Sanctions in Social Dilemmas*, 28 J.L. ECON. & ORG. 103-26（2012）.
68. 17 U.S. 316, 431（1819）.
69. LAURENCE H. TRIBE, AMERICAN CONSTITUTIONAL LAW 1223（3d ed. 2000）.
70. たとえば参照、Osborn v. Bank of the United States, 22 U.S. 738, 867（1824）.
71. 277 U.S. 218（1928）.

72. *Id.* at 223（Holmes反対意見）.
73. 参照、James v. Dravo Contracting Co., 302 U.S. 134, 151-52（1937）.
74. たとえば参照、United States v. New Mexico, 455 U.S. 720（1982）.
75. 343 U.S. 250（1952）（文中の引用を省略）。
76. *Id.* at 263-64.
77. たとえば参照、Anti-Defamation League of B'Nai B'Rith v. FCC, 403 F.2d 169, 174 n.5（D.C. Cir. 1969）（「後代にわたって結果を残すどころか、Beauharnais判決はその後の合衆国憲法第一修正の諸判決によってますます不毛なものとされ、その決定がいまだに裁判所の見解を表しているかどうか疑わしいところにまできている」）。
78. Kelo v. City of New London, 545 U.S. 469, 487（2005）.
79. 参照、Gibson v. Berryhill, 411 U.S. 564（1973）.
80. 421 U.S. 35（1975）.
81. *Id.* at 47, 52, 58.
82. たとえば参照、Alpha Epsilon Phi Tau Chapter Housing Ass' n v. City of Berkeley, 114 F.3d. 840, 845（9th Cir. 1997）; Valley v. Rapides Parish Sch. Bd., 118 F.3d. 1047, 1053（5th Cir. 1997）.
83. 3 Joseph Story, Commentaries On The Constitution Of The United States 71, 73（Boston, Hilliard, Gray & Co. 1833）.
84. The Federalist No. 41, at 257-58（James Madison）（Clinton Rossiter ed., 1961）（強調追加、前掲『ザ・フェデラリスト』第四一篇）。
85. Hirschman, *supra* note, at 153-154（前掲『反動のレトリック』一七三頁）。
86. Wiener, *supra* note, at 1511.
87. 参照、Cass R. Sunstein, Laws of Fear: Beyond the Precautionary Principle 4（2005）（「社会的状況のあらゆる側面にリスクがあ」り、したがって予防原則は「必要な段階そのものを禁止する」ので、この原則は「文字通り首尾一貫しない」）。（角松生史・内野美穂・神戸大学ELSプログラム訳『恐怖の法則――予防原則を超えて』勁草書房、二〇一五年、六頁）。
88. Wiener, *supra* note, at 1520.
89. U.S. Const. art. I, sec. 5, cl. 4（合衆国憲法第一編第五節第四項）。
90. 参照、Canning, 705 F.3d at 504.
91. 参照、Amartya Sen, *The Discipline of Cost-Benefit Analysis*, 29 J. Legal Stud. 931, 932-33（2000）.

92. 2 THE CORRESPONDENCE OF CHARLES DARWIN: 1837-1843, at 443-445 (Frederick Burkhardt & Sydney Smith eds., 1986).
93. MATTHEW D. ADLER & ERIC A. POSNER, NEW FOUNDATIONS OF COST-BENEFIT ANALYSIS 166-73 (2006).
94. Amartya Sen, *Rights and Agency*, 11 PHIL. & PUB. AFF. 3, 4-7 (1982).
95. 参照、Gary W. Yohe and Richard S.J. Tol, *Precaution and a Dismal Theorem: Implications for Climate Policy and Climate Research, in* RISK MANAGEMENT IN COMMODITY MARKETS 91 (Hélyette Geman ed., 2008).
96. 参照、David A. Dana, *A Behavioral Economic Defense of the Precautionary Principle*, NW. U. L. REV. 1315 (2003); David A. Dana, *The Contextual Rationality of the Precautionary Principle*, 35 QUEEN'S L.J. 67 (2009).
97. Sunstein, *supra* note, at 51-53（前掲『恐怖の法則』六七 - 七〇頁）。
98. RICHARD A. POSNER, ECONOMIC ANALYSIS OF LAW 403 (7th ed. 2007).
99. 参照、Amos Tversky & Daniel Kahneman, *Judgment Under Uncertainty: Heuristics and Biases*, 185 SCIENCE 1124, 1127-28 (1974).
100. 参照、ADRIAN VERMEULE, LAW AND THE LIMITS OF REASON (2009).
101. Cf. Mark Tushnet, *The First Amendment and Political Risk*, 4. J. LEGAL ANALYSIS 103 (2012).
102. Sunstein, *supra* note, at 218-21（前掲『恐怖の法則』三〇五 - 三一三頁）。
103. 参照、Adrian Vermeule, *Libertarian Panics*, 36 RUTGERS L.J. 871, 871 (2005)（「安全保障パニックの根底にあるメカニズムには、必然的または本質的にセキュリティを重視する誘因がない」とし、むしろ、「興奮した大衆が、正当な安全保障措置が市民の自由を抑制する不当な試みを表していると不合理に確信する出来事であるようなリバタリアン・パニックを作り出すことも、全く同じメカニズムで等しく可能である」と主張）。
104. たとえば参照、EDWIN C. BAKER, HUMAN LIBERTY AND FREEDOM OF SPEECH 26 (1992).
105. Mark Tushnet, *Weak-Form Judicial Review and "Core" Civil Liberties*, 41 HARV. C.R.- C.L. L. REV. 1, 4-11 (2006).
106. 文献とこの議論での立場について参照、ADRIAN VERMEULE, JUDGING UNDER UNCERTAINTY: AN INSTITUTIONAL THEORY OF LEGAL

Interpretation（2006）（法解釈は経験的な不確実性に悩まされるものであり、その限られた情報と制度的能力を考えると、裁判官は自分達の解釈作業を大いに制限すべきであると主張）、および、Vermeule, *supra* note（裁判官よりも異種混交で政治的な責任を負う議員の方が、法整備を通じて社会的に望ましい結果を生み出すことができると主張）。

107. Sunstein, *supra* note, at 118（前掲『恐怖の法則』一六一 - 一六二頁）。

108. *Id.* at 129（前掲『恐怖の法則』一七七頁）。

109. Cf. Jon Elster, Securities Against Misrule: Juries, Assemblies, Elections（2013）. 本書は、制度設計の主要な課題は良い結果を生み出すという積極的課題ではなく、自己利益、情念、偏見、バイアスを取り除くという消極的課題であるべきだと論じる。

110. Timur Kuran & Cass R. Sunstein, *Availability Cascades and Risk Regulation*, 51 Stan. L. Rev. 683, 715-36（1999）

111. Richard Hofstadter, *The Paranoid Style in American Politics*, Harper's Mag., Nov. 1964, at 77.

112. 特に反連邦主義者の間での建国時代の偏執的な政治スタイルを暴露した古典的な文献として、参照、Bernard Bailyn, The Ideological Origins of the American Revolution（1967）; Men of Little Faith: Selected Writings of Cecelia Kenyon（Stanley Elkins, Eric McKitrick & Leo Weinstein eds., 2002）. ゴードン・ウッドは、政治的行動が広汎に意図しない結果を招きやすいことが広く理解される以前に、陰謀論とリバタリアン・パニックが啓蒙以後の世界に広まったと考察した。参照、Gordon S. Wood, *Conspiracy and the Paranoid Style: Causality and Deceit in the Eighteenth Century, in* The Idea of America: Reflections on the Birth of the United States, 81, 81-125（2011）. しかし、このことは、こうした強制力がアメリカの政治生活において思いがけず実効的であったという点を損なうものではない。別のところで機能していたとしても、同様に機能していただろう。

113. Philip E. Converse, *Popular Representation and the Distribution of Information, in* Information and Democratic Processes 385（John A. Ferejohn & James H. Kuklinski eds., 1990）.

第三章

1. 2 James Bryce, the American Commonwealth（Liberty Fund 1995）（3d ed. 1941）

2. トマス・ジェファソンからジェイムズ・マディソンへの手紙（Oct. 24, 1787）, reprinted in 10 THE PAPERS OF JAMES MADISON 206（Robert A. Rutland et al. eds., 1977）. マディソンの分割支配の戦略については、参照、Eric A. Posner, Kathryn E. Spier & Adrian Vermeule, *Divide and Conquer*, 2 J. LEGAL ANALYSIS 417（2010）.
3. 2 BRYCE, *supra* note, at 926.
4. THE FEDERALIST No. 63, at 397（James Madison）（Henry Cabot Lodge ed., 1888）（斎藤眞・中野勝郎訳『ザ・フェデラリスト』、岩波書店［岩波文庫］、一九九九年、第六三篇「上院議員の任期」二九六頁、強調省略）.
5. 1 BRYCE, *supra* note, at 275.
6. 2 BRYCE, *supra* note, at 20.
7. *Id.* at 1541-42.
8. *Id.* at 925-26.
9. 参照、Eric A. Posner & Adrian Vermeule, *Constitutional Showdowns*, 156 U. PA. L. REV. 991, 1005-10（2008）.
10. Daryl J. Levinson & Richard Pildes, *Separation of Parties, Not Powers*, 119 HARV. L. REV. 2311（2006）.
11. 2 BRYCE, *supra* note, at 926.
12. *Id.*
13. *Id.*
14. *Id.* at 926-7（強調追加）.
15. 詳細と賛否両論について、参照、Adrian Vermeule, *Regulating Political Risks*, 47 TULSA L. REV. 241（2011）.
16. 2 BRYCE, *supra* note, at 1244.
17. ここでブライスは、政治的予測は誤りやすいという自身の主張を説明している。アメリカにおける独裁の危険性についてのブライスの低い評価が一部で基づいていたのは、「いかなる政治体制も、常備軍の創設や行政の集権化といった試みには激しく抵抗するだろう」（同、注16）という、二十世紀までに見事に覆された信念に基づいていた。
18. THE FEDERALIST No. 10, at 59（James Madison）（Henry Cabot Lodge ed., 1888）（前掲『ザ・フェデラリスト』第一〇篇「派閥の弊害と連邦制による匡正」、六三 - 六四頁）。
19. FLOYD H. ALLPORT, SOCIAL PSYCHOLOGY 305-09（1924）.
20. 2 BRYCE, *supra* note, at 1540（「マディソンが予期していたように、連邦

の広い領域での分派の熱意は、ギリシャの古代共和国や一七七六年から一七八九年のいくつかの邦ほどは強くなかった」)。

21. *Id.* at 997-98.
22. 一八九〇年の時点では、連邦最高裁は言論の自由を根拠にして州法や連邦法を無効にしたことはない。この点はマイク・クラーマン（Mike Klarman）に負っている。
23. 2 BRYCE, *supra* note, at 1001.
24. *Id.* at 999.［訳注：ラテン語の格言"Roma locuta est, causa finita est."（「ローマが語った、事件は終わった」）をもじったもの。ローマカトリック教会の判断の終局性を群衆の判断になぞらえている。］
25. *Id.* at 1256.
26. OXFORD DICTIONARY OF QUOTATIONS 797（5th ed. 1999）.
27. Cf. Cass R. Sunstein, *Free Speech Now*, 59 U. CHI. L. REV. 255, 315（1992）(「「完璧は善の敵」という経済学者の主張に対し、デューイの「よりよいことは、それ以上によいことの敵であることがあまりに多い」という言葉で反論できるかもしれない。(引用は THE PHILOSOPHY OF JOHN DEWEY 652（John J. McDermott ed., 1973)))).
28. Francis G. Wilson, *James Bryce on Public Opinion: Fifty Years Later*, 3 PUB. OPINION Q. 420, 430（1939）.
29. ブライスが十分に意識していたことは、難しい事例において目的と手段の区別が曖昧になることである。「ある目的が別の大きな目的にとって手段だったり、ある手段が必要とされるのが大きな目的のためだけでなくそれ自体のためだったりすることもあるので、明確な線引きができないことが多い」。2 BRYCE, *supra* note, at 1251. しかしブライスはプラグマティックな精神でもって、統治の問題においては、その区別が完全に理解可能であるような簡単な場合も数多くあることを想定しているようである。たとえば、国家がいくらかの全体的な税賦課を求め、政策立案者にとっての専門的な課題が、どのような種類の税、あるいは税の組み合わせが最も効率的にその賦課を実現するかという場合である。私も、この区別は様々な場合に基本的に理解可能なものと想定する。
30. Id. at 1251-52.（強調追加）
31. 参照、JON ELSTER, ALEXIS DE TOCQUEVILLE: THE FIRST SOCIAL SCIENTIST 146（2009）（引用は ALEXIS DE TOCQUEVILLE, DEMOCRACY IN AMERICA 265（Arthur Goldhammer trans., 2004)）（松本礼二訳『アメリカのデモクラシー　第一巻（下)』岩波書店［岩波文庫]、二〇〇五年、一一三頁).

32. 『アメリカ共和国』執筆時点、ブライス自身は下院議員であった。
33. 集団による探求の陪審定理モデルに時間と機会のコストを包摂する試みとして、参照、Christian List & Adrian Vermeule, *Independence and Interdependence: Lessons from the Hive*（Harvard Law. Sch., Pub. L. & Legal Theory Working Paper No. 10-44, 2010）, 以下で閲覧可能：http://papers.ssrn.com/sol3/papers.cfm?abstract_id=1693908
34. 2 BRYCE, *supra* note, at 1251-52.
35. JON ELSTER, EXPLAINING SOCIAL BEHAVIOR: MORE NUTS AND BOLTS FOR THE SOCIAL SCIENCES, at 111-13（2007）; SCOTT E. PAGE, DIVERSITY AND COMPLEXITY 79-127（2011）.
36. ELSTER, *supra* note, at 147.
37. 2 BRYCE, *supra* note, at 1256.
38. Harvey Leibenstein, *Allocative Efficiency Versus "X-Efficiency,"* 56 AM. ECON. REV. 392（1966）.
39. 1 BRYCE, *supra* note, at 275.
40. *Id.* at 263.
41. *Id.* at 1255-56.
42. *Id.* at 918–19.
43. 過信バイアスの一般的な現象について、参照、Jayashree Mahajan, *The Overconfidence Effect in Marketing Management Predictions*, 29 J. MARKETING RES. 329（1992）; Stuart Oskamp, *Overconfidence in Case-Study Judgments, in* JUDGMENT UNDER UNCERTAINTY: HEURISTICS AND BIASES 287（Daniel Kahneman et al. eds., 1982）; and Paul W. Paese & Maryellen Kinnaly, *Peer Input and Revised Judgment: Exploring the Effects of*（*Un*）*biased Confidence*, 23 J. APP. SOC. PSYCH. 1989（1993）.

第四章

1. この原則は、古典的にはユスティニアヌス法典に示されている。法典には「何人も自ら裁判官となり自己の事件を裁定してはならない（ne quis in sua causa judicet vel jus sibi dicat)」という条項が含まれている。Justinian Codex 3.5.1, FRED H. BLUME, ANNOTATED JUSTINIAN CODE（Timothy Kearley ed., 2d ed. 2008）. より古いテオドシウス法典は、この原理を何人も自らのために証言することは許されないという準則から引き出しているようである（II.2.1.)。同様に、1518年までに、「この原理は、陪審はいずれの当事者にも親近感を抱いてはならないというイン

グランドの『確立された』慣習の表明として現れている」。CHRISTOPHER SAINT GERMAIN, DOCTOR AND STUDENT, 23-24 (William Muchall ed., 1886), Frederick Schauer, *English Natural Justice and American Due Process: An Analytical Comparison*, 18 WM. & MARY L. REV. 47, n.20 (1976) からの引用。

2. Gutierrez de Martinez v. Lamagno, 515 U.S. 417 (1995).
3. たとえば参照、Nevada Comm'n on Ethics v. Carrigan, 131 S. Ct. 2343, 2348 (2011)(「社会契約の基本原則は、何人も自ら事案で裁定者となることを『禁止する』ため、議員は個人的利害のある問題については投票を控えるべきだという原則を指摘する)。(引用はTHOMAS JEFFERSON, A MANUAL OF PARLIAMENTARY PRACTICE FOR THE USE OF THE UNITED STATES SENATE 31 (1801)); Caperton v. A.T. Massey Coal Co., 556 U.S. 868, 870 (2009)(「何人も自身の事件において裁定者たることは許されない」); Tumey v. Ohio, 273 U.S. 510, 525 (1927)(有罪認定が金銭的利益を有する裁定者に審理される場合、個人の憲法上の権利が侵害されていると主張するならば、自己裁定禁止原理が援用されている); Spencer v. Lapsley, 61 U.S. 264, 266 (1857)(「『問題となっている』連邦議会の行為は、『何人も自身の事件において裁定してはならない』という格律を認識した上で進められる」と指摘する)。
4. Calder v. Bull, 3 U.S. (3 Dall.) 386, 388 (1798)(「人を自身の事件において裁定者たらしめる法」は、「立法権限の正しい行使とはみなされ得ない」「社会契約の重大な第一原理に反する」法律である)。
5. 「いかなる目的のために権限が制限され、いかなる目的のためにその制限が文書に書き留められるのだろうか――いかなる場合であれ、制約対象とされる人々によってそれが可決される場合に」。Marbury v. Madison, 5 U.S. (1 Cranch) 137, 176 (1803).
6. たとえば参照、Justin Levitt & Michael P. McDonald, *Taking the "Re" Out of Redistricting: State Constitutional Provisions on Redistricting Timing*, 95 GEO. L. J. 1247, 1255 n.38 (2007)(州議会に任命義務を課すものとして、インディアナ、ミシガン、ウィスコンシン、カリフォルニアの各州憲法を参照)。
7. 参照、H.W. Dodds, PROCEDURE IN STATE LEGISLATURES 3 (1918)(「選挙及びその構成員の資格を決定する権利は、四六州の憲法によりそれぞれ明示的に与えられている」)。
8. たとえば参照、Ronald E. Weber, Presidential Address, *The Quality of*

State Legislative Representation: A Critical Assessment, 61 J. Pol. 609, 610 (1999).

9. 一六四 - 一六六頁の議論を参照。

10. 一六五頁の議論を参照。

11. 一五七 - 一五八頁の議論を参照。

12. 参　照、Adrian Vermeule, *The Constitutional Law of Official Compensation*, 102 Colum. L. Rev. 501 (2002).

13. たとえば参照、Paul D. Carrington, *Judicial Independence and Democratic Accountability in Highest State Courts*, 61 Law & Contemp. Probs., Summer 1998, at 79, 97（「いくつかの州の最高裁判所には、下級裁判所で使用する手続き上の規則を制定する憲法上の権限がある」と指摘し、いくつかの州裁判所は「手続き上の問題は議会の範疇を超えており、〚そうした裁判所独自の〛排他的責任」であり、「いくつかの州では、司法行為の基準を施行する権限が司法府に与えられている」と判示した）。

14. たとえば参照、Pierson v. Ray, 386 U.S. 547 (1967)（裁判官は、その裁判上の職務の遂行にあたって、訴追からの絶対的免責を受けることができる旨を説明している）。

15. 参照、Louis J. Virelli III, *The (Un) constitutionality of Supreme Court Recusal Standards*, 2011 Wis. L. Rev. 1181.

16. 参照、28 U.S.C.A. § 455 (a) (2006)（「合衆国の裁判官、裁判官又は治安判事は、その公平性が合理的に疑われるいかなる訴訟手続においても、不適格とされなければならない」）; Liteky v. United States, 510 U.S. 540, 548 (1994)（「きわめて単純に、そしてきわめて一般的に、不偏性が合理的に疑われるときはいつでも忌避が要請される」）。

17. The Federalist No. 10, at 59 (James Madison) (Jacob E. Cooke ed., 1961)（「誰も自己のかかわる事件で裁定者たることを許されない。その利益がその判断にバイアスをかけることは確かであり、さらにはその誠実さを腐敗させることもありえないことではないからである。」（斎藤眞・中野勝郎訳『ザ・フェデラリスト』岩波書店［岩波文庫］、一九九九年、第一〇篇・五六 - 五七頁）。

18. 「集団の場合にも、個人の場合と同様、いや、さらに重大な理由から、同時に裁定者と当事者であることは不適切である。だが、最も重要な立法行為のほとんどが、個々人の利益に関係するものではないとしても、複数の市民集団の権利に関係する多くの判断ということになるのではなかろうか。様々な階層に属する議員たちは、結局は自分自身が決定を下

す事件の当事者であり、弁護人であるということになるのではなかろうか」（前掲『ザ・フェデラリスト』五七頁）。

19. 515 U.S. 417 (1995).
20. *Id.* at 448-49 (Souterの反対意見).
21. George Frederick Wharton, LEGAL MAXIMS WITH OBSERVATIONS AND CASES 117 (New York, Baker, Voorhis & Co. 1878)（「〚自己裁定禁止の格律の〛ルールは不変的であり、王も平民と同じようにそれに服従している」）。
22. 法史学者の間では、ボナム医師事件が議会立法の司法審査の一例と見なされるかどうかについての議論が続いている。近年の分析として参照、Philip Hamburger, *Law and Judicial Duty* 622-30 (2008); R.H. Helmholz, *Bonham's Case, Judicial Review, and the Law of Nature*, 1 J. LEGAL ANALYSIS 325 (2009).
23. 罰金を徴収する大学の権限につき、大学はその一部を受け取るようになっており、この意味において金銭的な利益を有していた。しかし、それは組織の金銭的利益であって、直接的な個人の利益ではなかった。罰金はおそらく、事件を裁定したメンバーのポケットに入るのではなく、大学の金庫に入ることになるだろう（もちろん、連邦裁判官が罰金を科す場合も同じように、彼らの給与を支払っている組織の金庫に入る）。そしていずれにしても、この点は大学の投獄権には当てはまらず、クックと原告にとって罰金を科す権限と少なくとも同程度には好ましくないものだった。
24. たとえば参照、*Gutierrez de Martinez*, 515 U.S. 417.
25. この比較に関する指摘について、ジョン・ゴールドバーグ（John Goldberg）に感謝する。
26. Cf. Jon Elster, *Mimicking Impartiality, in* JUSTICE AND DEMOCRACY: ESSAYS FOR BRIAN BARRY 112 (Keith Dowding, Robert E. Goodin & Carole Pateman eds., 2004).
27. 28 U.S.C. § 455 (a).
28. Susan B. Hoekema, *Questioning the Impartiality of Judges: Disqualifying Federal District Court Judges Under 28 U.S.C. § 455 (a)*, 60 TEMP. L.Q. 697, 698 (1987).
29. *Id.* at 713.
30. Neil Komesar, *Stranger in A Strange Land: An Outsider's View of Antitrust and the Courts*, 41 LOY. U. CHI. L.J. 443, 446 (2010).

31. 参照、Saul Levmore, *Efficiency and Conspiracy: Conflicts of Interest, Anti-Nepotism Rules, and Separation Strategies*, 66 FORDHAM L. REV. 2099 (1998); Dorit Rubinstein Reiss, *The Benefits of Capture*, 47 WAKE FOREST L. REV. 569 (2012).
32. 510 U.S. 540 (1994).
33. *Id*. at 550-51 (J.P. Linahan, Inc., 138 F.2d 650, 654 (2d Cir. 1943) からの引用)(強調追加)。
34. たとえば参照、Jeffrey C. Kubin, *The Case for Redistricting Commissions*, 75 Tex. L. Rev. 837, 854 (1997)(「選挙区の区割基準は、ゲリマンダーを行う者の選択肢を制限する役割をなお果たすことができる」、というのも「州および連邦の裁判所によるあり得る審査基準を満たすために、ゲリマンダーを行う者は自分たちによる分割図を委員会担当による区割基準に適合させなければならない」からだと論じる); Laughlin McDonald, *The Looming 2010 Census: A Proposed Judicially Manageable Standard and Other Reform Options for Partisan Gerrymandering*, 46 HARV. J. ON LEGIS. 243, 266 (2009)(選挙区制度改革の選択肢として「選挙区再編成を十年に一度に制限し、非政党派の選挙区再編成委員会に選挙区再編成を任せること」があると指摘する); J. Gerald Hebert & Marina K. Jenkins, *The Need for State Redistricting Reform to Rein in Partisan Gerrymandering*, 29 YALE L. & POL'Y REV. 543, 558 (2011)(「とりわけ独立した区割委員会の形での区割改革は、人民による人民のための政府の約束を果たすために絶対的に必要である」と主張する)。
35. Nathaniel Persily, *In Defense of Foxes Guarding Henhouses: The Case for Judicial Acquiescence to Incumbent-Protecting Gerrymanders*, 116 HARV. L. REV. 649, 671 (2002).
36. *Id*. at 678-79.
37. *Id*.
38. たとえば参照、Ilya Shapiro & Caitlyn W. McCarthy, *Are Federal Agencies the Sole Judges of Their Own Authority?*, 34 REG. 4, 5 (2011)(リバタリアンによる批判); Gary Lawson, *The Rise and Rise of the Administrative State*, 107 HARV. L. REV. 1231, 1248 (1994)(原意主義者による批判)。
39. 5 U.S.C. § 554 (d) (2) (2006).
40. *Id*. § 554 (d) (2) (C).
41. 参照、Marcello v. Bonds, 349 U.S. 302 (1955); FTC v. Cement Inst., 333 U.S. 683 (1948).

42. 421 U.S. 35 (1975).
43. *Id.* at 47.
44. *Id.* at 49-50 (Richardson v. Perales, 402 U.S. 389 (1971) から引用)。
45. James M. Landis, The Administrative Process (1938).
46. 1 The Records of The Federal Convention of 1787, at 373-74 (Max Farrand ed., 1911).
47. *Id.* at 215-16.
48. *Id.* at 373.
49. *Id.* at 374.
50. ゴーラム (Nathaniel Gorham) は、「固定報酬は、合衆国憲法草案全体に『反対する』敵意を刺激することなしには、本来そうであるべきように自由主義的に定められることはない」と主張した。*Id.* at 372. フランクリンは、憲法制定会議そのものが自己取引であると非難されうることを根拠として反対した。「彼は制定会議が人民に対して公平であることを望んだ。憲法制定会議の中には上院議員になるであろう多くの若者がいた。もし有利な官職が提示されるとしたら、自分たち自身の地位を作り上げたことをもって嫌疑をかけられる可能性がある」。*Id.* at 427.
51. ウィルソンは、「状況は変化し金額の変更が必要になるため、報酬額を固定することに反対した」。*Id.* at 373.
52. 2 The Records of the Federal Convention of 1787, *supra* note, at 291.
53. *Id.*
54. 不適格性および報酬に関する条項は、「上院議員又は下院議員は、その任期中、合衆国の文官職に任命されてはならず、また、その期間中に増額された報酬を受けてはならない。また、合衆国において何らかの官職を有する者は、その在職中は、いずれの議院の議員であってはならない」と規定しているU.S. Const. art. I, § 6, cl. 2 (合衆国憲法第一編第六節第二項)。
55. *Id.* art. III, § 1 (合衆国憲法第三編第一節)。
56. たとえば参照、United States v. Will, 449 U.S. 200 (1980).
57. Charles Gardner Geyh, *Roscoe Pound and the Future of the Good Government Movement*, 8 S. Tex. L. Rev. 871, 885 (2007).
58. *Will*, 449 U.S. at 215.
59. Richard H. Fallon, Jr. et al., Hart and Wechsler's The Federal Courts and the Federal System 150 (6th ed. 2009).
60. *Will*, 449 U.S. at 201.

61. *Id.* at 217（Evans v. Gore, 253 U.S. 245, 253（2001）から引用）.

62. 一部の司法関係者は、米国の連邦裁判所制度だけでなく、州裁判所や他の国の裁判所制度にまで対象を広げ、自分たちの予算や所属先を決める権限を主張している。米国のいくつかの州の裁判所は、立法機関に対し、裁判所制度に資金を提供するために司法上定められた適切な金額を支払うよう命じ、そうする権限は司法の独立に固有のものであるか、またはそのために必要であると主張している。代表的な事件は Commonwealth ex rel. Carroll v. Tate, 274 A.2d 193（Pa. 1971）である。さらなる議論と文献については参照、Adrian Vermeule, *The Judicial Power in the State（and Federal）Courts*, 2000 SUP. CT. REV. 357. インドでは憲法に司法の独立を規定する条文がないにもかかわらず、最高裁は、司法の独立は政府が裁判所の首席裁判官を最高裁判所長官に任命することを要請すると判示した。裁判官の任命について参照、Appointment of Judges Case, Special Reference No. 1 of 1998（1998）7 S.C.C. 739（India）.

63. U.S. CONST. art. I, § 5, cl. 1（合衆国憲法第一編第五節第一項）。

64. JOSEPH STORY, COMMENTARIES ON THE CONSTITUTION OF THE UNITED STATES 295-96（Boston, Hilliard, Gray & Co. 1833）.

65. 参照、Adrian Vermeule, *The Glorious Commander-in-Chief, in* THE LIMITS OF CONSTITUTIONAL DEMOCRACY 157（Jeffrey K. Tulis & Stephen Macedo eds., 2010）.

66. THE FEDERALIST NO. 70, at 391（Alexander Hamilton）（Charles Kessler & Clinton Rossiter ed., 1999）（前掲『ザ・フェデラリスト』第七〇篇）。

67. *Brian C. Kalt, Pardon Me?: The Constitutional Case Against Presidential Self-Pardons*, 106 YALE L.J. 779（1996）.

68. U.S. CONST. art. II, § 2, cl. 1（合衆国憲法第二編第二節第一項）。

69. Kalt, *supra* note, at 794-95.

70. 副大統領が自らに対する弾劾を主導することができるかどうかに関して、Michael Stokes Paulsen, *Someone Should Have Told Spiro Agnew*, 14 CONST. COMMENT. 245（1997）（肯定論）と、Joel K. Goldstein, *Can the Vice President Preside at His Own Impeachment Trial? A Critique of Bare Textualism*, 44 ST. LOUIS U. L. J. 849（2000）（否定論）を比較せよ。

71. Robert Nida & Rebecca L. Spiro, *The President As His Own Judge and Jury: A Legal Analysis of the Presidential Self-Pardon Power*, 52 OKLA. L. REV. 197, 218（1999）.

72. *Id.* at 219.

73. John F. Manning, *Federalism and the Generality Problem in Constitutional Interpretation*,122 HARV. L. REV. 2003, 2004 (2009)(「事実上の同時主権という我々の形態を導入するために採られた特殊な手段とは、連邦主義の概念を定義し、そして連邦最高裁の最近の判決には反するが、中立的な連邦主義は存在しないとすることだ」と主張する)。

74. 2 THE RECORDS OF THE FEDERAL CONVENTION OF 1787, *supra* note, at 626 (引用、Madison (Sept. 15))

75. *Id.*

76. THE FEDERALIST No. 74, at 500, 500-01 (Alexander Hamilton) (James E. Cooke ed., 1961) (前掲『ザ・フェデラリスト』第七四篇、岩波文庫訳では省略); 以下も参照、Story, *supra* note, § 1494.

77. Story, *supra* note, at 295.

78. THE FEDERALIST NO. 10, at 59 (James Madison) (James E. Cooke ed.,1961). (前掲『ザ・フェデラリスト』第一〇篇、五六 - 五七頁)

79. 「Marbury v. Madison判決は、『何が法であるかを述べることは、はっきりと司法府の領域であり、義務である』としている。「連邦最高裁は、曖昧な憲法規定を行政府がふさわしいと考えるように解釈することを許さない。連邦最高裁は、不明確な規定に対する行政府の解釈に敬譲(defer)することなく、合衆国憲法を独立して解釈する。なぜ行政府は、憲法上の曖昧さを、自らがふさわしいと考えるように解釈することが許されないのか。最も簡単な答えは、キツネは鶏小屋の番を許されていない、言い換えれば、法によって制限されている者はその制限の範囲を決めることができないということである。」Cass R. Sunstein, *Beyond Marbury: The Executive' s Power to Say What the Law Is*, 115 YALE L.J. 2580, 2584 (2006) (脚注を省略)。

80. THE FEDERALIST NO. 51, at 322 (James Madison) (Clinton Rossiter ed., 1961) (前掲『ザ・フェデラリスト』第五一篇、二三八頁)。

81. Roy Branson, *James Madison and the Scottish Enlightenment*, 40 J. HIST. IDEAS 235 (Apr.-Jun. 1979).

82. ADRIAN VERMEULE, THE SYSTEM OF THE CONSTITUTION (2011).

83. 参照、Daryl J. Levinson, *Empire-Building Government in Constitutional Law*, 118 HARV. L. REV. 915, 927 (2005); Daryl J. Levinson & Richard H. Pildes, *Separation of Parties, Not Powers*, 119 HARV. L. REV. 2311, 2324 (2006).

84. 14 U.S. (1 Wheat.) 304 (1816) .

85. *Id.* at 345.

86. Cf. Virelli, *supra* note, at 1228 (「憲法上認められた第三者の仲裁者の不在」は、連邦最高裁判事に対する法定の忌避基準に反していると論じる)。

87. David Currie, *The Constitution in the Supreme Court: The Powers of the Federal Courts*, 1801-1835, 49 U. CHI. L. REV. 646, 657 (1982) .

88. Jeremy Waldron, *The Core of the Case Against Judicial Review*, 115 YALE L.J. 1346, 1400 -01 (2006) (強調追加) .

89. Persily, *supra* note, at 674.

90. 参照、Marc Lacey, ARIZONA GOVERNOR AND SENATE OUST REDISTRICITNG LEADER, N.Y. Times (Nov. 2, 2011) , http://www.nytimes.com/2011/11/02/us/chairwoman-of-arizonaredistricting-commission-ousted.html.

91. Neal Devins & David E. Lewis, *Not-So Independent Agencies: Party Polarization and the Limits of Institutional Design*, 88 B.U. L. REV. 459, 468 (2008) .

92. Richard H. Pildes, *Is the Supreme Court A "Majoritarian" Institution?*, 2010 SUP. CT. REV. 103, 116.

93. Landis, *supra* note, at 97.

94. *Id.* (引用、ALBERT VENN DICEY, LAW AND OPINION IN ENGLAND 369 (2d ed. 1926)) .

95. Cf. Komesar, *supra* note (「反トラスト行政機関は非常に不完全な意思決定者」である一方で、そのような「考察は、不完全な行政機関の意思決定を、裁判所による司法審査や私人間の損害賠償請求で補強する主張とはならない、なぜならこれら他の選択肢自体が慎重に分析されなければならないからだ」と論じる)。

96. Waldron, *supra* note, at 1401.

97. 2 THE RECORDS OF THE FEDERAL CONVENTION OF 1787, *supra* note, at 291.

98. 参照、Yair Listokin, *Taxation and Marriage: A Reappraisal* (Yale L. & Econ. Working Paper No. 451, 2012) , 以下で閲覧可：
http://papers.ssrn.com/sol3/papers.cfm?abstract_id=2070171

99. Landis, *supra* note, at 98.

100. *Id.* (強調追加)

101. 参照、U.S. CONST. art. II, §2 (合衆国憲法第二編第二節)。

102. James Madison, Notes of Debates in the Federal Convention of 1787, at 431（Ohio University Press, bicentennial ed. 1987）（強調追加）.

103. James Madison, Journal of the Federal Convention 500（E.H. Scott ed., The Lawbook Exchange, Ltd., 2003）（1840）.

104. *Id.*

第五章

1. George Tsebelis & Jeannette Money, Bicameralism 40（1997）.
2. The Federalist No. 63, at 382（James Madison）（Clinton Rossiter ed., 1961）（斉藤眞・中野勝郎訳『ザ・フェデラリスト』岩波書店［岩波文庫］、一九九九年、第六三篇「上院議員の任期」、二九一頁）。
3. 関連するメカニズムについて、参照、Jon Elster, *The Night of August 4, 1789: A Study of Social Interaction in Collective Decision-Making*, 45 Revue Européenne des Sciences Sociales 71（2007）.
4. Parliamentary Debates on the Subject of the Confederation of the British North American Provinces 35（Quebec, Hunter, Rose & Co. 1865）.
5. Joel Yellin, *High Technology and the Courts: Nuclear Power and the Need for Institutional Reform*, 94 Harv. L. Rev. 489, 497（1981）.
6. William Van Alstyne, *Congress, the President, and the Power to Declare War: A Requiem for Vietnam*, 121 U. Pa. L. Rev. 1, 20（1972）.
7. Charles Black, *A Note on Senatorial Consideration of Supreme Court Nominees*, 79 Yale L. J. 657, 660（1969）.
8. Doni Gewirtzman, *Our Founding Feelings: Emotion, Commitment, and Imagination in Constitutional Culture*, 43 U. Rich. L. Rev. 623, 646-47（2009）.
9. たとえばイタリア共和国憲法第一三八条や、デンマーク王国憲法第八八節を参照。
10. 参　照、Jon Elster, Ulysses Unbound: Studies in Rationality, Precommitment, and Constraints（2000）.
11. 一部の裁判所では解釈が異なると手続きが多少異なり、同じ問題について厳密に継続的な意見を出さない場合もある。
12. Adrian Vermeule, *The Constitutional Law of Congressional Procedure*, 71 U. Chi. L. Rev. 361, 431-34（2004）. 憲法に規定された二回読み上げルールについて、フランス共和国憲法第四五条を参照。立法府によって

生み出される三回読み上げルールについて参照、H.R. Rule XVI, cl. 8, 112th Cong.（2011）．ベンサムの分析および三回読み上げルールの擁護について参照、THE COLLECTED WORKS OF JEREMY BENTHAM: POLITICAL TACTICS 131（Michael James et al. eds., 1999）；そのようなルールが生み出すコミットメント問題をベンサムが見落としたとする議論について参照、Vermeule, *supra*, at 433.

13. Jacob E. Gersen, *Temporary Legislation*, 74 U. CHI. L. REV. 247, 266 –73（2007）; Kent Roach, *The Role and Capacities of Courts and Legislatures in Reviewing Canada's Anti-Terrorism Law*, 24 WINDSOR REV. LEGAL & SOC. ISSUES 5, 6（2008）.
14. ALEXANDER M. BICKEL, THE LEAST DANGEROUS BRANCH: THE SUPREME COURT AT THE BAR OF POLITICS 26（2nd ed. 1986）（Harlan F. Stone, *The Common Law in the United States*, 50 HARV. L. REV. 4, 25（1936）を引用）．ビッケル以前に、他の理論家も同様の主張を行っている。たとえば参照、Albert M. Sacks, *The Supreme Court, 1953 Term – Foreword*, 68 HARV. REV. 96（1954）．しかし別の理論家たちはビッケル以後にその主張を刷新している。たとえば参照、Keith E. Whittington, *Herbert Wechsler' s Complaint and the Revival of Grand Constitutional Theory*, 34 U. RICH. L. REV 509（2001）．とはいえ、ビッケルの説が最もよく知られており、私は知的伝統の部分的現れとして用いることとする。
15. Thomas M. Franck, *On Proportionality of Countermeasures in International Law*, 102 AM. J. INT'L L. 715, 717（2008）.
16. Alexander M. Bickel, *The Supreme Court, 1960 Term – Foreword: The Passive Virtues*, 75 HARV. L. REV. 40, 77-78（1961）; 次も参照。Dan T. Coenen, *A Constitution of Collaboration: Protecting Fundamental Values with Second-Look Rules of Interbranch Dialogue*, 42 WM. & MARY L. REV. 1575, 1704-08（2001）.
17. Bickel, *supra* note, at 40.
18. Robert F. Nagel, *Disagreement and Interpretation*, 56 LAW & CONTEMP. PROBS. 11, 13（1993）.
19. John S. Applegate, *A Beginning And Not An End In Itself: The Role of Risk Assessment in Environmental Decision-Making*, 63 U. CIN. L. REV. 1643, 1652（1995）.
20. Todd Zywicki & Anthony B. Sanders, *Posner, Hayek, and the Economic Analysis of Law*, 93 IOWA L. REV. 559, 579（2008）.

21. United States v. Appalachian Elec. Power Co., 311 U.S. 377, 403（1940）.
22. Baumgartner v. United States, 322 U.S. 665, 671（1944）.
23. 参照、Gary Peller, *In Defense of Habeas Corpus Relitigation*, 16 HARV. C.R.-C.L. L. REV. 579, 602 –90（1982）; Robert M. Cover, *The Uses of Jurisdictional Redundancy: Interest, Ideology and Innovation*, 22 WM. & MARY L. REV. 639, 648（1981）.
24. たとえば参照、Moore v. Dempsey, 261 U.S. 86, 91（1923）(Holmes, J.)（連邦の人身保護令状を認め、「弁護人、陪審員、裁判官は、公共的熱意の抑えがたい波に押しつぶされて、致命的な結末を迎えた」と遠回しに述べた）。
25. Memorandum of January 30, 2009: Regulatory Review, 74 Fed. Reg. 21（Feb. 3, 2009）.
26. 参照、Walter E. Dellinger et al., Principles to Guide the Office of Legal Counsel（Dec. 21, 2004）, 次で閲覧可能。http://www.acslaw.org/files/2004%20programs_OLC%20principles_white%20paper.pdf
27. Henslee v. Union Planters Nat'l Bank, 335 U.S. 595, 600（1949）（フランクファーター判事による反対意見「叡智は滅多に訪れないのだから、遅れたからといってそれを拒絶すべきではない」）。
28. Zywicki & Sanders, *supra* note, at 579.
29. たとえば参照、Edward Vul & Harold Pashler, *Measuring the Crowd Within: Probabilistic Representations within Individuals*, 19 PSCYHOL. SCI. 645（2008）; Stefan M. Herzog & Ralph Hertwig, *The Wisdom of Many in One Mind: Improving Individual Judgments with Dialectical Bootstrapping*, 20 PSYCHOL. SCI. 231（2009）.
30. 参照、Vul & Pashler, *supra* note; Herzog & Hertwig, *supra* note.集団的状況における集合知について参照、JAMES SUROWIECKI, THE WISDOM OF CROWDS: WHY THE MANY ARE SMARTER THAN THE FEW AND HOW COLLECTIVE WISDOM SHAPES BUSINESS, ECONOMIES, SOCIETIES, AND NATIONS（2004）.
31. ヴァルとパシュラーは、間隔を詰めて連続して行われた推測の独立性を損なうアンカリング効果が徐々に薄れていくためだと推測している。参照、Vul & Pashler, *supra* note.
32. Sir Richard Bayliss, *Second Opinions*, 296 BRIT. MED. J. 808, 808（1988）.
33. OR. REV. STAT. § 127.800（8）(West 2003）.
34. たとえば参照、Adrian Vermeule, *The Parliament of the Experts*, 58

DUKE L. J. 2231, 2233–35 (2009).

35. VALERIUS MAXIMUS, FACTA ET DICTA MEMORABILIA (MEMORABLE DOINGS AND SAYINGS) 27 (Shackleton Bailey trans., 2000).

36. Thomas Wentworth Higginson, *The Birth of a Nation*, 68 HARPER'S NEW MONTHLY MAG. 238, 242 (1884). この逸話の典拠の疑わしさについては参照、RESPECTFULLY QUOTED 60 (Suzy Platt ed., 1992).

37. 一般的に参照、SCOTT E. PAGE, THE DIFFERENCE: HOW THE POWER OF DIVERSITY CREATES BETTER GROUPS, FIRMS, SCHOOLS, AND SOCIETIES (2007)(集団の知恵は、しばしば、その部分の合計のそれを上回ると主張)。

38. Vul & Pashler, *supra* note; Herzog & Hertwig, *supra* note; Richard P. Larrick & Jack B. *Soll, Intuitions About Combining Opinions: Misappreciation of the Averaging Principle*, 52 MGMT. SCI. 111, 112 (2006).

39. この定理に関する多量の先行文献の紹介と法的適用について参照、ADRIAN VERMEULE, LAW AND THE LIMITS OF REASON (2009).

40. JEREMY WALDRON, THE DIGNITY OF LEGISLATION 92 (1999)(長谷部恭男・愛敬浩二・谷口功一訳『立法の復権』岩波書店、二〇〇三年、一一七頁)。

41. *Id.* (ARISTOTLE, THE POLITICS, bk. III, ch. 11, at 66 (Stephen Everson ed., Cambridge University Press 1988) (c. 350 B.C.) を引用、山本光雄訳『政治学』岩波書店［岩波文庫］、一九六一年)。

42. 1 THE HISTORY OF HERODOTUS 211 (George Rawlinson trans., New York, D. Appleton & Co., 1889) (c. 440 B.C.)(強調追加、松平千秋訳『歴史(上)』岩波書店［岩波文庫］、一九七一年、一〇七頁)。

43. Ilan Yaniv, *The Benefit of Additional Opinions*, 13 CURRENT DIRECTIONS IN PSYCHOL SCI. 75, 75 (2004).

44. 参照、Abhijit V. Banerjee, *A Simple Model of Herd Behavior*, 107 Q.J. ECON. 797 (1992); Sushil Bikhchandani et al., *A Theory of Fads, Fashion, Custom, and Cultural Change as Informational Cascades*, 100 J. POL. ECON. 992 (1992); Ivo Welch, *Sequential Scales, Learning, and Cascades*, 47 J. FIN. 695 (1992).

45. 参照、Timur Kuran, *Ethnic Norms and Their Transformation Through Reputational Cascades*, 27 J. LEGAL STUD. 623 (1998); Timur Kuran & Cass Sunstein, *Availability Cascades and Risk Regulation*, 51 STAN. L. REV. 683 (1999).

46. Jon Elster, *Concluding Reflections on Collective Wisdom* (2010)(未公刊の草稿)。

47. 様々な正統性の意味の探究として一般的に参照、Richard H. Fallon, Jr., *Legitimacy and the Constitution*, 118 HARV. L. REV. 1787 (2005).

48. Bickel, *supra* note, at 29–33 (CHARLES BLACK, THE PEOPLE AND THE COURT: JUDICIAL REVIEW IN A DEMOCRACY 34 (1960) を引用)。

49. ビッケルは正統性を「長期にわたるよき政府の安定性」と定義し、それは「特定の行為または行為する権限への同意の成果」であると述べる。*Id.* at 172.

50. 一般的に参照、CASS R. SUNSTEIN, THE COST-BENEFIT STATE (2002)(いかに連邦の規制が費用便益分析を用いて次第に評価されているかを検討)。

51. Yaniv, *supra* note, at 75.

52. *Id.* at 76.

53. JAMES BOSWELL, THE JOURNAL OF A TOUR TO THE HEBRIDES WITH SAMUEL JOHNSON, L.L.D. 29 (London, Routledge, Warne & Routledge, 1860).

54. ハミルトンの以下での議論を参照、THE FEDERALIST No. 70, at 421–28 (Alexander Hamilton) (Charles Kessler & Clinton Rossiter ed., 1999) (前掲『ザ・フェデラリスト』第七〇篇)。私は多くの意味をもつ「一元的執行 (unitary executive)」という言葉を、ある一つの意味で用いている。別の、より専門的な法的意味において、これは行政権を行使するすべての公務員が大統領の裁量で解任されねばならないか否かという問題を指している。Myers v. United States, 272 U.S. 52 (1926) (賛成の見解) と Humphrey' s Executor v. United States, 295 U.S. 602 (1935) (反対の見解) を比較せよ。

55. Suzanne Grisez Martin et al., *Impact of a Mandatory Second-Opinion Program on Medicaid Surgery Rates*, 20 MED. CARE 21, 31 (1982).

56. 参照、Matthew C. Stephenson, *Information Acquisition and Institutional Design*, 124 HARV. L. REV. 1422, 1438-46 (2011).

57. JOSEPH STORY, COMMENTARIES ON THE CONSTITUTION OF THE UNITED STATES § 556, at 14 (5th ed. 1905).

58. TOM TODD, MINN. HOUSE OF REPRESENTATIVES RESEARCH DEP'T, UNICAMERAL OR BICAMERAL STATE LEGISLATURES: THE POLICY DEBATE (Aug. 1999). 以下で閲覧可能。http://www.house.leg.state.mn.us/hrd/pubs/uni-bicam.pdf

59. Confucius, Lun Yu 5:19（William Cheung ed., 1985）. 以下で閲覧可能。http://www.confucius.org/lunyu/lange.htm
60. 相異なることを矛盾しない形で、孔子は、思慮を重ね過ぎると慎重さよりも優柔不断を生むことを示唆している。参照、E. Bruce Brooks & A. Takeo Brooks, The Original Analects: Sayings of Confucius and His Successors 26（1998）.

第六章

1. 参照、Wendy E. Wagner, *The Science Charade in Toxic Risk Regulation*, 95 Colum. L. Rev. 1613, 1617（1995）.
2. シャピローはブッシュ政権によってなされた「科学の否定」と「政治化」の二つの例を出している。Sidney A. Shapiro, *OMB and the Politicization of Risk Assessment*, 37 Envtl. L. 1083, 1086-87（2007）. 一つ目は、政権が「地球気候変動の圧倒的な科学的証拠を認めたり、それに基づいて行動することを拒否」したことである（*Id.* at 1086）。二つ目は「二つの科学諮問委員会が圧倒的多数によって当該薬品が安全で効果的であると認めたにもかかわらず、アメリカ食品医薬品局が緊急避妊薬プランBの認可を拒んだ」ことである（*Id.* at 1086-87）。
3. 42 U.S.C. § 7607（d）（3）（2006）.
4. *Id.* § 300aa-14（c）（2）.
5. 一般的に参照、Collective Wisdom: Principles and Mechanisms（Jon Elster & Hélène Landemore eds., 2012）（集合的な意思決定の長所と潜在的欠点の分析）。
6. 42 U.S.C. § 7607（d）（3）.
7. 参照、Bernard Grofman, Guillermo Owen & Scott L. Feld, *Thirteen Theorems in Search of the Truth*, 15 Theory & Decision 261, 273-74（1983）.
8. この定理は二つ以上の選択肢にも拡張することができるが、この議論にはそうした拡張に左右されるものはないので、二つの選択肢の場合を想定する。少なくとも、三つ以上の選択肢のケースには一対比較の連続によって二選択肢のケースに還元しうるものがあることに注意せよ。
9. Lu Hong & Scott E. Page, *Some Microfoundations of Collective Wisdom, in* Collective Wisdom: Principles and Mechanisms（Jon Elster & Hélène Landemore eds., Cambridge University Press 2012）.
10. 本段落は以下を改訂したものである。Adrian Vermeule, *Many-Minds*

Arguments in Legal Theory, 1 J. LEGAL ANALYSIS 1（2009）.

11. Ruth C. Ben-Yashar & Shmuel I. Nitzan, *The Optimal Decision Rule for Fixed-Size Committees in Dichotomous Choice Situations: The General Result*, 38 INT'L ECON. REV. 175, 179-83（1997）.
12. Cass R. Sunstein, *Reviewing Agency Inaction After Heckler v. Chaney*, 52 U. CHI. L. REV. 653, 656-57（1985）.
13. APAの条項では、行政機関の作為と不作為は同様に扱われている。5 U.S.C. §§ 551（13）, 706（1）（2006）. しかし実際には、裁判所は行政機関の行為を阻止するよりも、強制する場合に消極的である。たとえば参照、Heckler v. Chaney, 470 U.S. 821, 831（1985）.
14. Mark Fey, *A Note on the Condorcet Jury Theorem with Supermajority Voting Rules*, 20 SOC. CHOICE & WELFARE 27, 31（2003）.
15. このため、関連する問題についての全米科学アカデミー会員への調査結果は、同じ問題に特化した小規模の専門家委員会の票決よりも情報量が少なくなる。この論点は、スチュアート・ベンジャミン（Stuart Benjamin）に負っている。
16. Christian List & Philip Pettit, *An Epistemic Free-Riding Problem?*, *in* KARL POPPER: CRITICAL APPRAISALS 128, 138-40（Philip Catton & Graham Macdonald eds., 2004）.
17. Drora Karotkin & Jacob Paroush, *Optimum Committee Size: Quality-Versus-Quantity Dilemma*, 20 SOC. CHOICE & WELFARE 429, 433（2003）.
18. Nicola Persico, *Committee Design with Endogenous Information*, 71 REV. ECON. STUD. 165, 167（2004）.
19. David Austen-Smith & Timothy J. Feddersen, *Deliberation and Voting Rules*, *in* SOCIAL CHOICE AND STRATEGIC DECISIONS 269（David Austen-Smith & John Duggan eds., 2005）; 同じく参照、David Austen-Smith & Timothy J. Feddersen, *Deliberation, Preference Uncertainty, and Voting Rules*, 100 AM. POL. SCI. REV. 209, 210（2006）.
20. 参照、List & Pettit, *supra* note, at 138-40.
21. Mark Seidenfeld, *Cognitive Loafing, Social Conformity, and Judicial Review of Agency Rulemaking*, 87 CORNELL L. REV. 486, 486（2002）.
22. Timur Kuran & Cass R. Sunstein, *Availability Cascades and Risk Regulation*, 51 STAN. L. REV. 683, 685-89, 727-28（1999）.
23. John Beatty, *Masking Disagreement Among Experts*, 3 EPISTEME 52, 55（2006）.

24. *Id.* at 53-54. 一般的に参照、Bauke Visser & Otto H. Swank, *On Committees of Experts*, 122 Q.J. Econ. 337（2007）（個々人の評判が気にかけられる専門家委員会において、いかなる条件のもとで偽の合意が生じるかを示すもの）
25. Cass R. Sunstein, Why Societies Need Dissent 141-44（2003）.
26. Krishna K. Ladha, *The Condorcet Jury Theorem, Free Speech, and Correlated Votes*, 36 Am. J. Pol. Sci. 617, 629（1992）.
27. 専門家委員会において同時投票にも拘わらず偽の合意が生み出されるモデルについて参照、Visser & Swank, *supra* note. このモデルの基本的なメカニズムにおいて専門家たちが信じているのは、有能な専門家は事実について全員同じ見解を持つだろうと人々が信じている、ということである。その場合、委員会内の意見の不一致は、一部の委員の能力が低いことを意味する。さらなる仮定によれば、少数派はたとえ反対していても多数派に同調する。このメカニズムは投票の同時性に左右されない。
28. U.S. Dep't. of Health & Human Servs., Food & Drug Admin., Guidance for FDA Advisory Committee Members and FDA Staff: Voting Procedures for Advisory Committee Meetings（2008）、以下で閲覧可能。
http://www.fda.gov/oc/advisory/GuidancePolicyRegs/ACVotingFINALGuidance080408.pdf
29. *Id.* at 5 n.1.
30. *Id.* at 4.
31. Vladislav Kargin, *Prevention of Herding by Experts*, 78 Econ. Letters 401, 402（2003）.
32. Angela A. Hung, & Charles R. Plott, *Information Cascades: Replication and an Extension to Majority Rule and Conformity-Rewarding Institutions*, 91 Am. Econ. Rev. 1508, 1509（2001）.
33. Cf. Fed. Power Comm'n v. Florida Power & Light Co., 404 U.S. 453, 464-65（1972）（「経験的証拠によって知られ、否定されていないものに基づいた、十分に理由付けられた専門家証言は、その問題についての直接証拠が入手できない場合には、それ自体が「実質的証拠」となりうる」）。
34. ここで関連する限り、2006年のNAAQSの規制については、州司法長官と健康・環境団体の結託による異議申し立てがD.C.巡回裁判所によって認められた。参照、Am. Farm Bureau Fed'n & Nat'l Pork Producers'

Council v. EPA, 559 F.3d 512 (D.C. Cir. 2009)(粒子状物質の年間基準に関するEPAの決定を、EPAがそれについて適切に説明できなかったという理由で覆した)。

35. 42 U.S.C. § 7607 (d) (3) (2006).
36. National Ambient Air Quality Standards for Particulate Matter, 71 Fed. Reg. 61,144, 61,174 (Oct. 17, 2006) (codified at 40 C.F.R. § 50.6 (2008)).
37. *Id.*
38. *Id.* at 61,174 n.44.
39. *Am. Farm Bureau Fed'n & Nat'l Pork Producers' Council*, 559 F.3d at 521.
40. このアプローチは、非連続性を生じさせる。専門家委員会が同数に割れている場合には行政側が必然的に優位に立つが、同数でなければそうでない。そのため理論的には、委員会における少数の票の移動が結果にとって決定的になりうる。しかし、これは多数決ルールの標準的性質である。メイの定理のもとでは、多数決ルールだけが結合して満たすことができる条件の一つであり、議会における多数決のありふれた性質である。
41. Scott E. Page, *The Difference: How the Power of Diversity Creates Better Groups*, FIRMS, SCHOOLS, AND SOCIETIES 158 (2007).
42. 参照、Int'l Union, UAW v. Chao, 361 F.3d 249 (3d Cir. 2004)(行政機関が他の優先順位を合理的に設定していたという理由で、行政機関は委員会の勧告を拒否することを許可された)。
43. 大気浄化法は行政に、CASACの「事実認定」や「勧告」からのいかなる違いも説明するように義務付けている。参照、42 U.S.C. § 7607 (d) (3) (2006).
44. 参照、Matthew C. Stephenson, *Bureaucratic Decision Costs and Endogenous Agency Expertise*, 23 J.L. ECON. & ORG. 469, 472 (2007); Matthew C. Stephenson, *Information Acquisition and Institutional Design*, 124 HARV. L. REV. 1422 (2011).
45. 1980年代、EPAは科学諮問委員会のメンバーをこのように操作したとして避難された。レーガン政権の「ヒットリスト」には、政府見解に同調的でなくなった委員の名前が含まれていたことが判明した。実際、リストに載った科学者のほとんどは、レーガン政権期のEPAから「退いた」。Nicholas A. Ashford, *Advisory Committees in OSHA and EPA: Their Use in Regulatory Decisionmaking*, 9 SCI. TECH. & HUM. VALUES

72, 72 n.1, 77 n.16 (1984).
46. Ladha, *supra* note, at 617.
47. 42 U.S.C. § 7409 (d) (2) (A) (2006).
48. National Institutes of Health Revitalization Act of 1993, Pub. L. No. 103-43, 107 Stat. 126 (合衆国法典 (U. S. C.) 第四二編の分散した条項を修正して法律化したもの)。
49. 42 U.S.C. § 289a-1 (Supp. 2008).
50. *Id.* § 289a-1 (b) (5) (C).
51. 5 U.S.C. app. 2 §§ 1-16 (2007 & Supp. 2008).
52. これらの例は、リサ・ヘインザーリング (Lisa Heinzerling) に負っている。
53. David Coady, *When Experts Disagree*, 3 EPISTEME 68, 71 (2006).
54. *Id.* at 72.
55. 参 照、Am. Farm Bureau Fed'n & Nat'l Pork Producers' Council v. EPA, 559 F.3d 512, 517–18 (D.C. Cir. 2009) (CASACの勧告に対する行政からの疑いを無視したもの)。

結論

1. 一般的に参照、ADRIAN VERMEULE, THE SYSTEM OF THE CONSTITUTIONS (2011) (システム理論と次善の問題の観点から立憲主義を分析している)。
2. *Chess Quotes – Style*, CHESSQUOTES.COM, http://www.chessquotes.com/topic-style
3. *Anatoly Karpov Quotes*, BRAINYQUOTE.COM, http://www.brainyquote.com/quotes/authors/a/anatoly_karpov.html

リスクの立憲主義
——権力を縛るだけでなく、生かす憲法へ

2019年12月20日　第1版第1刷発行

著　者　エイドリアン・ヴァーミュール
訳　者　吉《き》良《ら》貴《たか》之《ゆき》
発行者　井　村　寿　人

発行所　株式会社　勁《けい》草《そう》書　房
112-0005 東京都文京区水道2-1-1　振替 00150-2-175253
（編集）電話 03-3815-5277／FAX 03-3814-6968
（営業）電話 03-3814-6861／FAX 03-3814-6854
堀内印刷・松岳社

ISBN978-4-326-45117-3　Printed in Japan